# 抗战中的建德

建德市档案馆　组织编写

中国出版集团
研究出版社

图书在版编目（CIP）数据

抗战中的建德 / 建德市档案馆组织编写 . -- 北京：
研究出版社 , 2024.1
ISBN 978-7-5199-1553-7

Ⅰ . ①抗… Ⅱ . ①建… Ⅲ . ①抗日战争—史料—建德
Ⅳ . ① K265.06

中国国家版本馆 CIP 数据核字 (2023) 第 162745 号


出 品 人：赵卜慧
出版统筹：丁　波
责任编辑：范存刚


《抗战中的建德》
KANGZHAN ZHONG DE JIANDE
建德市档案馆　组织编写
研究出版社 出版发行
（ 100006　北京市东城区灯市口大街 100 号华腾商务楼 ）
四川科德彩色数码科技有限公司印刷　新华书店经销
2024 年 1 月第 1 版　2024 年 1 月第 1 次印刷
开本：710 毫米 ×1000 毫米　1/16　印张：16
字数：240 千字
ISBN 978-7-5199-1553-7　定价：98.00 元
电话（010）64217619　64217652（发行部）

# 序言

　　2022 年是全面抗日战争爆发 85 周年，为纪念这段刻骨铭心的历史，建德市档案馆汇编了《抗战中的建德》一书，较翔实地记录了日军在建德犯下的滔天罪行和建德人民奋起抗战、挽救危亡的史实，作为对广大人民群众，特别是青少年进行爱国主义教育的生动教材，意义十分重大。

　　1937 年 7 月卢沟桥事变后，全面抗日战争爆发。1937 年 12 月，日军侵占杭州，建德便成为抗战前线。在中国共产党倡导的抗日民族统一战线的旗帜下，建德的工、农、商、学、兵，社会各阶层爱国人士纷纷投入到这场伟大又持久的民族解放战争中去，他们出版救亡书刊，开设进步书店，传播抗日思想，掀起抗日救亡运动新高潮。1942 年 5 月，日军发动浙赣战役，其大部队从杭州出发，沿富春江而上，驻扎在建德梅城，建德被日寇侵占达两个月。

　　梅城地处新安江、富春江、兰溪江交汇之处，是繁华的商埠，在政治、经济、军事上都处于特殊地位。杭州沦陷后，以梅城为中心的建德也因此受到日机的狂轰滥炸。日军侵占建德后，更是烧杀淫掠、无恶不作。由于日军侵扰，人民颠沛流离，无暇顾及农事，致使收成不济，人民啼饥号寒，惨不忍闻。但是建德人民不畏强暴，奋起抗争，纷纷投入到抗击日军、保卫家园的战斗中，积极开展抗日锄奸活动，涌现出许多可歌可泣的英勇事迹。有的见日军为所欲为，当即与之拼搏；有的见日军强征民夫，即以乱石击之；有的夜袭日军营垒；有的主动为抗战国军做向导，偷袭日军炮台；有的围歼孤单之敌；有的抗拒凌辱。特别是建德地下党组织的积极抗战、洋尾抗日自卫队的袭击日军，有力地鼓舞了抗日军民,打击了日军的士气,建德儿女为抗战的胜利作出了自己应有的贡献。

光阴荏苒,岁月流逝,历史翻开了新的一页。在纪念全面抗日战争爆发85周年之际,我们重温这段不平凡的历史,感慨颇深。十四年抗战,中国人民付出了高昂的代价,忍受了巨大的民族牺牲;抗日战争的胜利,使我们深切感受到和平来之不易。经过十四年艰苦卓绝的浴血奋战,中国人民形成了伟大的抗战精神,即天下兴亡、匹夫有责的爱国情怀;视死如归、宁死不屈的民族气节;不畏强暴、血战到底的英雄气概;百折不挠、坚韧不拔的必胜信念。这种精神不是轻易取得的,而是在血与火的洗礼中诞生的,是经过生与死的磨砺而铸成的。

我们旨在通过《抗战中的建德》一书,揭露日本侵略者残暴的面目,颂扬建德人民积极抗战的生动事迹,教育人民要不忘国耻、居安思危,以民族自尊、自信、自强的精神激励自己,要铭记这段历史,永远记取"落后就要挨打、国弱就要受欺"的教训。在当前我们向第二个百年奋斗目标奋进的壮丽事业中,我们仍要缅怀历史,发扬伟大的抗战精神,为把我们的祖国建设得更加美好,成为自立于世界民族之林的社会主义强国而努力奋斗。

# 目录

建德

中共地下组织的活动

□柴鹤君

德

1937 年 7 月 7 日卢沟桥事变后，日本帝国主义为了迅速吞并中国，采取了"速战速决"的战略方针，在侵占北平、天津以后，立即向中国发动全面进攻。而国民党政府却推行片面抗战、单纯防御的路线，致使中国迅速丢失了华北、华中的大片领土。1937 年 12 月 24 日，杭州沦陷，建德成了抗战的前线。是年 12 月，黄绍竑再次出任浙江省政府主席，他对抗日的态度比较积极，支持国共第二次合作，同意在全省各地普遍成立战时政治工作队（后文简称"政工队"）从事抗日宣传工作。中共浙江省委为了实行全面抗战的路线，就利用战时政治工作队这一合法组织，选派大批党员骨干和进步青年参加各地政工队工作。建德的一批共产党员，如马雨亭、陈一文（陈流）、马政三、潘力行（潘茂坤）、蔡惠荣等，也先后参加了遂昌县的政工队，从事抗日宣传工作。

1938 年 3 月至 5 月，建德、寿昌两县政工队相继成立。翌年 9 月，中共金衢特委派陈英来寿昌任政工队队长。为了加强政工队的骨干力量，新四军驻丽水办事处主任吴毓介绍王大田（王奋生、王立先）、张汉钧来建德政工队工作，三都镇陈详（陈国枢）等进步青年，也加入了建德政工队。政工队队员们以饱满的政治热情，或刷写、张贴标语，或集会演说，或教唱抗日歌曲，采取多种形式，积极开展抗日救亡宣传。张汉钧把从丽水带来的《西行漫记》（即美国作家斯诺著的《红星照耀中国》）、有关朱德与徐向前同志的革命故事书籍以及毛泽东同志论述抗战的著作发给队员们阅读，使队员们明确"持久抗战的方针是指导中国人民抗日战争的正确方针"，从而树立抗战必胜的信心，大大激发队员们抗日宣传的积极性。为将抗日宣传和斗争更进一步引向深入，王大田、陈详于 1938 年夏季在梅城开办了新知书店建德分销处，推荐和销售革命书籍、杂志。并组织了中华民族解放先锋队建德县队，在洋尾、三都一带发展队员十多名。陈详还利用在东乡里陈小学教书的有利条件，自己编写、油印抗日课本供学生使用，动员五十多个农民参加夜校，既教文化，也宣传抗日。

1937 年 12 月 29 日，因参加 1930 年建德农民暴动而被捕的共产党员朱增球获释。次年 2 月，朱增球受中共金衢特委的指派，回乡积极寻找 1930 年建德农民暴动中失散的共产党员，为重建建德的党组织做准备。经过积极的工作，朱增球与多数失散隐蔽的共产党员取得了联系。1939 年 9 月中旬，中共建（德）、桐（庐）、淳（安）特派员萧江（江征帆）到建德指导工作，恢复了建德党员的组织关系，发展了陈详、王启富等人入党。旋即中共三都支部成立，朱增球为负责人。接着，萧江又到洋尾一带工作，并发展了一批新党员，重建中共洋尾支部。尔后，中共严州中学学生小组、梅城城区小组、富春江边船工小组也相继成立。到 1939 年 12 月，建德县已有五个党支部（小组），党员达四十人。寿南地区寿昌县土地革命战争时期入党的老党员的组织关系，经中共兰溪中心县委兰西区委何土生等人的积极工作，也于 1938 年下半年得到恢复，并在此基础上相继成立了中共湖塘支部、中共新叶支部、中共童源里小组，共有党员二十多人。为开辟寿昌县城区党的工作，1939 年 2 月，中共金衢特委派范玉书到寿昌工作，范玉书在寿昌民教馆中发展了王大田、梅子、张甫章等人入党，并经上级党组织同意，组建了包括在寿昌的苏雷、顾 × × 两名党员在内的中共寿昌民教馆小组。至此，建德、寿昌两县停止活动达八九年之久的中共党组织在抗日斗争的烽火中得到了恢复和发展。

正当全国人民同仇敌忾、抗日情绪不断高涨的时候，国民党当局却竭力破坏国共团结抗日的大好形势，秘密颁布了《限制异党活动办法》，推行"溶共""防共""限共""反共"的反动政策。1939 年 9 月，国民党建德县党部书记长方镇华，为了控制政工队，威胁、利诱政工队队员集体参加国民党。政工队队长张汉钧识破了方镇华此举的真正目的，和队员们一起拒绝参加国民党。方镇华无奈，遂改组政工队，由方镇华的外甥胡建章（国民党员）接任队长，张汉钧等人被迫离队。与此同时，寿昌县政工队队长、共产党员陈英，也因遭到国民党当局的严密监视而无法开展工作，于 1940 年 2 月秘密离寿。至 1940 年 6

月前后，建德、寿昌两县的政工队均被改编，隶属于三青团。新知书店建德分销处也因方镇华派人破坏而关闭。

1939年，中共中央为纪念全面抗战两周年，发表时局宣言，提出"坚持抗战，反对投降；坚持团结，反对分裂；坚持进步，反对倒退"三大政治口号。建德地方党组织为贯彻中共中央坚持团结抗日的方针，在国民党不断制造"反共"摩擦的恶劣环境下，积极开展抗日救亡活动。是年冬，中共三都支部为张贴三大政治口号宣传标语，朱增球等共产党员经常从晚上贴到天亮，有力地宣传了中国共产党坚持团结抗日、反对投降和分裂的主张。中共寿昌民教馆小组为宣传抗日，积极开办民校，教唱抗日歌曲；举办抗日画展，巡回乡镇演出。在广泛深入的抗日斗争中，党组织得到巩固与发展。1940年上半年，中共金属特委组织部部长陈雨笠和兰溪中心县委派出的同志常到寿昌童源里一带活动，在宣传抗日中，先后发展了共产党员十余人，后把童源里党小组扩建为党支部。为了培养抗日骨干，兰溪中心县委还在共产党员黄宝昌家，举办了为期一个月的抗日学习班，有从浦江、龙游、汤溪、兰溪等地来的二十多人参加。后因被敌人察觉，提前三四天结束。

1941年1月，震惊中外的皖南事变发生，蒋介石宣布新四军为"叛军"，下令取消新四军番号，派军队进攻江北新四军。形势恶化，党的活动由公开转入地下。为了认真贯彻"隐蔽精干"的方针，加强对党的工作的领导，中共金属特委派孙京良到建德领导党的工作。孙京良化名孙文达，以三都洋峨小学教师身份作掩护，积极筹建中共建德县工委。经过孙京良、朱增球、王启富等一批党员的共同努力，中共建德县工委于1941年春成立。县工委设立在孙京良住宿处梅城镇庙弄钱雨久医生家，工委书记是孙京良，委员是朱增球、王启富。工委下设三都、洋尾、外蔡、城区四个支部（小组），有党员四十余人。1941年6月，中共富（阳）、桐（庐）、建（德）特派员王平夷到建德指导工作，住梅城北门街民主人士吴世玉的岳父家中，王平夷考虑到县工委所在地仅孙京良独身居住，且孙京良任教学校离梅城有二三十里之遥，孙京良的身份、行动易被人怀疑，为了作掩护，遂于同年8月前往富阳把孙京良妻女带到梅城与孙京良同住。同年9月，王平夷调新四军工作，建德划归中共兰溪中心县委领导。中心县委书记马丁（孙克辛）常来建德指导工作。1942年春，孙京良被特务监视，中共金属特派员陈雨笠将孙京良调往桐庐，中共建德县工委的活动也随之停止。

1941年春，因黄岩县党组织遭国民党当局破坏，共产党员祁崇孝由党组织安排来寿昌工作。祁崇孝利用在寿昌县政府兵役科当办事员和在寿昌简师任教之便，放走了一批从皖南逃亡来寿昌后被各乡抓起来的"壮丁"，并想方设法妥善安排了从皖南和黄岩避居来寿昌的共产党员周天洁、罗培元、林云峰、王玉香、谢巧令、黄志清等人的工作，成立了以祁崇孝、周天洁为核心的党小组。周天洁还在航川乡公所工作期间，发展方林梅入党。1942年5月，日军进犯寿昌，党小组利用航川乡公所的枪支，进行了武装游击。日军败退后，祁崇孝、周天洁等党员因暴露了政治面貌，于1943年2月离开寿昌。

1942年5月15日，日军发动浙赣战役，侵略军的铁蹄践踏浙赣铁路全线，建德、寿昌两县相继于1942年5月23日、27日沦陷。日军侵占建德、寿昌后，到处烧杀淫掠，人民遭受空前浩劫。两县的政府和国民党党部都撤离县城躲进深山僻岭，国民兵团自动解散，仓皇逃跑。

当地土顽、国民党的散兵游勇趁机骚扰破坏，社会秩序极度混乱，人民备受煎熬。在这国土沦丧、生灵涂炭的紧急关头，共产党仍坚持开展抗日救亡活动。建德洋尾地区的党组织，根据中共中央六届六中全会关于"独立自主地放手组织人民抗日武装力量"和"敌人打到哪里，党的抗日武装就组织到哪里"的指示精神，以陈一文、潘力行、蔡惠荣等共产党员为核心，于1942年6月成立了一支以共产党员为骨干、以基本群众为主体，有六十多人参加的抗日游击队伍——坚勇队。坚勇队打击日寇，铲除汉奸，团结各界抗日，维持社会秩序，深受群众拥护与爱戴。

1942 年 7 月 19 日，日寇从建德退走，龟缩于浙赣线上的兰溪、金华、义乌、东阳一带。为了加强武装实力，集中力量打击日寇，中共金属特委于 1943 年 2 月决定调建德坚勇队到义西，与金义联防自卫队第八大队汇合。同年 3 月，派萧江、马丁、陈福明（崔洪生）到建德与坚勇队领导陈一文联系，具体商定了转移时间、路线等事宜。4 月初，坚勇队在陈一文、潘力行、蔡惠荣的率领下，向义西挺进，到达金义浦抗日根据地后，被编为金义八大队突击中队。坚勇队转移义西后，仍有少数党员留下坚持当地的工作。在极其困难的条件下，他们为部队递送情报，支援弹药，动员民众参军。1944 年 1 月，共产党员朱增球通过进步人士鲍志俊的关系，将购买到的一批子弹送往金义八大队。1945 年 3 月，为配合浙西党组织反对国民党顽固派的斗争，中共金萧地委委员陈雨笠和金义浦县委书记杨广平（杜承钧），派金义浦县委委员杜子文到建德工作。杜子文到建德后，在洋尾、三都、大洋一带开展活动，先后发展了许苟儿、蔡玉香、唐以祥、潘茂和等人入党，还开辟了一条从建德经浦江到金义八大队的情报联络通道。1945 年 5 月，马丁到建德，根据金萧地委指示成立了中共建（德）、兰（溪）、浦（江）三县边界工委，书记为马丁。同年 6 月，马丁回金萧支队。同年 8 月，杜子文去四明山参加整风学习，党的工作移交胡恒山负责。这个时期，建德有共产党员二十余人，寿昌有共产党员十余人。

建

抗战回忆录

德

# 第八大队的变迁

□ 陈　详

　　1942 年 3—4 月，浙东沦陷，国民政府撤离，时局失去控制，各种势力纷纷组织部队，金（华）、义（乌）、浦（江）等地有十个大队，今将第一支队和十个大队领导人名字记录于下。

　　钱南军别动第一支队是国民党第八十八军委派的，支队队长是浦江人楼允文，第一大队队长是黄忠桂，第二大队队长是洪邦基，第三大队队长是楼文扬，第四大队队长是王瑞井，第五大队队长是陈凤飞，第六大队队长是王克悌（老板），第七大队队长

第八大队成立旧址

是傅作舟，第八大队队长是杨德鉴。特务大队队长是黄子云（小猪）。另一个第五大队队长是吴雄才，开始由浙江行动司令部支队队长楼允梅委派的，后由金（华）、义（乌）、浦（江）联防主任吴山民加委，因吴雄才在吴山民任义乌县县长时曾任其秘书主任，第五大队副队长王瑞开又同季鸣业[1]有交情，所以这个大队直到抗日战争胜利都没有与第八大队产生冲突，而其余各大队都曾与第八大队产生过冲突。这是沦陷后，时局失去控制，混乱初期的简单情况，以后各大队的变化还有很多，不再一一叙述。

　　1945 年 9 月，剩下第二、第五、第七、第八四个大队。其中第八大队是共产党领导的，开始组织武装二十余人，为了作掩护，要挂个公开名义，杨广平

---

　　[1] 季鸣业，义乌县溪华乡鲤鱼山村人。曾在该县政协工作。

到季鸣业家请季帮忙"活动活动"，才拿来钱南军别动第一支队的名义，开始时大队队长为杨德鉴。

1942 年 5 月，浙赣沿线遭日寇侵袭，各县纷纷组织抗日武装，在义乌县西乡有杨明经组织的部队，后与金华特委陈雨笠（当时名陈劲韬）等闹矛盾。1943 年 1 月发生"寺口陈事件"，于是上级决定把建德县南乡（洋尾外蔡）在日寇侵占梅城（当时建德县城）时由陈一文、潘懋坤组织起来的六十余人抗日部队拉到义乌去，以增强抗日力量，1943 年 4 月初到兰溪北乡水阁塘与第八大队一中队会合。此时，国民党特务武装别动队胡荣照匪股经义乌来到兰北，在某地戏台上大肆污蔑第八大队是"土匪"。于是第八大队在建德与兰溪交界的伊岭背打伏击，打死胡匪一人，伤两人，缴长枪两支，由于指挥员没有真正的军事指挥才能，部队又无作战经验，所以其余七十八人逃掉了。

以义乌西乡、金华东乡为根据地的第八大队有两个中队、一个突击中队（建德的自卫中队）和吴山民的自卫中队，力量相当雄厚。杨明经的中队已不存在了，只有少数人跟着他走。

由于共产党所领导的武装力量借用了国民党的名称（第八大队），浙东纵队（总部在四明山）对义乌部队不清楚，故派楼觉同志来义乌查明情况。楼觉假装国民党逃兵，在吴山民自卫中队当兵，经过一段时间观察，他去四明山总部报告，第八大队确系共产党组织的部队。1943 年 5 月，就在建德抗日自卫队到义乌不久，总部派王平夷（政治）、李一群（军事）来领导第八大队和地方行政。从此，第八大队走上了发展壮大的道路。李一群到任不久，就把部队拉到金华山下施（今源来乡）去打击日寇。牺牲一人（周杰，建德人），且战果不大，但大部队得到锻炼，李一群说："部队不打仗那不行，也得不到提高。"

1943 年 7 月，以突击中队为主到诸暨、义乌、东阳开辟新区，中队长陈一文，指导员蒋忠，称坚勇大队，开始由蔡群帆任中队长，杨思一任政委。第八大队和坚勇大队均属金萧支队领导，但又单独活动，金

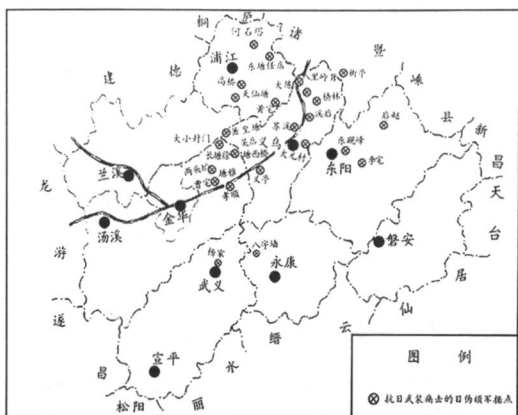

金属地区抗日武装袭击日军据点示意图

萧支队除自己扩充兵源外，由第八大队、坚勇大队负责。

第八大队在1943年以来设立金（华）、义（乌）、浦（江）联防办事处，由王平夷等办粮草、部队开支、动员参军、对敌伪斗争、统战工作，各项工作均具一定规模，部队专心打仗，不需要为地方工作操心。

1944年5月，日寇窜扰义乌吴店，被第八大队打得逃窜进稻田中，待夜晚才偷偷摸摸逃去。1945年8月，莲塘潘战斗[1]和浦江黄宅市战斗打响，日寇四十一人除一人逃出外（后仍被我部抓捕处决），被全部歼灭，其中五人被俘。莲塘潘战斗持续5天后，部队又到黄宅市去打浦江县实力派洪邦基[2]。因日寇投降，国民党日趋反动，将我部在浦江工作的人员拘捕杀害。所以，在对日寇斗争胜利之后，第八大队对顽固派发动进攻，俘三十余人，后将人枪全部退还，洪邦基本人被打死。

1945年2月初成立金（华）、义（乌）、浦（江）联防办事处所属浦南兰北办事处。鲍志俊任主任，方正任指导员兼突击队队长，徐可进任秘书，陈先南任粮秣员。同年6月改派陈一文为特派员，主任仍由鲍志俊担任。下设浦南兰北区队，队长由吴水根担任，蔡惠荣任指导员，民运队队长由柳重行担任。

邢小显是青红帮小头目，在金华参加"和平军"后又与第八大队为敌。1944年10月，第八大队在兰北柏社打击邢匪一次。1945年5月新四军为打通浙西和浙东，两次派第四纵队十、十一支队渡江到浙东，并派一个加强营五百余人到金（华）、义（乌）、浦（江）扩大根据地，首先要扫清邢小显匪部。在1945年8月中旬又秘密到达义乌西乡，对盘踞在曹宅的邢匪发起攻击，俘三十余人（后放回），邢匪大部溃散逃跑。次日，我部接到电报命令返回原部归建，因为日本投降了。

浙江保安团特务大队队长彭林，原是红军政委，红军主力长征时留在江西做敌后工作。他在国民党部队当兵，由排长、连长升至大队长。1945年某月，特务大队奉命到义乌北乡"剿共"。彭林早在部队自行发展共产党员，把营部部长、中队长、排长及大部分战士掌握在共产党的手中。开始部队故意"放空枪"，又退却，留下子弹，并派人联系我军。此事被"浙保"知晓，要调该队去丽水

[1]莲塘潘战斗俘虏五人除年轻的汤溪人在山东作战牺牲外，余四人均送纵队部。经教育后，参加日本共产党野坂参三组织的反侵略战争组织。日寇投降后，四人中有人劝说诸暨日寇把枪缴给新四军，被日寇所杀。

[2]洪邦基原是统战部队人员，在黄宅市战斗中被打死。

整编，于是浙纵改派彭林为金萧支队队长兼政委，后部队北撤过长江，他就卸职到中央去报到了。该队俞慕耕任改编后第一纵队一旅八团参谋长，在1946年12月宿（迁）北战役中深入敌后，牺牲在战场上。

1945年8月15日，日军投降，浙东纵队遵照中共中央与国民党重庆谈判的协议撤出浙东。

金萧支队第八大队[1]及地方上文职人员都到上虞县（丰惠镇）集中，改编为浙东纵队第六支队。由彭林任支队队长，下分三个大队。第八大队改为第一大队，其他编为两个大队。住了两天，在某日夜间出发到慈溪县庵林镇附近，登船渡杭州湾到江苏奉贤县石林登陆。当夜越过黄浦江及京沪铁路到上海附近的观音堂宿营。我们这次北撤与第三支队一同行动，由副政委谭启龙、参谋长刘京云率领。在此前一天，由纵队司令何克希率领第四、第五支队到金山。夜间，部队尚在船上，国民党部队向船上开枪，何司令拿冲锋枪首先登陆扫射，敌人就败退下去，敌人也在观音堂附近宿营，约三天，每天看飞机从西向上海运送部队。次日（或第三天），有美军来慰问，我们吸过他们的慰问烟。因为美军与日军空战时有飞机被击伤，迫降在浙东地区，受到我部的优待，所以特来慰问。

同时北撤的还有张俊异（群众叫他张胡子）部友军，是"浙保"第八十九团，原来"剿匪"的，后经过做工作作为友军北撤。

当撤至常熟县南丰镇，原汪伪军探知我部大多数系伤残人员，人数也不多，便在凌晨3时至4时对我部进攻，被我部击退。我部缴获一批弹药，俘房一百余人。天明，集中出发，敌人在外面打冷枪，流弹击中一同志胸部，该同志不幸牺牲。

部队向北走到一地方，我肚子饿了，向群众讨饭吃，虽冷但软，配以萝卜干，吃得很满意，胜过酒肉，此事记忆犹新。

晚上，乘船北渡长江，天明已达靖江县，行军到海安（现海安市）住下。此地系水陆交通要道，货物充足。程远（孙景良，在第三支队）来第八大队对我说："此地什么都有，你要请客。"因我当时担任军需，所以他特地来找我。李一群与他也熟悉。于是拿出"华中票"请客。

从海安到东台县住了一段时间，到涟水已是11月了。

---

[1] 当时第八大队有一、三、五、七中队，浦东、南联、浦南、兰北分队，鞋塘"和平军"投诚部队（邵文奎），以及文职人员。北撤前一天在义西一座大祠堂内集中。满满的约有五百人，天黑时动身出发，此前国民党第二十一师已来"围剿"，白天打了一仗。

根据中央指示，各个战区进行整编，华东各部队按次序从第一纵队起（除第五纵队不编）编为十多个纵队。第一纵队司令员叶飞，第一、第二旅由新四军第四旅十、十一支队整编，第三旅由浙东纵队整编，原第四、第五支队合地方部队编为第七、第九两团，原第三支队和第六支队合地方部队编为第八团，团长蔡群帆、政委钟发宗，三营营长李一群、政委杨广平、教导员程远，九连连长潘力行（潘懋坤）、副连长鲍志俊。第七、第八两连由金萧支队编成。

张俊升的部队有两千多人，早已抽调至华东总部，在1946年3月、4月补充，第三旅各部编散了，张俊升本人则任纵队副职，以后不知道如何。

涟水整编后，部队继续北撤，跨过陇海铁路，经沭阳到山东现路南（十字路）附近的一个村庄。在此开始吃小米了，小米里尽是沙子，个别同志发牢骚说："吃沙子还不如到战场上一枪一个来得痛快。"此地恶霸地主欺压农民，曾强令农民为打死的老鹰披麻戴孝，群众觉悟很高，主动教炊事员烧饭去沙的方法，同时慰劳部队不少鸡肉。我们吃面居多，小米很少。山东群众支援部队真是太好了，例如手工做的布鞋，应该大书特书的。山东有多少部队啊！每人一双就是十万多双。何况每人不是一双而是两三双呢！

由十字路出发向津浦线移动，去收缴日军武器。经费县、平邑、楼德到泰安，投降日军从徐州向济南集中，已向第一、第二旅上缴重武器，如大炮、重机枪等。投降日军到泰安又受到第三旅阻击，要他们把所有武器上缴，枪支、弹药、刺刀等，并于造册上签字后放行，一个日本兵用食指做几下扣扳机动作，说："你的有？"又对自己摇几下手，说："没有、没有。"

第八团三营驻在泰安县城南官庄学习、讨论、训练。1946年6月，盘踞在山东泰安的国民党军宁春霖部蠢蠢欲动。我军于6月7日晚10时攻击泰安西关，8日下午完全占领，9日做攻城准备，城上的碉堡由军部派炮兵[1]用加农炮打掉，10日下午6时开始攻城，不到一小时全部肃清敌人，可惜宁春霖从地道逃走。

我们从泰安出发经益都（今青州市）到广饶、博兴休整一星期。继续南下至峄县（原赵博县，今属临沂市）。我们住在天柱山、白山、出头林等地。1946年9月初，国民党整编第二十六师、第五十一师进攻鲁南，八团三营教导员程远、陈樟法在马家楼战斗中牺牲。同年12月，国民党整编第六十九师在宿（迁）北进攻，王启富牺牲。1947年1月，我军歼灭国民党五万余人。三营营

---

[1] 军部派来的炮兵原是日本人。他用加农炮打碉堡。我在那里看他打的头一炮从碉堡旁滑过，第二炮就正中碉堡，以后炮炮打中，把城墙上碉堡全部摧毁。

长李一群在此战役中牺牲。至此，原第八大队的主要军政干部李一群、程远（富阳人）和王启富（建德三都人）、陈樟法（建德里陈人）等都牺牲了。陈昌记调至东北去学坦克。

建德抗日自卫队与第八大队会合

1947年2月20日至23日，莱芜战役中，我军歼敌七个师，俘徐州绥靖公署第二绥靖副司令李仙洲。在此战役中，我与上士（上海人）轮流发粮，他未发完即回来，我去发完回原驻地正要走进房屋，敌机丢了两个炸弹，正丢在我们驻地的房屋，把民工埋在下面，他们正在往外爬，我忽见一个被震抛在空中落下来的人，就是这个上士，我走去扶他，他说："勿来事！"意即完了，当真当场牺牲了。

以后历经各大战役，不再一一叙述。

据有的同志回忆，原建德抗日自卫队牺牲二十七人，为建德部队的一半，如加上第八大队领导则近三十人了。

为解放受帝国主义、封建主义压迫和剥削的同胞而牺牲的同志，永垂不朽！

1984年初稿

1991年二稿

# 留学生·教授·老兵——皖南军部北撤时的董希白同志

□陈怀白

　　我开始认识董希白同志，是在皖南军部战地文化服务处，他是研究组主任，我被分配到他的研究组工作。那时已是 1940 年 10 月下旬，"反共"顽固派对新四军军部的包围之势已经形成，军部的主要任务也是战斗准备，上级对这个文化机关的工作已没有什么具体要求，处长钱俊瑞同志向大家说明："军部首长只要求我们集中力量做好战斗准备，但他考虑到大家要求工作的迫切心情，还是安排了一些具体工作。"董希白同志领导我们的工作是认真和忙碌的：搜集各种报刊资料分类剪贴和摘编，重要的还要概括出内容提要，共有"东南舆论""敌伪谬论"等四五个大项目。他告诉我们，做好这些工作，供领导参考，可以掌握某些方面的动态。搜集的资料主要是对当时"山雨欲来风满楼"的形势的各种反映，除了为战斗准备而举行的军事训练，大家都紧张地工作着。

　　战地文化服务处是一个新成立的单位，多数是新从大后方来的文化人，适应军事生活还需要有个过程，但董希白同志已来了一年多，是个老兵了。他一身半旧的军装很整洁，绑腿也打得很好。每天早晨的出操或夜间紧急集合都需要背着背包跑步式行军，他从不迟到、早退，也没见他掉过队，他的背包也打得合乎规格，要不是那副近视眼镜标志着他是知识分子以外，谁也想不到他

董希白与战友合影

是从上海来的大学教授。

11 月下旬，军部决定分批北移，我们这些非战斗部队被安排首批撤退。在撤退的前两三天，晚上开了一次会，每个人都作了自我介绍。从董希白同志的自我介绍中，我知道他是留法学生，在里昂大学专修外交法。回国后在上海法学院任教授。日寇侵占上海，要诱逼他去担任一张敌伪报纸的主笔，他坚决拒绝了，接着当然是恫吓和威胁，敌人随时可能对他下毒手，在朋友们的帮助下，他离开上海，到皖南参加了新四军。真没想到这个朴素、规矩的老兵，竟是在法国留学的学生，还是有一定声望的大学教授，为坚持民族气节（他当时还不是党员），甘愿来过艰苦的军队生活，而且很快就自觉地适应了这种生活。

12 月初，首批撤退的队伍出发了，我们单位编为一个中队，下设三个班，董希白同志被任命为二班班长。乐队的小鬼们（十二岁至十六岁）也分散编入各班。当班长的要带领这样一班人，可不是一件轻松的活。除了要背自己的全部行李——背包、挎包，有时还加米袋，还要照顾全班战士的生活和纪律。特别是小鬼们，有时还会吵架，脚走痛了要哭，都要班长一一处理。董希白同志的二班都能妥善地解决这些问题。他把因脚痛而哭的小鬼的背包拿下来，动员体力较强的同志帮着背一阵子，让这小鬼跟在班长身后行进，不时给予鼓励，对吵架的小鬼们严肃地批评后又鼓励他们好好完成行军任务。二班在行军中没有掉队的，也很少有拉档子（即前后拉远了）的。

行军至茅山地区，一次在一个小山下宿营时，适值小股日军出来骚扰，发生遭遇战，我们在武装部队的掩护下，爬上宿营地附近的土山撤离。这次遭遇战对从未经历过战斗生活的知识分子是一次考验，不少同志从土山下来时与队伍失散，后经部队派人一一找回，但董希白同志并没有离开队伍，二班失散得也较少。虽然他也只是在军部机关一年多，并未上过前线，却已不愧为一个老兵了。

以上只是董希白同志革命征途上的序曲，后来队伍分散化装通过封锁线到了苏北根据地，各自奔赴新的岗位，董希白同志开始了新的革命历程，在根据地政权建设中作出了卓越的贡献。

1985 年 6 月 20 日

# 忆陈怀白同志

□ 陈 详

我认识陈怀白同志，是在全面抗日战争初期。

1937 年 11 月，持续三个月的淞沪抗战失利，日寇分兵向南京、杭州两路进犯。当时我与陈向平同志在省立嘉兴民众教育馆工作。当地驻军张发奎部，有一个钱亦石、杜国庠领导的战地服务团。因工作上彼此时有联系，我们认识了服务团里的一些同志。嘉兴沦陷前夕，服务团与张发奎部同时后撤。我们民教馆一部分人员团结起来，向馆长高乃同先生争取到一笔遣散费，一边向浙西南流亡，一边沿途做抗日救亡宣传工作。辗转到达江山，不知往何处

陈怀白

去，刚巧碰到战地服务团，获悉有一批上海、杭州等地撤退下来的大学生集中在金华。他们鼓励我们也到金华去，这是个好主意。12 月上旬，我们到达金华，并通过陈向平认识的张锡昌同志的关系，加入了这个青年人的集体。这是一个共产党领导与浙江省政府（时在金华）有联系的抗日救亡青年组织，集合着浙江大学、同济大学、无锡教育学院中的部分不愿继续随校西撤的大学生，以及从武汉到浙江的回乡青年，共三四十人，核心领导是汪海粟、施平、张锡昌等老党员。我们在金华斗鸡巷四号汤恩伯公馆同吃同住。陌生的青年人，为了相互认识，开会作自我介绍。这是我第一次认识陈怀白同志，知道她是浙大学生，读文科，建德县人。"一二·九"学生运动波及浙江时，她参加过学生运动，

是一个思想进步的女性。

12月23日晚，因杭州沦陷，我们离开金华，站在敞篷卡车上，冒着凛冽的寒风，驶往丽水。子夜到达，住遂昌火柴公司。从此，开始过着有规律的集体生活，开始时事政治学习。每天清早起来跑步，有时登南明山，有时到三岩寺。上午、下午及晚上，都是学习时间。冯紫岗、刘端生、汪海粟、张锡昌、施平等分别讲课，其中最重要的一门课程就是宣传抗日民族统一战线。在大组、小组讨论会上，陈怀白条分缕析、主动发言，她的发言很有说服力，足见她已读过不少进步书刊。我是个初级师范生，自惭形秽，坐在一旁仔细听，受教育。有一天，我和尚平看到陈怀白手里捧着一本薄薄的小册子，好奇地走近一看，原来是洛甫（时任中共中央领导人的张闻天）的《论待人接物》。是的，在统一战线工作中，特别对青年学生，这是一门需要掌握的艺术。随后，我们也向她借来看了。学习班办有墙报，上面时有陈怀白写的讲究声韵的诗歌，读起来朗朗上口。大家就不约而同地称呼她为"诗人"。"诗人"成了陈怀白的外号。

1937年底，陈怀白与志同道合的同学们一起离开学校，从此走上了职业革命的道路（右一为陈怀白）

浙大十四名学生参加抗日宣传队前合影（前排左二为陈怀白）

在丽水，我们这个集体像滚雪球，参加者越来越多，达五六十人。1938年1月中下旬，我们结束了将近三周的学习生活，被分配到由浙江省政府建设厅（在丽水）直接领导的云和、龙泉、遂昌三个经济实验县工作。陈怀白和我、向平等三十多人被分配在云和。陈怀白在县城，我在赤石乡下，见面的机会只有在每隔半月或一月的县城召开的例会上。我知道陈怀白在教育战线工作，兢兢业业，成绩斐然。同年7月，党调我到诸暨，我就和怀白长期分手，世事茫茫。

# 记莲塘潘、黄宅市战斗

□陈　详

1945年8月中旬，部队由丁阳岭转移到莲塘潘附近的一个村庄。通信员带来两个农民。"半夜如果情报没有新变化，明天要打胜仗了。"我将信将疑地"啊"了一声。天将拂晓时枪响了一两阵，就是零星几响。

地方抗日武装在转移中

莲塘潘伏击战旧址

那时我担任军需，没有直接参加战斗。我以为这不过是平常的战斗，游击队打仗总是速战速决。一个多小时后，战士们回来了，带来一个胖胖的、结实的日俘。头顶小军帽，身着黄色军衣，足蹬短筒皮鞋，带着傲慢的神气。接着担架来了，除我们三四个英勇负伤的战士外，还有四个伤俘。

我走到担架旁边，负伤的战士说这是个漂亮的胜仗，于是笑开了。其中一个伤俘闭眼一声不吭，但有两个伤俘却指着自己说："朝鲜、朝鲜。"这三个伤俘伤愈后和这个胖胖的俘虏一道，全部送浙东纵队部，经过教育，参加了野坂参三领导的反战同盟。日本投降后，四人中有一个去劝驻诸暨的日寇部队向新四军缴枪，被顽固的日本人杀害了。另一个伤俘是中国人，年仅十七八岁，浙江汤溪人，后来成为勇敢的中国人民解放军战士，在山东作战时牺牲了。

战士们在一个小小的广场上跳呀，喊呀，争看战利品：两挺机枪，两个掷弹筒，八支"三八"枪，两个军用图囊。大队长李一群最后回来，马上吹哨子集合说："同志们！这一仗打得好，全部、彻底、干净地歼灭日寇四十一人（事后了解，逃出一名汉奸，被日寇枪决），缴获全部枪弹。估计日寇不会就此罢休，我们必须马上转移到丁阳岭去。"可是战士都止不住兴奋的情绪，还是叫呀，跳呀，大队长只得说："我们转移新驻地再高兴吧！"

黄宅市战斗旧址

这次战斗经过是这样的：部队半夜出发埋伏在莲塘潘一个两面矮山、中间一条小溪的地方，因离溪边道路很近，要屏气凝神地做好预备射击姿势，等待敌人到来。可是东方微白了，敌人还是没有来，大家心里很急，到了东方微红时，才听到大路上有"咕噜咕噜"的声音，日寇摇摇摆摆地来了。这时战士们的心情又高兴又紧张。等日寇进入埋伏区，步枪、机枪、手榴弹一齐打下去，日寇闪避不及，全部翻入溪中。还有活着的进行顽抗，机枪只响了一下，就哑了。战士们立即发起冲锋。日寇举着机枪向战士比划着，可是打不响，原来枪管被溪中泥沙堵塞，发生故障了。溪中、路旁负伤和死亡的日寇横七竖八地躺着。战士们很高兴。因为以前第八大队也曾与日寇作战三次（山下施、长塘徐、吴店），也是主动向日寇发起的攻击，但没有取得这次这样大的胜利。这一仗不但振奋了战士的情绪，更提高了人民的信心。当我们转移路过丁阳岭时，当地群众已派代表抬了两只杀好的肥猪来慰劳我们。代表们说："这是一场了不起的大仗，老百姓可以过平静日子了。"战士们说："群众动作真快，不到四小时，猪都杀好了！"

我们当天转移到义乌分水塘，晚上翻过戚岭到浦江东乡一个山村宿营。后得知，日寇当日没出来，次日三百余日军循着大路，由金华曹宅，经莲塘潘到义乌的义亭，凭吊式地游行了一次。此次战斗是在日本宣布投降后打的，而地方上的实力派已逐渐趋向反动。浦江县国民兵团有五个中队，他们杀死金义浦联防办事处在浦江东区工作的同志，公开挑衅我部，于是我们坚决予以回击。当我们驻下后，立即派员去侦察，知道他们住在黄宅市小山上的祠堂里。9月初，我们发起了一次针对他们的进攻。这个自吹强大的三百余人的部队真不经一打，我们是仰攻，他们居高临下，当我们的机枪、步枪一响，炮打了两发，他们就垮了，向浦江县城逃去。这次击毙该团团长洪邦基（敌人内部借机打死的），俘三十余人，遵照中央打击地方顽固派"有理有利有节"的原则，集中被俘人员训话后，全部人枪释放回去。

1956 年 8 月 19 日于杭州
1991 年 10 月 4 日修改

# 日军铁蹄下的寿昌

□李韩林

　　1939 年 8 月 14 日，日寇第一次轰炸寿昌山城。在这以前，寿昌人以为寿昌城小人稀，既无驻军和军事设施，又无重要工业，心存侥幸。因此市民毫无防备，造成伤亡百余人。之后第二次更加惨烈，我亲身经历。1941 年 1 月 10 日上午 10 时左右，七架日寇轰炸机突然飞临寿昌上空，向地面无辜居民密集扫射重机枪弹，并散开低飞轰炸。当时我正在寿昌简师读书，记得刚从学校参加期末考试回来，未及到家，只听得四周一片爆炸声和枪弹声，从天井里清楚地看见敌机机翼下的两块"红色膏药"，以及驾机人员和机尾摇曳而下的炸弹，一个不到十五平方公里的山城，七架敌机来回盘旋轰炸，飞过我家天井的次数，难以计算，只觉得一架跟着一架，并不间断，炸弹和重机枪弹造成的声响也并未间歇。第一批七架敌机投完了炸弹后离去不久，第二批十二架敌机紧接着又

1942 年 6 月 1 日，《解放日报》上刊登着
有关寿昌军民抗击日寇的消息

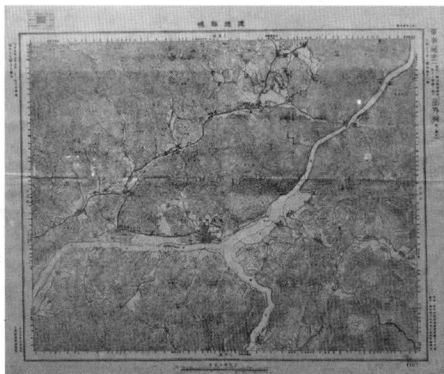

日军侵略寿昌时用的军用地图

飞临上空，低飞盘旋，投弹扫射更为疯狂。随后又飞来一架，它迂回盘旋，狂轰猛炸后才离去。这天，自上午10时到下午5时，日寇出动轰炸机先后三批，共二十架次，向山城无辜人民投下炸弹和扫射重机枪弹不计其数。事后查悉，当场炸死二十七人，重伤七人，因惊恐致死两人。炸毁民房五十余家，共二百余间。河南里村李希方一家就被炸毁房屋二十四间。当天晚上，山城一片哀号，呼天唤地之声，惨不忍闻，至今忆及，余恨难消。

1941年4月清明节后的一天，三架日机飞临寿昌，投下一批批炸弹和燃烧弹，店家梁万丰被炸毁，河南里村炸死两人，日军又一次犯下滔天的罪行。6月某日，一架日机突袭寿昌山城，投弹两枚，建于八百多年前的宋代桥梁宋公桥桥墩被炸毁。同年农历八月十三（9月22日）上午8时，三架日机滥炸寿昌，投下大批燃烧弹，大街（今中山路）西自西湖桥、东至天后宫、南至江西会馆一带两旁二十余家商店及民房，共一百余间着火焚毁，损失财物无法计数。寿昌山城从此商业萧条，市容一蹶不振。

1942年，日军第三十二师团大举侵犯东南沿海和浙赣铁路。农历四月十二（5月26日）和六月初九（7月21日）两次流窜寿昌，当时城中居民大都逃避乡下，日军进城后来不及躲避而惨遭杀害的中国百姓有九人，被强抓去做了挑夫的人数更多。据东门村人戴深贵回忆，当天和他同时被抓住做了挑夫的就有五人，其中一人是个盲人，日寇硬要他丢弃明杖，背负弹药，跟随队伍快步行走，稍有怠慢，立即鞭笞枪打——灭绝人性的日军对残疾人也不放过。戴深贵等被迫背扛枪弹去航头镇，途中目睹一个小孩被日军刺死在地，一位老人被杀死于田塍下，戴深贵当天乘机舍命逃回。日寇侵入寿昌城后，实行烧光、杀光、抢光的"三光政策"。当时城南有一丧失民族气节的败类，竟头顶香案在门前跪迎日寇，欲图在日寇庇护下趁火打劫，谁知日寇不仅置之不理，还将其妻子、儿媳连同在他家躲避的亲戚，共六人，一并捆绑杀死，并纵火烧毁其住宅。民族败类落得个引火自焚、人财两空的下场。日军对投降者也不放过，坚决对中国人使用烧光杀绝的手段，可见其"武士道精神"的残暴本质。日寇侵占山城时，另有翁、费两姓大户人家因住宅建筑讲究，装潢比较奢华，也同遭烧毁。其中翁家新屋有五十余间被完全烧成灰烬。河南里村十余家茅屋计四十余间，也未能幸免，同时被全部烧光。日军侵占寿昌时，至少有十余妇女被强奸，东门一妇女被轮奸后死去，河南里一妇人被八名日寇轮奸后不能动弹。一陈姓少女年仅十三岁也遭强奸，一蒋姓老妇已八十多岁也被奸污。另有两位妇女已逃出城外，在滩下村被日寇抓住，然后被几十名日军像群兽般轮奸，两人被活活折磨而死。另外因逃难被淹死或暴病身亡的，数日内即达十六人。

日寇流窜寿昌时，新叶顺东店有一毛姓染布师傅被日寇抓去充当挑夫，到了龙游，他和另一批被抓的寿昌挑夫共十人得到机会逃离虎口，连夜步行走到大同。最后被林希岳（时任寿昌县县长）的自卫队当作汉奸抓住杀害了。

日寇在寿昌奸淫烧杀洗劫一空后才离去。家家墙壁坍塌、瓦破梁倾、锅灶被砸，红漆家具被作为柴薪、饭蒸菜缸被当成粪桶，家禽家畜无一幸存，腥臊气味到处可闻。当年日军在寿昌山城的残酷暴行罄竹难书，所造成的凄惨景象旷古未有。

# 日寇又一罪行

□ 方邦达

1941 年，日本飞机曾经施放毒菌伤害寿昌人民。这年我十一岁，在万松中心小学读书，家里养牛，放学后要放牛。

过年（春节）期间，日本飞机来炸寿昌城，炸死了许多人。4 月，日机又飞临寿昌城，这次没有轰炸，转了两圈就走了。过了两三天，我放学后去放牛，在田沟里洗了脚，回到家，双脚洗过的地方奇痒，还长出了红点。我祖母认为是痱子，擦了痱子粉但不见好转，第二天我全身长出了红点，后来转成疥疮。

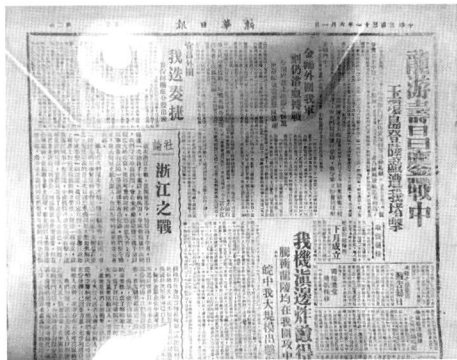

1942 年 6 月 1 日，《新华日报》刊载寿昌军民抗击日军的消息

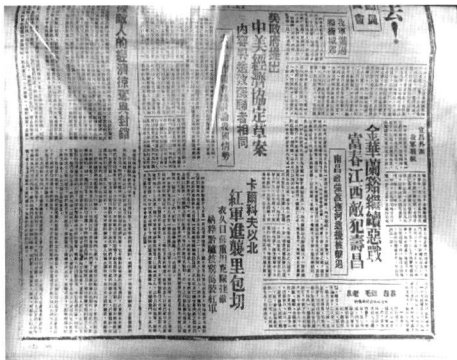

1942 年 5 月 30 日，《解放日报》刊载富春江以西日军进犯寿昌的消息

以前我也常在田沟里洗脚，但没有出现过这种情况。

事有凑巧，我家有口天井，天井里有个大水缸，屋背檐头流水滴在缸内。我爸说天气暖和起来，水缸里积水要生蚊子。叫我哥哥吴树荛把这口水缸里的水舀干。我哥哥爬到水缸里去舀水，水舀干换洗后，双脚也同我一样奇痒，也长出了红点，后来转成脓疥疮。

我俩的疥疮和脓疥疮后来传染了全家——祖父吴樟顺、祖母曹田珠、父亲吴文华、母亲刘爱世、弟弟锡基和锡良以及妹妹吴桂香。

脓疥疮很毒，发痒，一抓就破，出脓出血，很容易传染，那时用中草药又吃又抹，总是医不好。

当时寿昌人生疥疮和黄脓疮的人很多。就我们万松中心小学来说，十个学生里就有六七个生这种疮。

寿昌万松园

我们家里人长的疮直到新中国成立后，建立了人民医院，采取服药、打针、洗、抹的办法，才医好。我至今身上仍有疥疮留下的疤痕。

从上述现象来看，寿昌许多人长疥疮是日寇在寿昌上空施放毒菌造成的。这是日本侵略者伤害中国人民的又一罪行。

本文由编者根据采访整理，方邦达为被采访者。

# 三代人惨死日寇魔爪

□李祝华

我出生的那一年，日寇侵占我国东北三省。我懂事的时候，抗日战争全面爆发，日寇的铁蹄已深，中华民族遭受了空前的浩劫，人民遭受残杀和蹂躏。我有好几位亲人惨死在日寇的铁蹄之下。国恨家仇让我刻骨铭心，永难忘怀。

## 1. 奶奶之死

1937年12月，日寇占领杭州。日寇的飞机经常到浙江各地骚扰，对梅城这个小小的山城也不放过。当时的建德县政府防空办公室经常要发警报。警报一响，全城人拖儿带女，老老少少向郊外和防空洞里躲避。日机飞得很低，有时连机翼下的"红膏药"（日本国旗）和机舱里驾驶员的狰狞面目都看得清清楚楚。因为空袭多，我就读的严中小学部决定将低年级三个班临时迁到城郊东湖滨严子陵祠上课。校长说，晴天逃警报，白天不上课，缺掉的课晚上来补；如果早上乌龙山戴帽，就照常上课。因为乌龙山戴帽，即预示这一天是阴雨天，这是梅城比较准确的"气象预报"。我记忆中的一次空袭发生在我8岁时，那是1938年2月23日，农历正月二十四的下午。一听到警报声，父母就带着我和妹妹逃到北郊仇池坞的一个农民家里。我奶奶年迈，又是一双小脚，她一定要在家看门，父母拗不过她，只好让她留在家中。

被日寇杀害的中国儿童

我们逃到仇池坞不久，敌机就在城里

丢下了炸弹。这次，敌人共出动了七架飞机，丢下了二十六枚炸弹，炸毁房屋八十余间，有十二人被当场炸死，八人被炸伤。敌机离开后，人们在城里其昌酱油店的大酱油缸里发现了一条死人的大腿，现场惨不忍睹！

《严州日报》1934年3月10日载消息《鸣炮悬旗，热烈欢送壮丁出征》

《中国儿童时报》1941年1月10日载王逢源文章《报告建德状况》

炸弹爆炸地离我家周家岭虽尚有一段距离,但炸弹的爆炸声是惊天动地的。年迈的奶奶经不起这样的惊吓,从此一病不起,过了半个多月,奶奶就去世了。

### 2. 父亲之死

最难忘的是1942年5月23日,阴历的四月初九,日寇侵占建德的这一天。这一天是建德的耻辱日,我们的子孙后代不能忘记这一天。这年我12岁,是小学五年级的学生。

在日军进城的前一天,有人喊着:"日本鬼子过桐庐排门山了,快快逃难呀!"一时间,有的挑着家什,有的背着铺盖,有的推着小车,有的抬着病人,扶老携幼,哭声震天,向城外涌去。我们家也是在这一天逃到姜山乡的。

我们跟随着逃难的人流,来到了南门码头,只见渡船上拥挤不堪。船老大说:"超载了,下一渡吧!"人们哪里管得了这些,为了逃命,硬是往船舱里挤。

好不容易渡过了江。父亲帮我们雇好挑行李的人,要我们好好听妈妈的话,并说,他是不能擅离职守的。父亲李耀祖是浙江省地方银行建德办事处的公库主管员。匆匆数语之后,又乘渡船回梅城去了。想不到,这一别,竟成了永别!

妈妈和我们兄妹三人,跟着挑行李的姜山乡农民伯伯走了大半天,到了肖塘村朱家岭才停了下来。这个不到十户人家的地方,家家都住满了城里来的难民。我们找到最靠山脚的一户人家,只见他家的堂前、过道上、楼上,已经安置了十多户难民。那些比我们早到的难民都十分同情我们,主动腾出一个地方,让我家铺进去一床被子。这就是我们一家四口暂时的栖身之地了。

日寇在建德城里一共盘踞了五十九天,他们杀人放火,强奸妇女,无恶不作。

其间,母亲曾托人到处寻访父亲,都无消息。后来,还是一位同父亲熟悉的、一起被抓去当挑夫的叔叔告诉母亲:父亲反抗日军的暴行,被鬼子用刺刀活活捅死了,地点在一条河边,鬼子一脚将他踢到河里,他很快就被洪水吞没了。

听了这位叔叔的话,我们一家人都哭了。之后,母亲擦干泪水,对我们说:"要记住这个仇。奶奶和爸爸都是被鬼子害死的。你们长大后,一定要报仇!"

### 3. 弟弟之死

日军于7月19日退出梅城。7月20日,我们一家回到城里。

一家人回到家都傻了眼,我家围墙被洪水冲垮,家里的东西被人拿光了。

见到如此家破人亡的惨状,坚强的母亲也抱着我们号啕大哭起来,真是上天无路、入地无门呀!

因为建德沦陷，父亲所在的单位建德地方银行办事处迁到遂安去了。

大约过了半个多月，办事处一位姓韩的叔叔来找我母亲，他说，我父亲被俘以后，是"逼交公物，不屈就义"的。他生前经管的公物，无一失散。还说上面有抚恤金发下来了，办事处主任要我母亲到遂安去领取。母亲非常感谢父亲单位领导的关心，决定择日起程去遂安。

母亲对我说，她一人去遂安，我们留在梅城她不放心，还不如全家一起去。

遂安之旅，是我和弟弟妹妹生平第一次走这样长的路程。三十公里的路程，足足走了一整天。

第二天，地方银行建德办事处陈主任接待了我们全家，将父亲的抚恤金亲手交给我母亲，还在离城五里远的龙源乡龙源村替我们找到了一处房子，帮我们一家安顿下来。

在遂安期间，我同弟弟由于连日劳累、担惊害怕，都害了病，发了高烧。当时缺医少药，住在乡下更不方便，母亲很着急，就请当地土医生给我们弄点草药吃。我服用后日渐好转，弟弟却不见好转，撑到第三天便死去了。

短短的时间先后失去三位亲人，让我们悲愤无比。直到半个多世纪后的1988年，母亲在临终时还告诫我们，世世代代都不能忘记那段屈辱苦难的历史。

# 我的洗礼

□张祖荣

我是 1940 年 8 月 18 日来到人世的，听大人说，妈妈生我时，日寇正在对我老家所在的那座古城进行轰炸。

我老家在新安江与兰江的交汇处，历史上一直是严州府府治所在地。府治撤销后，它就作为建德县县治所在地沿袭下来，1960 年县城也移到新安江去了，它就被称作梅城镇。但在抗战年代，它还是个县城，所以日寇的飞机不时"光顾"并在那儿"下蛋"就不足为怪了。听大人说，那年头，我家也算得上是古城里的书香门第，爷爷用祖传的老房子开着一家私塾，他老人家教着二三十个孩子读《三字经》《百家姓》和"四书""五经"。爷爷是在我降生之前的一个月离开人世的，母亲在我上面一连生了四个女儿，所以大人都说我是爷爷专门去物色来延续张家香火的。爷爷死后，整个私塾就由大伯父经营了。

我们家的老房子很大，是一幢徽派建筑。有两个天井和前后厅。孩子们在后厅里读书，前厅就是全套的大户人家摆设。正中的墙上挂着一幅孔夫子的画像，每天清早学生们走进私塾后就要在这儿给孔老夫子磕头。画像前是一条柏木的长搁几，然后就是一张红漆的八仙桌，一左一右置两把太师椅，供家族会客和重大庆典用。

当然，我们家还种着十几亩田。一天午饭后，爸爸就带着几个帮工去城外的田里割稻去了。紧急警报响的时候，伯父只能带着他那一大帮幼童逃到城东北的水门洞里。我的那些姐姐则由伯母带着去逃命。妈妈腆着个大肚子，行动不便，这时哪里还有人来抬她？她只能被安置在前厅的大八仙桌底下听天由命了。

妈妈说，人走后，城里很静很静，静得能听见她自己的心跳。当时她已出现临产的阵痛，但巨大的恐惧使她连痛也感觉不到了。她说，她那时只觉得世界被浓缩成桌子底下那个狭小的空间，觉得世界上只剩下她一个人了。

不久她就听到了飞机的声音，那声音由北而南，并且越来越响，响得整个大地都抖起来。显然，日本飞机飞过乌龙山后就开始俯冲。

接下来，爆炸声就由北向南地传过来了，而且一声比一声近。响到第五声还是第六声时，这一声就像是在妈妈身边炸响一样。当时妈妈觉得世界末日来了。只听到头上的桌子乒乒乓乓一阵乱响，屋顶的瓦片和楼板一起砸了下来。还好桌子结实，经受住了这一切……

妈妈说，就在这一刻，就在妈妈巨大的惊惧之中，我来到了人间。因此，我推断，我到这个世界上听到的第一个声音，就是炸弹的爆炸声，我吸进的第一口气，应当是充满硝烟的……

当警报解除，家人们赶回来时，人们在这里只看见一片还冒着青烟的瓦砾场。当然，他们还会看见在瓦砾场中间那张无比坚固的八仙桌，会看见一个已经昏过去的产妇和多出来一个还连着脐带的生命力奇强、哭哑了嗓子的小生命，他浑身血污，小手足在扒拉……

家人们在抢救这一大一小两个生命时，更发现一个奇迹：前厅的三面墙，一东一西两面墙的主体是朝外倒的，而正面那堵墙上挂着的孔夫子画像的墙居然没有倒。如果这堵墙倒下来，桌子无论多么坚固，只怕也是抗不住的……所以，这以后许多年，家里的大人都说，我是孔夫子救下来的……

自那以后，我家就一落千丈了。大伯父成天在那片瓦砾场里跑——他疯了。为了给大伯父治病，家里卖掉那片已经成了瓦砾场的屋基地和大部分的田，所以，到土改时，我家的成分就成了贫农。

在我能记事时，生活对于我就是流离失所，就是饥寒交迫。爸爸妈妈一再说："小子哎，记住，这些苦，都是日本鬼子给的，要记住这仇这恨啊！"我从能思考时就在想，我们这一家都是手无寸铁的平民百姓，跟日

1939 年 3 月 5 日《严州日报》发刊词

本隔得千里万里之远，八竿子也打不着，日寇凭什么就炸掉我们家的房？日寇失败了，投降了，怎么能不赔不认账？他们干了这么多伤天害理的事，怎么就能一个歉也不道？……

在我还是个小男孩时，我就想，我要练出一身武功，以后保家卫国。可是事与愿违，我偏偏成了一介文人。还好，我还有支笔，我还能写。1995年，抗日战争胜利50周年时，我一口气写了并发表了五篇打日本的中篇小说，而今又过了十年，我老了，创作能力衰退了，但是这篇短文我还是一定要写的，为了早已作古的父母，为了我那特殊的洗礼，为了我记忆中的那片瓦砾场……

# 西湖谈往

□ 戴不凡

西湖边也有不少野桑可以随便采，回家养蚕，还可以找桑树果儿吃，还有许多杨柳……清明节，湖边残存的不少老桃树早已开花了，可以随便折回家插花瓶。不过，折桃花的人多，除非会爬树，一般不容易得手。有的桃树上也结毛桃，又硬又苦，大家不会去摘的。这些残存的桃树、柳树、桑树，在日机轰炸时本可以当作隐蔽物的，可是被国民党县党部以方便大家"逃警报"的借口砍个精光了（1938 年）。

至于湖西边的宝华洲，抗战时期被改成"防空监视哨"，日机来袭时敲钟发警报，大家通称"警报所"，是不许人进去的。在此以前，这里是建德县政府建设科管的一个农场苗圃。破旧的房屋里，满是尘土蜘蛛网，育了几行松树、柏树苗，大部分土地上是稀稀落落的麦子之类，它允许参观，实则一无可观。这里在清代以前倒是一个胜地，原是"宝华书院"所在。院宇相当宏大，建筑精致。民国以后，书院被取消，这里荒废了，变成军队往来的驻营，不但拆了许多门窗板壁当柴烧，而且也烧了旁边的平房，二十世纪二十年代以后还被改为农场苗圃。

梅城宝华洲旧貌

湖边上原是"一株杨柳一株桃"，而我见着的却只有残桃败柳了。湖中原也有像杭州的游船，而我见到的只是一块捕鱼的木排了；宝华洲上原是花繁木茂，梵呗钟声，香客络绎，而我见到的却只有旧壁破房，稀稀麦苗，外加警报声了。宝华洲以西，西湖山脚下一带，抗战时期被认为是躲避日机轰炸的安全处所（飞机难以在这一带俯冲、轰炸、扫射），只要一敲"空袭警报"，大家就纷纷向这里逃奔，在紧张等待发"紧急警报"（日机入县境）的时候，我曾坐在山坡上叹息过：如此下去，哪年哪月才能取得最后的胜利呢？

摘自《建德文史资料》（第三专辑）

# 血与火的记忆

□罗嘉许

深藏在建德山水之间的梅城，过去因其偏僻，倒也安宁。可是日寇在我神州大地肆虐横行的日子里，梅城也饱受蹂躏，片刻就房成瓦砾、街上尸横。1939 年的一天，钟楼山上又响起了凄厉的警报声——预警日寇的飞机即将到城区轰炸。古城儿女的心，一下子被拎了起来，有的扶着老人，有的抱着、携着孩子，有的肩挑铺盖，手提充饥果腹的各色干粮，向城外四散逃难。八十二岁过世的纪纯老人生前回忆说，那时她 13 岁，可那惊魂的血火，像透红的烙铁，在她幼稚的心上，烙灼起永不磨灭的伤疤。在全城一片嘈杂的叫喊声中，她习惯性地将母亲早就为她准备好的内装衣服与干粮的"警报袋"，往肩上一背，抢步出门，跨出门槛就与母亲、妹妹失散了。于是她只身随着人流，向大南门码头边涌去。慌乱中，她在逃难的同行人的帮扶下，上了渡船，横过新安江。

梅城南门黄浦街码头

刚一上岸，只见一群敌机从东关压过来，它们飞得那么低，那"膏药旗"的标识都看得清清楚楚。避难的人迅速分散，各自钻入草丛，或隐倚田坎，或俯身于低洼之处。一阵刺耳的啸声划过低空，古城中顿时响起爆炸声，震得人心跳不止。她轻轻地抬起头，向北岸望去，只见炸弹落处，烟火冲天，而身旁的蓬蒿中传出切齿的咒骂声，哀痛的哭泣声……日寇的飞机掷下死神，掷下劫火，掷下不可饶恕的罪孽，呼啸而去。13岁的小姑娘，她惦记亲人，迫不及待地过了江，赶回梅城。当一脚踏上南门大码头时，硝烟、焦臭扑鼻而来。穿过城门洞，走进南大街，她惊呆了：刚才还是整整齐齐的店铺，仅在一瞬间，真的只一眨眼的工夫，就化为冒着青烟、吐着火舌的瓦砾场。她，13岁的小姑娘，跨过仍在燃烧的断椽，迈过冒着浓烟的残柱，踩着街上沾滞着鲜血的石板，战战兢兢地绕过横陈街中的血肉模糊的躯体，木然地走着。忽然，"吧嗒"一声，一个紫红色的、带着血腥的块状物掉落在她面前，她浑身一颤，下意识地后退一步，抬起头来，只见悬挂在电线杆上的，是刚才日寇炸弹炸离人躯的脏腑……这血与火，使小姑娘一下子长大了，懂得了这是无耻的侵略，这是无端的屠杀。

1942年5月23日，日寇侵入梅城，前后盘踞五十九天。在这散发着血腥味的五十九天中，百姓受尽凌辱，更被残杀。有的被枪杀、被刀劈死；有的被当成玩乐对象，用石块砸死；还有的被当作试验品，注射药剂后，全身溃烂而死……据梅城"活字典"倪孜耕老人生前所述，在日寇仓皇退出这座古城时掳去做各种役夫的有两千多人，仅倪孜耕老人一家，就有他父亲、兄弟三人同时被掳。这些人中，因扛抬挑担过于艰辛，因饥寒风雨过于凄苦，受尽摧残，到松阳被折磨死的有二百余人。倪孜耕老人说，当年若不是乘隙夜逃，必然也是弃尸骨于他乡了。

有侵略就有反侵略，侵略者必然没有好下场，坐在火山顶上是最危险的，沸腾的岩浆一旦爆发，玩火者必定粉身碎骨。惊天地、泣鬼神的全民抗日，是中华民族在自己的家园里开展的正义的抗争，是血肉与兵火的拼搏。七十年前，梅城的方蒋勋先生在杭州读书，日寇侵华后，日寇的飞机时常侵扰杭州城，他曾目睹在杭州城上空发生的一场空战。这场空战，我方以零比六的战绩，打得号称日本"王牌"的木根津航空队抱头鼠窜，夺路而逃。有一架日机于慌乱之中，竟一头钻进大海，被汹涌的波涛吞没。十年前，我听了方翁叙述，怦然心动，长歌抒情，写下了《歼"王牌"》一首，今附录于后，为文作结。

## 歼"王牌"
### ——杭城抗日空战纪实

倭寇铁蹄蹂禹甸，中华领空若后院。

木根津队号"王牌"，妄以弱势无抗战。

杭城遭袭起尘嚣，健儿卫国上云霄。

银鹰正是出鞘剑，气冲牛斗势如飙。

敌枭施暴逞快意，银鹰突出云层里。

白虹贯日射天狼，击落敌枭拖烟坠。

当头一棒"王牌"殇，倭奴惊叫更疯狂。

健儿摇翼兵使诈，庶黎一望九回肠。

凝眸决眦睛不转，急趋通衢忘隐显。

我机倏忽直昂头，厉啸一声如闪电。

弹光道道划长空，倭若黔驴技已穷。

倒挂风铃秋叶落，炸雷响过火光红。

再战再捷慑敌胆，"王牌"军似丧家犬。

狼奔豕突失西东，坠入海洋衰不免。

卫国健儿返钱塘，西子擎杯舞袖狂。

激战长空零比六，硝烟尽扫凯歌扬。

方翁是时正年少，观战杭城事初晓。

甲子一轮故梦多，常将比作兴亡兆。

兄弟同心利断金，家园哪可任人侵。

倭奴觊觎神州地，泱泱大国岂沉沦。

国力衰兮受人欺，衅起卢沟恨亦斯。

盛世敢忘当年辱，图强奋发正是时。

# 洋尾抗战见闻录

□程秉荣

1942年5月23日，日寇侵占梅城。不到几天，就派部分军队占领洋尾、麻车、大洋沿江地区，企图保持建兰航路的畅通。但中国人民不是好欺侮的，日军常常遭到我军和游击战士的打击。现将我看到、听到的一些情况，记述如下：

## 1. 四次"扫荡"

日寇侵占建德的五十多天中，对洋尾进行了四次"扫荡"，最远的一次到过洋程村，其余三次都只到高楼厦村。参加人数最多的一次有四十多人，其余三次为一二十人。每次"扫荡"都进行掳掠抢劫，被抢去的有粮食、耕牛、鸡鸭、钞票、银圆、铜锡器等。我家就被抢去耕牛一头、大米三十多斤、新板笋一只，日寇退出时，这只笋仍让我家找回，上面写着"荻野队"三个大字，说明驻扎洋尾的日寇头目为荻野（据第三战区长官司令宣慰团调查记录，驻扎在梅城的为二十二师团，城防警备司令为荒木和弟）。日寇到了哪家，哪家就被糟蹋得不成样子。门锁打坏，水缸打破，粮食、衣服丢得满地。除了抢东西，日

金萧抗日根据地示意图

寇还到处抓人，我们村里被抓去四人，里蔡村一人，外蔡村一人，被抓的人不是替日军背武器，就是抬抢来的东西。到了目的地也不放回，都被关在猪栏里，作为牲畜使用。

有一次，日军看到高楼厦对面（殿后山）的桐子树林里有人，就追上去抓，人们都逃脱了，只有一个脚瘸的人逃不了，被他们抓到。这时，日寇看到桐子树上生满桐子以为是苹果，都抢着摘来吃，一咬又麻又苦，味道很不好，就硬要这个脚瘸的人吃掉，这人不肯吃，日寇就拿起刺刀，朝他头上刺了一刀，幸亏他头一偏，只伤了一块皮。

### 2. 惨无人道

日寇占领洋尾乡时，被杀害的老百姓，有名可查的有徐子奎、徐戴氏（徐子奎的婶婶）、傅宝彩、胡文贵、何德荣、许早春、何立英、洪冬青、谢老猴等人，还有不知名的过路人好几个。我这里讲两件事，就可以看出日寇多么残忍了。有一次日寇"扫荡"，走到童家桥附近，一个过路人与日寇相遇，因这人脚上穿一双"力士"鞋，就被认为是"游击队"，他被日寇用刺刀连戳十多刀，被活活戳死在路上，住在附近的人家，把他的尸首掩埋起来，直到日寇退走，家属才把尸体移回安葬。日寇到洋尾，村里的男女老少都纷纷向里面村坊逃避，但是也有少数年老体弱的人不愿意离开家，躲在家中自烧自食。这些老人、病人都没能幸免，个个死在日寇的屠刀下。有一天，日寇"扫荡"到水碓后山上，抓到徐子奎和他的婶婶徐戴氏，日寇把他俩带到洋尾埠，把洋尾村里没有走的胡文贵、傅宝彩、潘春福、谢老猴等老人，一起带到码头上，四面围着日寇官兵。日寇先把徐子奎和徐戴氏的衣服裤子剥光，叫他婶侄二人干那丧尽天良的事，徐子奎愤怒地不理日寇，日寇就用刺刀威胁，用竹棍打。徐子奎毫不屈服，日寇就用绳索把他俩捆绑在一起，几个日寇把他俩的头脚抬起来，丢入江中，围着的日寇拍手哈哈大笑。这时正涨大水，江水汹涌澎湃，人一丢入江中就被浪花吞没了。一个丢了，再丢第二个、第三个，最后挨到潘春福老人，刚好绳子用完了，只找到一根很粗的棕绳，因当时潘春福已六十多岁了，日寇只是马马虎虎地把他捆了丢入江中。粗的棕绳散开了，潘老人的水性很好，慢慢泅到深坞边上。看看离日寇已远，才悄悄地爬上岸，翻山到了高楼厦，到亲戚家换了衣服，控诉了日寇罪行，大家才知道徐子奎等人已被日寇杀害了。

### 3. 夜袭

日寇在洋尾不时遭到我军和游击队的打击，我印象深刻的有两次。一次游击队和第七十九师连长何锦荣（马目人）配合，组织了三十人，到高楼厦的蔡家吃了晚饭，老百姓听说去打日本鬼子，情绪很高，由当地胡汝根、林角道等人带路，连夜摸到日寇驻扎在洋尾后面山上的炮台。这个炮台里有一个班的日军，他们正在睡梦中，几个手榴弹在炮台里"开花"，日寇被打得晕头转向，只能滚下山冈去逃命。这场战斗，时间很短，打得很出色，计毙敌四名、缴获轻机枪一挺、步枪三支、子弹四百多发。1943 年 12 月 30 日浙江省政府转发内政部函，称林角道"抗敌有功"，发给非常时期人民荣誉奖章、奖状。又一次，林角道等人又带了手榴弹去摸敌人的岗哨，他们牵出来被日寇抢去的耕牛两头、军马一匹。起初，日寇的汽艇天天在江中大模大样地开来开去，在遭到我游击队的几次打击后，就不敢单独出来行动了，每次出来都有武装人员保护。

### 4. 败退

1942 年 7 月 19 日（阴历六月初八）下午，天空晴朗，我们正在洋尾里面的山上铲草，看到洋尾码头江里集中了好多木船，日寇军队抓来的人正忙忙碌碌地向船上装运东西，到下午两点多钟，船上都装好了，还有一些装不下的东西，就乱七八糟地堆在沙滩上。这时日寇把所有人都集中起来，陆续上了船，堆在沙滩上的东西，就用火点燃起来烧了，船头上架了机枪，枪口对着洋尾村，一连打了几百发子弹，船就灰溜溜地朝兰溪方向驶去，到此，日寇侵占建德县的历史也就结束了。

日寇退走后，我们立即到洋尾村里去看，一进村里，臭气熏天，日寇把猪皮、猪头、内脏、鸡鸭头脚等，丢得满地，到处苍蝇成群。日寇把住的房子墙壁打通，把四通八达的道路用沙包或石块堵塞，只留一个出口，路边拉着带刺的铁丝，铁丝上挂着空罐头瓶，罐头瓶内用线吊着两三枚铁钉，人一碰到铁丝，就会发出叮叮当当的响声，以为这样就可以防止人民的攻击。日寇住过的房子，内部都是空荡荡的，桌子的脚都被他们锯去，板壁、米柜等木器都当柴烧了，陶瓷器打得粉碎，一片劫后的凄凉景象。

### 5. 敌机坠落梅城

1942 年农历三月下旬的一天下午，突然一架日寇的飞机掉到了东关对面的沙滩上，老百姓看到都欢呼雀跃，消息很快传到驻扎在东关后面山上的中国第十预备师部队里。部队官兵一听，个个义愤填膺，紧急集合了五六十个士兵，带着武器、分乘两只木船去捉俘虏。这时，飞机上的三个日寇，一个在机内修理、发报，两个在飞机外滩上架着机枪，对着过去的中国军队射击，并做手势叫中国军队不要过去。但中国兵根本不理他这一套，一边拼命划船，一边开枪还击。一个日寇当场就被击毙了，另外两个看着中国士兵愤怒的面孔，感觉自己是难以活命了，就拿出手枪，在头部太阳穴开了一枪，双双"归天"了（听说三个日寇中两个二十岁，一个二十一岁）。中国士兵把三个日寇身上的证件以及机上找到的罪证拿出来放到船上，并且到邻近百姓家里借了两领簟皮（晒稻谷用的）盖好，把飞机隐蔽起来，并派专人守候。三具尸体被抬到山边埋葬掉，一切事情办好，部队即向上级机关汇报日机坠落情况。后来，日寇从杭州方向飞来一架飞机侦察，想找到人后好营救，结果一无所获，灰溜溜地飞回去了。过了几天，第三战区长官司令部派了几个机械师来拆卸飞机，因设备差，拆了几天，只拆下一只发动机和一些机翼等部件，运到梅城。这时，形势日紧一日，飞机残骸无法处理，只能在沙滩上挖一个坑，把它埋起来。不数日，日寇侵占梅城，知道了这件事情，就抓了十多个民夫，带着锄头等工具，把三个鬼子尸体挖出来，用棺材装好。最后，残暴的鬼子竟把这些民夫全部杀死，以祭奠这三具死尸。

这架飞机为什么会坠落在建德呢？事后听说，那天五架日机飞到兰溪城里轰炸扫射，飞机飞得很低，驻守在兰溪城郊的中国部队六十三师看到这种情况，肺都气炸了，就用机枪、步枪向它开火，这架敌机被击中。但因中弹的位置不是要害，在飞回杭州时，坠落在东关对面的沙滩里。

### 6. 美国飞行员降落建德

1945年四五月间的一天晚上，天上很黑，伸手不见五指。我在家里（洋尾高楼厦村）听见天上轰隆隆的飞机声，我走出门看，什么也看不到，这样反反复复持续好长时间，好像飞机在天空盘旋。第二天，我到梅城，大约吃饭后，有两三个老百姓，送一个美国飞行员到县政府来，看的人很多。这个美国人很高大，走在街上，比街上的一般人高出一个头。他身穿米黄色军服，头上包着纱布，脚上穿着皮靴，手上戴着一只很大的手表和戒指。到了县政府会客房，立即有人来招待他，请他喝茶。过了一会，县政府请来严州中学的一位英文教师来和他交谈，弄清楚他是昨天晚上因为飞机迷失方向，只能跳伞，落地时头部受伤，地点在建德和浦江交界的山里。当地老百姓听说是美国飞行员，乡公所就派人送到县里来了。严中教师走后，当时的县长刘先沛英文也很好，就跟他谈了很长时间。这个美国朋友很高兴，说说笑笑并做手势和围观的人打招呼。后来就请他洗澡、吃饭，头上重新包扎。第二天，听说县政府已派人从淳安翻山过岭，送他到上饶第三战区长官司令部去了。

# 惨遭日寇破坏的建德工商业

□ 汪佩珍

建德地处浙西、兰江、富春江、新安江的三江汇合处，舟楫辐辏，商贾云集，也是历史上的睦州、严州治所，是钱塘江中游的政治文化中心、水运枢纽。近代以来，这一水运中心的民族工商业十分繁荣，许多产品畅销全国各地，有的屡屡在各种博览会上获奖。建德的"致中和"五加皮酒于1876年在新加坡南洋商品赛会上获新加坡金质章，后又获莱比锡银质奖章；1929年在

《东南日报》1945年5月6日载文《富春江畔物价狂跌》

西湖博览会上，"卫生白"五加皮酒获优等奖；同年，寿昌秀峰茶庄精选的毛峰茶叶也在西湖博览会获银质奖章；寿昌县秀峰茶庄的老鹰岩茶叶，曾于1915年荣获巴拿马国际博览会金质奖牌。

1921年后，梅城工商业逐渐发展，工商业户达四百多家。随着市镇和工商业的发展，迫切需要有一座电力公司。1925年，工商业界人士包仲寅、王庆莆、孙宝林、胡业新等人发起，拟创办建德县城厢电气股份有限公司。1926年3月，经县政府批准，于同年5月初动工，厂址在梅城小南门徽州会馆，厂房共计十四间，机器平屋四间，事务室楼房五间，楼上做寝室和材料储藏室，平屋四间又门房一间实叠墙基用水泥，屋顶盖头号青瓦。厂基占地一亩多，四周均筑有围墙。同年10月建成发电，开建德现代工业之先河。创建时，安

装一台交流发电机组三十千瓦，输电线路约三公里，并在东关原钱家码头、总府后街、小南门等地设一百零四千伏安配电变压器三台，使有史以来靠"青油灯""洋油灯"照明的居民和商店用上了电灯。电力公司免费在大街上装设路灯，"既便夜市，并可使宵小敛迹、火患消除"，群众极为高兴，邻县也相继效仿创办电灯公司。由于地方经济发展，人民生活水平上升，公司于1930年5月增装二十五千瓦直流发电机两台，计五十千瓦，置柴油机两台计八十六马力，供应商店照明电灯千余盏。每到夜晚梅城大街上路灯光芒四射，商店里电灯通明，夜市繁荣热闹，商家生意兴隆。

1938年1月后，日寇飞机接连不断对梅城进行轰炸，警报一响，人心惶惶。开始时，人们听到警报声只是近处避避，后来时局紧张，警报频传，甚至听到面盆撞击声也为之色变。民不聊生，商不安市。1942年2月19日，国民党县政府下令，疏散梅城镇人口、物资，同时规定各店堂营业时间在下午3时起至翌日上午8时；其余时间，各店所有员工一律疏散到城郊，以防意外。因此，梅城许多商店、公司只能白天逃警报，傍晚开门营业以维持生活。当时老百姓每人都缝一只布袋，用士林布做的，口袋上方穿根绳，可收可放，用来存放日用品，老百姓称之为"警报袋"，逃警报时用。

1942年5月15日，日寇发动浙赣战役。5月23日，建德沦于日寇铁蹄之下。那天炮声隆隆，大雨倾盆，大部分老百姓都到乌龙山、南峰、洋尾的山里躲日本鬼子，城里只留下少数年老体弱行动不便的人。驻城的日本鬼子白天窜扰民宅、商店、工厂、作坊，见值钱的东西就抢，翻箱倒柜，洗劫一空。见男人就强拉去当劳工，强迫劳工帮他们挑东西。如有不从，轻则挨打，重则被日寇用刺刀刺死。见妇女就奸淫，受害妇女不计其数。2006年，我们走访了许多八十多岁的老人，他们回忆起当年日机不断轰炸县城，百姓逃难时亲眼所见亲人被炸死炸伤的事实，及日军侵占梅城时捣毁城厢电气公司、梅城商店、作坊的情形，说着说着都黯然泪下，悲愤痛斥。一位杨姓老人回忆说，梅城沦陷时他才十三岁，他们全家都

梅城老街市

躲在南峰乡下山里，因没有粮食吃，他独自从青山过渡回梅城取粮食，在半路被日寇抓住了，被强迫替日军挑抢来的东西。他亲眼看到日寇闯进老百姓家杀猪宰牛，抓鸡抓鸭，抢走粮食，还从老百姓家里拆门板运到日军驻地建炮台用，百姓如有不从就挨打甚至丧命。一天，日寇强行带他们来到巷口苏泰丰烟店，只见日军砸开店门，抢走有用的东西，还让他们几个挑夫把店里的几大捆草绳挑到位于小南门的建德城厢电气公司（在县城沦陷时，电气公司所有员工都避难乡间）。第二天，日军又抓来十几个劳工，强迫他们用大铁锤、铁棍把电气公司的发电设备砸毁拆掉，并用草绳捆绑机器设备后抬走，投入江水深处或运到其他地方丢弃。发电厂经过日寇前后两次的破坏，被洗劫一空。建德县第一座建成发电十七年的电气公司就这样毁于日寇之手，直接经济损失五万零六十八元，间接损失达五百一十一万五千五百元（国币），致使该厂生产陷于停顿，再也无法恢复发电。在建德沦陷期间，被日寇毁掉的不仅仅是一座发电厂，日寇还捣毁义民纺织厂及肥皂、榨油工业等方面的全部机器设备。

1942年农历四月十二和六月初九，日军两次流窜寿昌，侵占寿昌山城历时十天。日寇入侵寿昌城后，实行烧光、杀光、抢光的"三光政策"。寿昌城的工商业同样遭到日寇破坏。寿昌"竞兴电气公司"发电机及碾米机等设备均遭严重破坏，至此，寿昌城有史以来的第一家火力发电厂与机器碾米厂最终被迫停业。当时寿昌有翁、费两姓大户人家，因住宅建筑讲究，装潢比较奢华，竟被进驻的日军同时放火烧毁，其中寿昌南门首富翁家被日寇放火烧成灰烬的房屋有五十余间。住房与店面同时遭破坏的工商企业不计其数。

从1938年日军首次轰炸建德，到日寇投降，日寇共派遣飞机二百多架次，轰炸建德达五十七次，投弹四百余枚，给建德人民造成了巨大的人员、财产损失。

仅1940年2月23日，建德城区便遭到三架日机轮番轰炸，敌机共投下炸弹十五枚，居民伤亡惨重，死亡十五人、伤四十九人，被毁房屋三十一间，千年古镇顿时成了一片残

老梅城

垣断壁。1941年1月10日，日机三批、二十架次轰炸寿昌城，共炸死二十七人、炸伤七人，炸毁房屋二百余间。同年6月，日机轰炸寿昌城，程谦裕、汪浴泰、汪勤谷等二十六户商店的四十七间房屋被炸毁，损失惨重。同年农历八月十三，三架日机滥炸寿昌，投下大批燃烧弹，大街（今中山路）西自西湖桥、东到后天宫、南至江西会馆一带两旁二十多家商店及民房共一百余间被烧毁，冲天大火连烧三天三夜，损失财物无法计算。寿昌从此商业萧条，市容一蹶不振。1942年8月11日上午10时，七架日寇轰炸机对县城投炸弹二十多枚，12日上午9时，日寇又出动六架轰炸机投炸弹三十多枚和硫磺弹六枚，梅城镇南大街，三元坊至泰源布店两侧，西门街太平桥等店面集中的商业地带均遭日机数次轰炸，被燃烧弹焚毁，二百零九家产业主损失店房共计一千七百多间，被炸死亡九十人、重伤六人，损失房屋货物计七百四十二万六千元。不少商店无以复业，其中有严东关、致中和、胡亨茂商号，九德堂、葆口堂、济坐堂等药店，泰源布店、程广隆布庄、王大成、莓丰烟店，方利源米店，樊大兴年糕店，朱同丰油坊等工厂商店均被炸毁。城乡电气公司被毁后，晚上全城漆黑一片，行人稀少，市面萧条。

　　抗战期间，建德商家损失达一百三十四户，有些商店就此停歇，许多商号从此一蹶不振，关门倒闭。罪恶的侵华战争给中国人民带来深重的灾难，建德的工商业在日寇的铁蹄下也难逃厄运，损失难以估量。

# 记忆的碎片

□郑秉谦

　　抗日战争后期，杭州宗文中学几经辗转搬迁，在麻车乡高垣村的祠堂、庙宇中安顿下来。我便是在这儿开始上中学的。我们班的教室在一个小庙里，周围都是青面獠牙的神像。级任老师是年轻的义乌人小楼先生，当时的级任导师一般由国文（语文）教师担任，小楼先生教我们读当代与古代的文学作品。他对学生很严格，也因此使我们中不少人对文学产生兴趣。那时中学的文学风颇盛，各地书贩都云集而至，地摊一直摆到校园里的走廊上来，我们便从那儿买到了

冰心、叶圣陶、夏丏尊、丰子恺、沈从文的书。小楼先生名仁爱，他的父亲老楼先生是学校的训导主任。老楼平时架一副深边眼镜，晃着一件蓝色的土布长衫。更出人意料的，还戴一顶猴头帽，经常把帽檐拉下来遮住双耳。他不苟言笑，正气凛然。学生见了他，不是趁早从旁边悄悄溜走，便只得上前向他鞠一个躬，小楼的朴实与威严也绝不下于乃父。他讲

浙江省立第九师范学校（后作严州中学师范部）

课颇佳，循循善诱，但他对学生要求却近于严苛。头天教的精彩段落，第二天便要学生背出来。如果同坐一张课桌的两个同学都背不出，他就一手搂着一人的头，互相碰撞，以作惩罚。我坐的这张课桌，正好在庙柱边上，由于我每次都能背，因此每当邻座背不出时，小楼就搂着他的头碰柱子。邻座几次向我说，

头撞柱子很痛，不如头碰头，意思是要我照顾一下。我觉得很抱歉，但仍不想以"头"试法，久而久之，他也迎"头"赶上，能背了。

抗日战争胜利后，这时严州中学早已从淳安迁回梅城，我便转到严中，从此与小楼先生分开了。二十世纪八十年代后期，我为一个期刊写专栏文章，曾到义乌东阳考察吴晗、陈望道、冯雪峰、蔡希陶、严济慈、邵飘萍等人的家乡。我把流经这两个县（今均为市）的东阳江，称作"巨人的摇篮"。我想起了小楼先生，便向设宴款待我的义乌县的一位姓经的副县长打听他的下落。经副县长惊喜地说："他也是我的老师呀，现已退休多年了！"经副县长马上跑去接他来吃饭。小楼先生仍像当年一样剃个光头，只是短发大半白了，卷着裤管，套一双半统胶鞋。但任凭他的两个学生怎么劝，他的筷子绝不动鱼肉，只捡豆腐与蔬菜吃，并且不无拘束地说道："我已经习惯了。"席终，我们送走他后，经副县长向我说："他把他所有的钱都买成书了！"

对文学抱有兴趣的学生，一般会尝试写作。我有意识地学习写作，却是在转学到严州中学之后。当时我的级任导师是陈冬辉先生。他瘦瘦的个子，是金华人，将课文中的"者也"读成"加也"。当时他年龄不大，但对古文颇为熟悉，从古籍上摘了很多四字成语，亲自撰写注释，油印成一本厚册，发给我们作课外读物。那时我的记忆力很好，连成语带注释都能背下来。他也写得一手好文章，记得有一本《严中校友录》的序就是他写的。课堂作文，他常不出题目，而让学生自由写。有一堂作文课，我忆及抗战后期，中国军队抓了个日本俘虏，带到梅城来，让他在剧院的台上作口琴表演。我便虚构了一个日本青年如何被日本军阀征入军队，打到中国，后来又如何被俘与反战的故事。陈先生读后很高兴，用红笔在文后写了一大段批语，大致意思是循此前进，经过长期努力，是可以成为作家的。

# 抗战中的洋溪

□许子继

1942 年 5 月 19 日（农历四月初五），我在梅城宋家湖畔第六十二师师长电话处，得知日军已到桐庐，预计三天内要到建德。我当即赶到县政府告诉许亚夫县长，随后师部也通知县政府。晚上县府召开紧急会议，决定疏散计划，在五区成立县政府临时办事处，许县长亲驻马目办事处，派我和许其慎在洋溪镇负责联络工作。初六我搬运行李转移家属，初七赶到洋溪，住在建西完小，就有情报送到："在桐庐横村埠一带的敌军，向钦堂方向前进，估计两天要到

许亚夫

洋溪。"我立即通知洋溪镇公所、商会、农会、派出所，作好疏散准备。傍晚与田粮处管粮仓的负责人商定，当晚雇附近农民与船户抢运公粮到山中藏放。当晚十一时我再去洋溪粮仓，负责人已不知去向。四月初八上午，洋溪镇上人民和附近村子的男男女女都忙着搬运东西。小孩子哭，大人叫，一片恐惧焦急的气氛弥漫在洋溪镇上。我也挑着行李，转移到山中蛇坑避难。

初九早上，我从蛇坑回洋溪。一路上，都是扶老携幼逃难的人。我到了完小，许县长指派的许其慎也不知到哪里去了。到了派出所，警官和警士也逃跑一空。政府从寿昌运来的两千担公粮和刚运到的大批食盐，也无法抢运了。这天下午，从洋溪东面来了四个陌生人，大家以为是敌军的便衣侦探，吓得东奔西跑。三时许，从北区方向传来隆隆炮声，形势紧张，我就回到了蛇坑。

洋溪学友叶长生告诉我：四月初十拂晓，日军先头部队到了洋溪东面，对准几处交通要道，接连开了几炮，见洋溪无人防守，就冲进镇上，砸开百姓家门户，翻箱倒柜，抢夺财物。将商店排门板运到滩地营帐中当床板，又派哨兵看守公粮、食盐和抢来的物资，杀鸡宰猪，把桌椅家具当柴烧，如此在洋溪折腾了两天。我的

同学周文哲，多年精神失常，已被家人带出避难，他又突然跑回洋溪，被敌人活活刺死。傍晚，日军到处寻找妇女发泄兽欲。当时青壮年妇女都已离开，只有二十多位六七十岁的老妇留家未走。敌军发现后，兽性大发，对她们进行了强奸。有的老妇被轮奸后，仍关在房内。第二天，老妇在逃出房门时，又被敌军轮番奸污。

此时多数青壮年都已离家，少数留在家里的老年人，就被敌军抓去做苦工。稍不顺从或逃跑的，就被毒打至甚至枪杀。还有十几个日军窜到焦山岗、溪头等村，进村后就逼农民交出猪、牛、鸡、鸭，一见妇女，就拉出去强奸。有个年轻姑娘躲在村后松林中，日军发现后追进松林，这个姑娘被强奸后又被刺杀在松林中。据不完全统计，洋溪镇被日寇杀害的人，总数在十五人以上。

农历四月十五左右的一天傍晚，从淳安方向来了两个游击队员，到了蛇坑村，询问有没有县政府工作人员在这儿。我会见后，得知他们是郝司令派来的，要找两个袭击洋溪的带路人，我就去请洋溪的许木来、叶长生二人去带路。当晚游击队由许、叶二人带路向合坑前进。兵分两路：一路翻山越岭到洋溪老鹰山脚下，袭击驻在建西完小的敌军；一路到合坑口西水村，袭击洋溪滩地上的骑兵队。在天亮之前，游击队乘敌兵正在熟睡之际同时向两处发起攻击，打死打伤数十敌人，缴获军马几十匹。游击队也就完全撤走。当时两处敌军正睡眼蒙眬中，惊慌地向小洋坞口方向逃窜。天亮后敌军就开始逃跑，先将几百匹军马以轮渡过新安江，向兰溪、龙游方向而去，经过一天的时间，敌军才全部撤走，临走前把洋溪整条街的房屋全部烧毁。熊熊烈火，四百余间房屋接连烧了三天三夜。全镇人民的物资和两千担粮食，除被日寇抢走的之外，也都化为灰烬。

1939 年 8 月 26 日《严州日报》　　　1943 年 1 月 28 日《东南日报》

建德

抗战故事

德

# 兵分两路　痛击日寇

□洪淳生

1942 年，日军侵占建德后，有一个中队的兵驻扎在洋溪镇上，他们不是抢东西，就是欺压百姓，无恶不作，丧尽天良。老百姓对他们恨之入骨，但由于手无寸铁，一时拿他们没办法。可是附近的国军第三战区第一游击纵队早就注意到这些日寇了，他们对这些日寇的禽兽行为早已痛恨至极，牙齿咬得"咯咯"响，摩拳擦掌，苦于没有下手的机会。

在淳安和安徽皖南一带活动的游击队郝司令就组织游击队队员商量如何袭击日寇，打击他们嚣张的气焰。通过周密谋划，他们打击日寇的决心定下来了，并准备近期付诸行动。

1943 年 12 月 21 日，新四军浙东纵队金萧支队正式成立，有一批庄余霞村青年参加了金萧支队。图为行进中的浙东纵队

建德洋溪蛇坑村古石坊

　　1942 年农历四月十五的一天傍晚，两个农民打扮的年轻小伙子来到建德洋溪蛇坑村，他们一到村里，就向当地的村民询问在这里的县政府工作人员。后来才知道，这两个小伙子就是从淳安过来的游击队侦察员。他们了解情报后，是要回去带部队来消灭日本鬼子的。听说是打日本鬼子的，村民们群情激奋——他们早就盼望这一天了。避难在此的县政府工作人员许子继心里特别高兴，游击队让他找两个当地熟悉地情的农民晚上带路。许子继满口答应，当下就带着游击队员去找了自己的两个好朋友，一个叫许木来，另一个叫叶长生。事情接上头后，侦察员向他们交代了有关事项，就连忙赶回淳安游击队司令部去汇报了。

　　第二天傍晚，游击队翻山越岭、跋山涉水赶到了洋溪附近的村子。这时准备带路的许木来、叶长生也早早来到了接头地点。见到这么多游击队队员，看到他们个个手拿武器、精神抖擞的样子，许子继也更有信心了。

　　游击队队员们拿出干粮，简单地对付一下，就准备随时出发。郝司令赶紧把队伍集合起来，做了简洁明了的战前动员，要求部队速战速决，一定要打出江南新四军游击队的威风，一定要好好教训小日本。

　　天越来越黑了，郝司令将许木来、叶长生两个向导叫到身边，向他们叮嘱了有关事项，询问了有关情况。随即郝司令就下达了出发的命令。两路人马分别由两个向导带着，在浓重的夜色中出发了。许木来带着一路游击队员翻过高山大岭来到洋溪老鹰山脚下，准备袭击驻

日寇入侵

扎在建西完小的日寇。游击队队长让两个队员上去侦察，查看动静、地形以及日军的火力配备、警戒情况。两名队员回来后报告说，敌营十分平静，警戒比较松弛。于是，他们就原地待命。待敌人熟睡了，队长才下达准备攻击的命令。这时，大家便右手拿手枪，左手拿手榴弹，在摸近营房的时候，只听队长一声令下——"打！"顿时枪声、手榴弹爆炸声响成一片，日寇一时被吓蒙了，分不清东南西北，以为是天兵天将从天而降，个个魂飞魄散。就在西面的游击队队员发起进攻时，另一路去合坑口西水村的队员也发起猛烈的攻击，把进入梦

乡的日本鬼子打得惊惶失措，抱头鼠窜。当时两处打死、打伤的日寇有几十人之多，另有几个受轻伤的侥幸逃脱。

游击队员在缴获了大量武器及部分战马后，连夜撤往淳安去了。

第二天早晨，老百姓奔走相告，为游击队痛击日寇而欢欣鼓舞。

# 播 火

□金 波

1938年春节后不久，一场春雪将浙西重镇的山城——建德县治所在地梅城，严严实实地盖住了。巍巍乌龙山银装素裹，似一条硕大玉龙横空出世。

此时，从浙江省抗日中心地丽水来了一个人。此人长得不高不瘦，眉眼处棱角分明，一看便是个十分干练的人。他就是受新四军丽水办事处委派来建德传播马列主义与抗日救亡思想的共产党员王大田。当时，建德的共产党组织在1930年遭破坏后还未恢复，但党的活动却从未停止。特别是在浙江省立第九中学的学生中，中国共产党的活动与抗日的思想十分活跃。王大田进了梅城后，先登上南门城楼，举目远眺，只见南北双塔耸立，指向云端。兰江、富春江、新安江三江汇合处烟波浩渺，江潮涌动，他心底不由得涌起层层波澜。他想起新四军驻丽水办事处领导的嘱托，想起建德人民于1930年在中共建德县委领导下如火如荼的革命斗争壮烈景况……这是块曾经被烈士鲜血染红了的土地啊！他更想起建德所处地理位置的重要性。1937年12月24日，杭州沦陷，处于浙、赣、闽三省交通枢纽地位的梅城更显出其地理上的重要了。梅城，既是浙西、浙中地区抗日的前沿阵地，又是杭（州）、嘉（兴）、宁（波）、绍（兴）地区的抗日敌后。各种势力都聚集到这里，国民党要人，商业巨贾，敌伪汉奸，要么从这儿撤退，要么从这儿渗入……王大田在城楼处徘徊了一会儿，便走下城墙。

根据丽水办事处领导的指示，王大田首先在九中找到了共产党员陈详。陈详听了王大田的叙述，深感党组织派人来得及时。目前，虽然已经国共合作了，但建

王大田

德国民党党部、县政府对共产党的活动，还是严厉禁止的，抗日思想只在进步青年中暗暗地传播，大部分民众并未组织起来为抗日救亡而斗争。王大田下决心要在建德播下进步思想之火，燃起抗日救亡之火。

王大田与陈详根据建德的形势，仔细分析了发动群众、成立抗日组织的可行性，决定先传播进步思想。他们不能公开上街演讲，张贴传单，就只有开办书店，以经营书店作掩护进行革命活动。陈详觉得只靠自己和王大田两人不够，同学励维钧、孙恩白都是进步青年，他把两人找来，励维钧、孙恩白积极赞同陈详的意见，王大田也同意了。于是陈详以学生需学习资料的名义，悄悄地察看了好几个地方，最后觉得九中附小对面的周金福家作为书店营业地点不错。周家前面有口双环的水井，生活方便。前门有石框，后门通一窄窄的弄堂。前门牢固，后门撤退方便。王大田、陈详与周家一协商，周家便同意了。

陈详

王大田立即向丽水办事处汇报，得到了办事处的支持，以新知书店建德分销处的名义，在丽水购了一批进步书籍，如列宁的《国家与革命》，毛泽东的《湖南农民运动考察报告》，鲁迅的《呐喊》，还有邹韬奋的书等，悄悄地运进建德县城。

于是，新知书店建德分销处就正式挂牌营业了。书店人员以陈详为主，王大田负责进书并指导，励维钧、孙恩白、陈详三人轮流当营业员。

书店开张后，引来了不少九中的学生和社会青年，他们一到书店，店内员工就会根据不同的情况，向他们推荐不同的书籍。进步书籍都藏在隐蔽处，不公开出售。但只要有人要，四下无人，陈详他们就拿出来。

时间一长，不少学生与社会青年都知道新知书店建德分销处有进步书籍卖，他们便纷纷地与书店联系，要求购买。书店同时也成了共产党活动的一个联络站。王大田、陈详他们也不断地向进步青年宣传共产党的抗日主张。

1938年3月，建德县政治工作队成立。这是国民党在共产党的促成下成立的抗日组织，许多热血青年抱着抗日的目的，加入了这个组织。建德的地下党通过不同渠道，派党员与进步青年参加这个组织，进行宣传抗日救亡工作，其中新知书店建德分销处也是渠道之一。

洋尾是1930年暴动老根据地，共产党员陈一文在此活动。王大田、陈详便与陈一文联系，在洋尾埠一居民家租了间房子，开了一家建德县新知书店经销处洋尾分店，暗中卖进步书籍。

建德县公安局的警察看到建德新知书店生意红火，进进出出人员不少，便暗暗打听书店的情况。他们从茶室等处探听到建德县新知书店经销处洋尾分店经销"违禁"书籍，便向局长做了汇报。局长决定对该店进行一次突击检查，派了两个警察秘密监视。幸好，陈详发现了两个警察行踪诡秘，怀疑建德县新知书店经销处洋尾分店已被敌人觉察。陈详当机立断，与励维钧、孙恩白两人，迅速将进步书籍从后门转移藏好。等到大批警察来搜查时，一本进步书籍也没有找到，警察只好灰溜溜地走了。

建德县新知书店经销处洋尾分店旧址

经历了这次风险，王大田、陈详觉得新知书店建德分销处已暴露身份，再卖进步书籍已不可能了，于是，王大田向丽水办事处汇报，办事处同意将新知书店建德分销处撤了。

新知书店建德分销处从开办到撤销，前后不到一年的时间，但它对当时在建德县进步思想的传播与抗日救亡运动的宣传做出了不可磨灭的贡献。新知书店建德分销处播下的火种并没有熄灭，受进步思想与抗日救亡宣传影响的不少共产党人与进步青年，有的后来奔赴抗日前线，甚至牺牲在抗日的战场上。

# 在风云激荡的日子里

□洪淳生

陈一文

1906年，陈一文同志出生于建德县洋尾乡。1926年，他在童祖恺等人的影响下，加入了中国共产党组织。1930年担任建德县委书记，积极组织农民暴动，后被逮捕，关进国民党的监狱，坐了四年牢。他在狱中坚贞不屈。1934年，陈一文领导农民开展减租减息斗争，不幸再次遭到逮捕。没多久，陈一文设法越狱逃离。1942年，日本帝国主义大举进犯江南，建德很快成为沦陷区。这时，国民党的各级组织都逃离了县城。眼看老百姓受到侵略者的枪杀，生活在水深火热之中，陈一文带领地下党员组织百姓奋起抗争，成立了洋尾抗日自卫队，与日本鬼子进行了殊死斗争。1944年，陈一文指挥的这支部队归入金萧支队，陈一文担任指导员。抗战胜利后，陈一文所在的部队奉命北上，归中国人民解放军第二十军指挥。1949年，解放战争胜利，陈一文同志转业到上海水产局，任上海市水产局党委委员、纪委书记。

## 一、在斗争中成长

陈一文是个不幸的孩子，从小就被父母遗弃，被别人收养。养父母对他不好，让他受尽歧视和侮辱。他五岁就开始放牛砍柴，吃的是剩菜冷饭，这个家庭没有给他一点温暖与同情。所有这一切，都在他幼小的心灵上留下了一道道深深的伤痕。他的童年没有欢乐与幸福，没有享受到一丁点儿的母爱。正是这种残酷的生活，使他渐渐地懂得了爱与恨，善与恶，美与丑，荣与辱，孕育了他坚强的个性与意志。九岁时，陈一文已经有点儿懂事了。虽然因受到宗族观念的影响，他的养父把他送入私塾读书。但哪里晓得，一进校门，陈一文就遭到地主老财小孩的谩骂和嘲弄，他们还向陈一文身上扔石头、吐口水。教书先生也十分势利，不仅不劝阻，反而处处冷落为难陈一文，这使陈一文心里非常难受。为此，陈一文想出了一个报复先生的办法，在先生每天早晨刷牙的地方挖一个洞，埋些稀薄的牛粪，让先生摔倒，牛粪沾在身上。这是他第一次感到斗争的快乐。

当时，村里有个落第秀才对陈一文非常同情，经常给陈一文讲《三国演义》《水浒传》中那些充满智慧、充满反抗的斗争故事。陈一文听后，逐渐在心里种下了反抗当时不合理社会的种子。

1925 年，陈一文在读初中，正好全国爆发了声势浩大的"五卅运动"，各地都掀起罢工、罢市、罢课的浪潮，以反抗日本帝国主义的罪行。这时，陈一文所在的学校，也有高年级爱国学生挑头要求上街游行，但校长不同意。于是，学校的学生就闹起来了。当时，大家推举陈一文写一篇讨伐校长的檄文。陈一文手提笔一挥而就，洋洋洒洒，写了一千多字，写出了校长的十大罪状。"五卅运动"激发了学生们高度的爱国热情，在高年级学生的带领下，举行了一场轰轰烈烈的反帝爱国大游行。后来，学生们又举行了驱逐校长的活动和罢课风潮，吓得校长从厕所的破墙洞下钻出去逃跑了。

学潮越闹越大，当地政府派警察包围学校。当时，陈一文等学生共有三四百人，都是十六七岁的小伙子，大家拿着木棒作武器，潮水一样地向警察冲过去。警察只能步步后退，撤回去了。可是，反动政府不会就此善罢甘休，政府又请求军阀孙传芳的部队前来镇压。荷枪实弹的士兵开进了学校，学生们为了不吃眼前亏，便只能十分不情愿地离开了学校。学潮最后终于平息下去了。结果，校方开除了四十五名学生，其中就有陈一文。从此，结束了陈一文初中的读书生涯。当时，学校的一位语文老师非常喜欢陈一文，经常推荐一些进步书刊给陈一文看。在陈一文被学校开除时，陈一文曾非常难过地前去与这位语文老师告别，这位语文老师非常郑重地拿出他亲手抄写的一篇《革命宣言》送给陈一文，叮嘱陈一文一定要背熟，永远按照《革命宣言》的要求去做。这篇《革命宣言》使陈一文学到了许多革命道理，成了陈一文追求真理的启蒙课本。正是在这篇《革命宣言》的指导下，陈一文走上了追求真理的漫长而艰难的革命道路。后来，陈一文找到了中国共产党，这个专为人民群众当家作主闹翻身的革命组织。陈一文像久别的游子找到回家的路一样，心里有着说不出的万分欣喜，灵魂从此有了归依。陈一文被学校开除后，回到家乡，他第一件想做的事情就是办一所民校，以此组织革命力量。没有钱，他就典卖了一部分田地。没有课堂，就把家中的客堂让出来。就这样东拼西凑办起了民校。陈一文既当教员，又当校工，每天忙得不亦乐乎，心里非常充实也非常高兴。民校里有三十多个学员，他们全部是文盲，都是因为家里穷，从小读不起书的。陈一文先教他们识字，另外还教他们一些常识，所谓常识就是相当于现在的政治课。陈一文在课堂上剖析地主的各种收租形式和放高利贷的剥削实质，以及官府的苛捐杂税，揭露剥削者喝穷人血的反动本质。这种讲课方法通俗易懂，农民听得进去，容易激发他们的阶级觉悟，其中好几个学员后来都成了农民协会的积极分子，有的还参加了中国共产党。

1926 年，革命的浪潮也冲击着陈一文所在的这个平静的洋尾埠。陈一文读初中时就结识了后来担任建德第一任县委书记的童祖恺。在童祖恺和严汝清的领导下，陈一文所在的洋尾埠开始了农民协会组织的创建工作。在陈一文的带领下，村里十几个生龙活虎的小伙子团结一心。这些年轻人在村里很有威信，陈一文通过他们在村里的群众中开展宣传组织工作。陈一文等人用"减租减息"的口号，号召农民团结起来，向地主要粮食。当时正是青黄不接的时候，农民们都饿着肚子，不是向地主借贷就是外出逃荒要饭。面对这一情景，陈一文登高一呼，四乡农民在积极分子的宣传发动下，立即风起云涌地响应了。陈一文所在的洋尾埠农民挑着空箩，赶到地主家门口，高声喊着："我们要分粮！"斗争反抗的烈火一经点燃，很快就成了熊熊燃烧的燎原大火，势不可当。就在群众发动起来的大好形势下，各乡纷纷组织农民协会。于是，祖祖辈辈做牛做马的农民们开始"造反"了。首先在洋尾埠的土地上竖起第一面农民协会的旗帜，之后农民协会组织如燎原烈火，遍及各乡各村，熊熊燃烧。洋尾乡（洋尾埠、外蔡、里蔡、高楼厦、洋程、里童等村）、麻车乡（麻车埠、高垣等村）都成立了农民协会，共有五六百人参加了农民协会。

童祖恺

严汝清

这时，地主土豪劣绅们极端仇视农民的减租减息运动，他们拒绝减租并暗中破坏农民协会，到处煽风点火，扬言"上海已经杀共产党了"，企图威胁分化农民组织。当时，也确实有些农民害怕了，他们害怕地主的势力，担心农民协会长久不了，想退出农民协会。

此时担任建德县南区农民协会会长的陈一文，发觉地主正在搞破坏活动，立即与县农民协会联系，经请示后，决定成立农民自卫队，把农民协会武装起来。农民协会的弟兄们自制土枪大炮、大刀长矛，还到地主家中去缴枪，共缴来四支步枪、两支手枪、十二支土枪。步枪是扣一次只打一发子弹的那种，虽然很落后，但在当时已经是很了不起了。自从农民协会有了武装，地方豪绅们便不敢公开反抗减租减息了。农民协会的势力日益壮大，并成立了妇委会，把大多数的农村妇女组织起来了。她们的思想开通了，能干革命了。为了扩大革命队伍，陈一文和童祖恺、严汝清三人拉起队伍，开往大洋地区开会。出发前，全村老少一起动手，做麦饼、煮山芋，供部队在行军路上食用。到了大洋，大会在大洋完全小学的操场上举行。四乡的农民协会扛着自己的旗帜，浩浩荡荡地从四面八方赶来集中。一路上红旗招展，锣鼓喧天，鞭炮齐鸣，口号不绝。数千名农民汇成人山人海，场面之壮观，在当时确实是非常振奋人心的。

大会开始后，先由县委书记童祖恺发表演讲。他风度翩翩，口若悬河，侃侃而谈。他站在高坡上向广大群众讲解、分析当前的革命形势。在他鼓舞人心的演讲后，会场上的农民群众顿时群情激昂。最后是陈一文讲话，他用足力气大声喊着："我们种田人，世世代代穷得没有出头的日子，地主老财榨干了我们的血汗。大家想一想，一年到头，我们穷人要缴多少租？银利租，大租小租，还有青苗租……"这时台下哄起来了，高喊着其他各式各样的租名。陈一文做了一个手势，示意大家安静下来。

"我们怎么会有出头之日？我们绝不能再这样一代代苦下去，穷人要翻身，要做主人……"台下又哄起来了，大声地喊啊，叫啊，声浪震天，郁积在胸中多年的怨气霎时像火山一样爆发出来了。陈一文只好暂时停止自己的讲话，让大家吐一吐心里的苦水，然后他叫喊着要大家继续听他讲下去："父老乡亲们，我们怎么办？只有一条路，就是大家一条心，和地主老财们斗下去……"台下呼喊阵阵，摩拳擦掌，群情激奋，陈一文每讲一两句话，就会引起全场的呼喊声、拍手声。这次大会，充分显示出农民协会的力量。是的，"奴隶们"起来了，农民协会怒吼了！

潘景福

正在农民协会蓬勃开展工作，取得节节胜利的关键时刻，蒋介石在上海发动了"四一二"反革命大屠杀。这股反革命逆流迅速波及建德县。反动军警到处抓人，大批大批的农民协会会员被捕、被杀，白色恐怖笼罩着整个建德地区。陈一文和他的老师潘景福一同撤到山坞里暂时躲避。路上，老师问陈一文："这几天发生的事情你怕不怕？"陈一文坚定地回答："不怕，他有官府，我有山坞。"

"如果敌人的枪口对着你，你怕不怕？"

"不怕，怕死我就不会参加革命了。"陈一文毫不犹豫地回答了老师的问话。这时陈一文还有意识地挺起胸膛，昂起头颅，力求表现出一个男子汉的英雄气魄。听到学生斩钉截铁的回答，老师非常满意地点了点头。就在这天晚上，他们师生二人在深山的茅草棚里，老师潘景福做了陈一文的入党介绍人。陈一文跟着老师庄严地举起了右手，向党宣誓，老师念一句，陈一文跟一句，最后一句是"我坚决为共产主义奋斗终生"。从此，陈一文成了一名光荣的中国共产党员，成了一颗能燃起燎原大火的星火。陈一文立下决心，一定要把旧世界埋葬在熊熊燃烧的烈火之中。

二、被捕之后

1930年，陈一文在农村发动群众，再次成立农民协会，建立农民武装。当时，农民的武器只是大刀、长矛和棍棒。陈一文一直在琢磨，要保卫斗争成果，面对荷枪实弹的国民党军队，自己必须有枪。就在这一年，党中央特派员来到浙江组织武装暴动。宁波、泰州、温州、丽水等地一时间暴动风起云涌。陈一文坚决服从特派员关于组织武装暴动的命令，先到分水县毕浦区区公所去搞枪支弹药。因为毕浦区区长祝光

蔡惠荣

焘是陈一文的同乡，又是朋友。为人十分热心，在他的协助下，搞到武器的把握很大。到了分水，陈一文一行人打听到当地地主家有武器弹药，还有武装家丁。陈一文等人在分水与当地失去党联系的同志联系上，组织贫苦农民去缴地主家的枪。一切均按计划顺利进行中，不料突然传来消息，特派员卓兰芳在建德已经发起暴动了。陈一文等人顿时感到十分震惊，只能放弃缴枪计划，匆匆赶回

建德。谁知暴动第三天就宣告失败了，那位中央特派员也不知去向了。当陈一文赶到洋尾埠时，村内已是面目全非，群众离散了。当陈一文和蔡惠荣、马政三、马大樟等几个同志见面时，他们都号啕大哭。

这时，县政府到处抓人，到处张贴通缉告示。告示上赫然写着："捉拿陈一文者，赏给五百大洋。"面对这一困难的形势，陈一文只好带着一起参加暴动的同志们离开建德，转道诸暨、分水。一路上，陈一文把一起去的同志安排在各地秘密据点里，然后，他独自一人前往上海去寻找党组织。到上海，陈一文先找到党的地下交通站。几经转折，在打浦桥新新里飞飞脚踏车行找到了交通员徐连金同志。徐连金立即为陈一文联系党的领导人，第二天陈一文独自前去汇报工作。在回旅馆的路上，他突然觉得有人抓住他的衣领，回头一看，原来是巡捕，旁边还站着两个人，一个是老家洋尾埠地主的儿子谢定光，另一个是原地委干部、叛徒董凤高。陈一文就这样被捕了。

陈一文被捕后被关在法租界巡捕房，这是一间很小很暗的牢房。第二天陈一文被押解到五角场看守所，这是个又长又窄的牢房，里面关了一百多人，人和人密密地挤在一起，像罐头里的沙丁鱼一样，动弹不得。人声嘈杂，有哭有闹的，且臭气熏天，真是人间地狱啊！痛苦烧灼着人们的灵魂与肉体。

后来，陈一文又被押解到杭州看守所关了两天，继而又被押解到桐庐，再被押解到富阳，不久后被解往兰溪。这一路上风风雨雨，陈一文吃尽了苦头，但他没有一丝恐惧，更没有一丝后悔，他早把个人的生死置之度外了。

在解往兰溪的途中，陈一文意识到可能要枪毙自己了，因为兰溪的第五保安大队是专门执行枪决的保安队。这次一起解往兰溪的共有五个人。陈一文想中途能逃走就好了。但脚上带着沉重的脚镣，不能跳，即使跳下去，也逃不走。生的希望再次熄灭，陈一文在考虑临死前的事情，就主动与另外四个人说："各位朋友同志，我们到了最后时刻，我们不能就这样默默无闻地死去，我们要高喊口号'中国共产党万岁''打倒国民党反动派'。"其中两个人目光坚定，默默地点了点头。另一个姓王的比较老练，暗暗地推了推陈一文，并向他摇了摇手，暗示他不要多讲话。因为当时情况比较复杂。果然他们中间有一个混进来的奸细，是来刺探他们情况的，后来这个奸细半路上就被放走了。

陈一文被关进牢房，并作为重点关注对象，敌人不轻易把他拉出去枪毙，目的是想从他身上挖出有用的情报。

有一次，陈一文在牢房中看到一个国民党的军事犯在欺负一个瘦弱的牢犯，他实在看不下去，就上前去狠狠地教训了那个国民党的军事犯。后来，陈一文与那个被欺负的牢犯多次交谈，慢慢知道他是自己的同志，从他那里知道了一点党组织的消息，陈一文非常兴奋。他们慢慢地在监狱中组织了临时党组织，开展牢狱中的党组织活动，向国民党狱卒提出要求改善政治犯的各项待遇，并且精心组织越狱的各项工作。

四年后，敌人觉得在陈一文身上实在挖不出他们需要的情报，后来又因为他的一位亲戚的担保，陈一文终于被释放。

### 三、继续组织地方武装，勇敢抗击日寇

1934年春天，陈一文结束四年的牢狱生活回到故乡洋尾。在这漫长、黑暗、残酷的四年里，陈一文受尽了苦难。因为有着坚定的理想信念，为了实现自己的理想，为了党的事业，他终于咬紧牙关熬过来了。当他跨出监狱大门的时候，他觉得外面的阳光特别灿烂，外面的空气特别新鲜，觉得自由对一个人来说非常重要。

回到阔别多年的故乡，陈一文看到全村因为遭遇春荒带来的凄凉情景。听到乡亲们哀伤的哭诉，看到乡亲们的困难，陈一文不可能袖手旁观。知道地主有粮食不肯卖给乡亲们，而要运到城里去赚大钱，陈一文非常气愤。他和乡亲们商量，组织人员去埠头上拦截运粮的船。这时愤怒的群众就像一堆干柴，陈一文的一席话就像一把火，把这些干柴燃成了熊熊大火。在陈一文的带领下，乡亲们都愤怒地涌到洋尾的埠头上，拦住运粮船不放。地主没办法，不敢触怒乡亲们，只好把粮食低价卖给大家。这时，附近的农民听说洋尾这样干，他们也拿起锄头、铁耙，涌到地主家里逼地主把粮食卖给农民。地主无奈，只好照办。但私底下，地主们恨死了陈一文——是他把乡亲们组织起来。所以地主们都纷纷到县城去告状。结果，陈一文到梅城办事又被国民党警察抓进监狱。陈一文想，如果自己不想办法逃出去，肯定是死路一条。为此，他千方百计撬开监狱的窗户，越狱逃走。先是躲在一个亲戚家里，然后再去寻找党的组织。大家都觉得靠这些"小动作"弄不出名堂，必须自己手里有武装，地主老财、国民党警察才不敢随便欺压百姓。

1942年，日寇大举进犯江南，浙江省桐庐、建德、兰溪等县城都相继沦陷了。建德县政府、县党部、警察人员都逃走了。在这国土沦陷、家破人亡的危急时刻，有些地方党组织纷纷组织地方武装，与日寇斗争，但许多部队都因为不懂军事，或者是脱离群众而归于失败。

在抗日烽火的推动下，陈一文召集共产党员蔡惠荣、张樟富、胡汝根、陈光顺等人开会，研究如何以实践行动抗日。大家一致认为，要建立自己的抗日武装，并决定先搞到枪支弹药。

是年5月15日，日寇发动浙赣战役，其中一路从富阳出发，相继攻占富春江沿岸的新登、分水、桐庐、建德及兰溪等地。为了保持水路畅通，日军在建德至兰溪的兰江两岸大小村镇驻扎军队。当时的洋尾埠，就是日军据点之一。

在这国土沦丧、人民惨遭蹂躏的危急时刻，洋尾地区的共产党组织，在陈一文、潘力行、蔡惠荣等同志的领导下，坚决贯彻上级党组织提出的"敌人打到哪里，党的抗日游击武装就组织到哪里"的指示，于6月在洋尾埠成立了一支以地下党员为骨干，以基本群众为主体的抗日游击队伍——抗日自卫队。为了便于立足，避免敌人的注意，这支党的武装，开始叫坚勇队，后来使用东区国民兵团的番号，同时还让中统特务陈昌荣挂上团长的虚衔，但在实际斗争中部队自上而下都绝对服从党的领导。整个队伍由在群众中素有名望的、老党员陈一文指挥，所以在建（德）、兰（溪）、浦（江）一带，人民都把这支武装亲切地称呼为"陈一文部队"。抗日自卫队共有六十余人，编为三个排，由潘力行、李荣生、汪汉清任排长。参加自卫队的共产党员有十余人，部队经常在洋尾一带活动。

抗日自卫队首先要搞到枪支，发展壮大武装力量。筹集武器的方法主要是冒名取枪。6月某日，自卫队了解到县国民兵团解散以后，有十多支枪和部分手榴弹藏在大洋镇竹狗坞附近姓徐的保长家里。于是自卫队队员随身带了苞米、炒豆等干粮，扎了竹排，偷渡到了江的对岸，在离大洋镇不远的山坡上，详细研究了战斗方案，决定以国民兵团的名义去取枪。陈一文乔装成国民兵团一个姓王的中队长，潘力行、蔡惠荣受过军事训练，懂得部队的一套礼仪，由他俩充当排长，连同张樟富等六七个人，到了保长家。陈一文在堂前太师椅上一坐，摆出一副中队长的架子，潘力行、蔡惠荣将保长引来见陈一文，陈一文对保长讲："现在形势好，美国、苏联、英国、法国已经联合起来，我们要反攻了，所以要把枪支都集中起来进行反攻。"保长连连点头称"是"，乖乖地把枪支交了出来。抗日自卫队还从国民党散兵手中缴枪。时间大约在6月中旬，国民党散兵一个排约二十人，一直在岗山附近流窜，他们奸淫掳掠，无恶不作，老百姓恨透了他们。为了为民除害和武装自己，自卫队决定解除他们的武装。为此，派汪汉清、王先田等人投其所好，逐渐接近他们，以帮助他们烧饭为掩护，作为内应。之后，又派了几个人进去。时机成熟后，由潘力行带队，来了个突然袭击。自卫队冲进他们的部队，丢了一个手榴弹，把他们的排长炸死了，其余的散兵都缴了枪。这次战斗缴获了二十多支枪，四五十个手榴弹。洋尾高楼厦有个蔡昌有当过县国民自卫队队员。日军入侵时，他带了几个人把带出来的四支枪、两箱（四十枚）手榴弹，藏在岩背一个庙里的匾后面。抗日自卫队了解这一情况后，在一个晚上派人全部取来，武装了队伍。另外，抗日自卫队还花钱买枪支。国民党独立三十三旅有个营长罗自源和一个连长脱离队伍后，隐住在蔡昆家里。自卫队派人同他们洽谈，买下步枪九支。最后，以共产党员陈元有为主，集合了一些铁匠，打了大刀十二把和竹叶枪十多支。

经过一段时间的筹集，自卫队已拥有轻机枪一挺、步枪五十多支、短枪三支、掷弹筒一个和不少子弹、手榴弹。

日寇在洋尾一带奸淫掳掠，杀人放火，无恶不作，群众对他们切齿痛恨。抗日自卫队下定决心，要捕捉时机，狠狠打击日寇。洋尾埠后山的茅草山冈上，日寇设有一个炮台，驻扎着一个班的日军和几个伪军。抗日自卫队决定把这儿作为首先打击的目标，派蔡惠荣与国民党七十九师的连长何锦荣议定共同行动，由何锦荣带领一个排作为主力进攻，胡汝根、林角道带部分自卫队队员配合作战，余下的人作掩护。6月27日，部队冲上山顶，出其不意，突然向日寇炮台里丢了几个手榴弹。日寇措手不及，无力还击，向山下逃窜。这次战斗自卫队毙敌六名，缴获轻机枪一挺、步枪两支、手榴弹十六枚。日寇不久之后进行报复，对从洋尾埠到同佳桥、外蔡、里蔡一带进行"扫荡"。自卫队徐子奎、何德荣两个联络员因此光荣牺牲，何德荣的母亲和另一位潘福春老人被日寇反手捆绑，抛入江中。

日寇"扫荡"后不久的一个晚上，胡汝根、林角道又带了手榴弹去摸敌人的岗哨，牵出耕牛两头、战马一匹，而我方无损失。

抗日自卫队还对日寇进行过几次沿江伏击。开始，日寇汽艇经常在兰江巡弋。抗日自卫队守候在江岸隐蔽处，当日军汽艇经过时，四五支步枪同时射击。此后，日寇汽艇就不敢随便出动了。

1942年6月的一天，洋尾抗日自卫队的六名队员经过洋尾乡第三保，正遇到几名日军在小溪里洗澡，趁机击毙一名日军士兵，吓得其余日军衣服也来不及穿，慌忙逃命去了。

打击汉奸也是抗日自卫队的战斗行动之一。建德沦陷以后，一些民族败类出卖民族利益，积极投靠日寇，组织维持会，给日寇运米、送菜，酝酿组织妇女慰劳队，以取悦日寇。这些汉奸，或公开或隐蔽地来洋尾埠刺探军情。他们伪装成生意人（或乞丐）窃取情报。一天，一个东北籍的赵姓汉子，为日寇到外蔡打听自卫队的情况，被扣留审问，后才知是个受到日寇特别训练，从洋尾敌人碉堡里出来的汉奸。自卫队确认其身份后，就把他枪毙了。自卫队还在江对面童家山设立观察哨，严密注意洋尾埠日军和汉奸的动静。凡发现经过日军岗哨时用白毛巾在空中挥舞几下，鬼子便任其通过的人，均视作具有汉奸嫌疑。这样的人，自卫队抓住后会严加审问，对证据确凿，确系汉奸的，予以惩处。因此，半个月自卫队便铲除了五六个汉奸。

党领导的抗日自卫队迅速发展，在群众中的威望不断提高，引起国民党反动派的恐惧。县长许亚夫、国民党县党部书记长方镇华，千方百计想搞掉这支队伍。他们派人前来谈判，提出支援自卫队五十支枪，派五十个人过来参加自卫队。抗日自卫队分析：如果不同意国民党这一提议，双方仇恨会加深；如果同意，队伍会被他们分化瓦解。经过研究，自卫队提出要他们先把枪送来，派人之事慢慢再议。理由是洋尾人多，地方小，没有周旋余地；土顽组织多，情况很复杂，不稳定。就这样巧妙地拒绝了他们。结果国民党当局送枪之事不了了之，他们的阴谋未能得逞。当时地方上的许多土顽组织之间常为争名夺利产生冲突。对于这种"狗咬狗"的冲突，抗日自卫队坚持独立自主的原则，持不介入的态度。1942年7月19日（阴历六月初七），日军撤离建德，龟缩到兰溪县城。当时洋尾一带，地方秩序仍旧很乱。地主乘机囤积居奇，有粮不卖，老百姓被迫哄抢粮食，有的国民党散兵游勇和土匪恶棍，也参与其间，这样的社会秩序，对抗日不利。抗日自卫队组织了一次规模较大的示威游行，参加游行的有三四百人，大家手拿土枪、土炮、大刀等武器，从外蔡开始经过里蔡、高楼厦、洋程、三都镇，转了一个大圈子。每到一处，积极宣传党的抗日民族统一战线政策，做好各阶级、各阶层的工作，要求大家团结一致，共同抗日。示威游行后，晚上在高楼厦的一个庙里，抗日自卫队开了一个五六百人参加的群众大会。会上，抗日自卫队对地主、商人提出三条要求：一、赞成抗日，以国家民族利益为重，不做汉奸和卖国贼；二、不抗拒派粮纳税；三、不准私通顽军，危害人民；四、不准组织维持会。只要做到这几点，抗日自卫队以生命和热血来担保大家的安全。会上还将抓来的三个土匪，公开审判，当众枪毙了为首的胡老四，让群众领回被土匪抢去的东西。这些行动，得到了广大群众的拥护和支持。避难来麻车高垣的杭州宗文中学师生，由于生活上得到了照顾，他们不仅常常暗中支持、帮助抗日自卫队，而且还向《浙西日报》投稿，称赞抗日自卫队作战勇敢，纪律严明。1943 年 4 月，党领导的建德抗日自卫队奉命去金义抗日游击根据地与金萧支队第八大队汇合，继续进行抗日游击斗争。

# 国破人亡　颠沛流离

□裘顺言

　　我的祖籍是绍兴。1936 年，我以优异的成绩考取了杭州师范学校普师科，将从教作为我的职业选择。但只读了一年，次年暑假期间，"七七"卢沟桥事变后，全面抗战爆发，接着"八一三"上海又燃起战火，战火沿沪杭铁路线迅速蔓延，杭州、萧山相继沦陷，绍兴也危在旦夕。我不得不中断学业，辍学在家。

　　1938 年夏天，大哥永原在建德其昌盐栈三都分店三年学徒期满回家探亲。由于当时萧山已被日寇占领，大哥只得从兰溪、诸暨绕行，长途跋涉百里，

日寇抢掠

一路既劳累又惊恐，回到绍兴老家便患了病，连续几天高烧不退，又被乡间医生错诊为暑湿伤寒，以致病情耽误，不治而亡，时年 21 岁。如果不是日寇侵占萧山，哥哥不至于需从诸暨长途跋涉到绍兴，英年早逝，这真是国破人亡，家庭厄运。

　　哥哥死后，家庭陷入绝境。无奈，我只能顶替兄长到建德其昌盐栈工作。其昌盐栈是一家老字号，是建德唯一一家官盐店，以经营食盐为主，兼营酱园。

　　1942 年 5 月 23 日，日寇占据建德。全店大部分职工由经理率领乘船赴淳安港口避难，仅留几个职工护店。我当时年轻，自愿留店看守。待日寇逼近之时，全城已死气沉沉，我惊慌万分，临时决定出走。先在顾家村过夜，翌日一早与店里学徒华洪生一起轻装去洋溪，后转到莲花畈畈农友牛牛家。因身边只带了少许盘缠，在畈畈住了一个月后，探得店里职工在淳安港口落脚，就与钟友德、华洪生三人由洋溪翻山越岭，穿过淳安东源，长途跋涉一百多里，当晚到达被

洪水洗劫过的港口镇。次日一早，从港口过江再走八里路到达许家源，终于与老板、经理会合，生活有了依靠，暂时结束了逃难生活。

梅城澄清门（老城门，1964 年 8 月 14 日叶水泉摄）

梅城老街旧貌

在许家源住了一段时间，得悉盘踞梅城近两个月的日军已经撤走，店里就雇了大船返回梅城其昌盐栈。

梅城遭日寇占领，加以洪水泛滥，天灾人祸之后，只见满目疮痍、一片荒凉。灾后全城工商界损失惨重，仅其昌盐栈存放在朱家码头仓库的物资，就损失黄酒二百坛、火腿一千多只、双缸酱一百多缸，其余物资不计其数。特别痛心的是守店的两位职工被日寇抓走未回，据说在随日军赴缙云途中惨遭枪杀。

恢复营业后，生意惨淡。日寇飞机频繁空袭，一个月后，三架敌机对梅城滥施轰炸，燃烧弹将半道红到东门街口的一段黄金地带店铺焚毁。为避敌机轰炸，城中百姓惶恐不安，店员们也早出晚归，生意几乎停顿，直至 1945 年 8 月 15 日，日本无条件投降，万民欢腾，人民才从水深火热中解脱出来。

# 在"一二·九"运动中得到锻炼

□洪淳生

　　"一二·九"前夕，浙大的政治气氛处在极低潮，陈怀白感到窒息似的难受。她曾经写过"中原已板荡，死辱两不堪"的诗句，但看不到"出路在哪里"。当"一二·九"风暴刮起以后，她看到了出路，开始有了比较明朗的政治目标。

　　杭州学生是在 1935 年 12 月 11 日响应北平学生"一二·九"运动的，浙江大学首先组织大、中学生举行示威游行。大会通电全国：反对"华北自治"，要求政府立即讨伐汉奸殷汝耕；支持北平同学，要求当局释放被捕者，还通过了成立杭州市学生联合会等四项决议。陈怀白积极地投入这次运动。12 月 20 日，浙大学生又为声援"一二一六"运动举行示威游行，并决定全体学生于 21 日去南京请愿，要求政府立即抗日。这次行动遭到镇压。当晚，杭州警备司令部逮捕十二人。这时陈怀白和许多女同学便冲进女生宿舍，正碰见学生会主席施尔宜（后来改名为施平）。施尔宜指桥边的宣铁吾说："他是指挥抓人的头头，快去抓住他！"于是她们就冲过去，向宣铁吾怒喊："谁叫你们半夜到我们这里来抓人的？！""为什么带枪来抓手无寸铁的学生？！""是英雄好汉就该到前方去打日本鬼子！""收复失地才是你们军人的本分！"宣铁吾摆出家长训话的架势，说："你们学生只会喊口号，抗日谈何容易。我们中国什么都没有，哪里可以打日本？"这就更加激怒了同学们，陈怀白向宣铁吾怒斥："你们真是文官要钱，武官怕死，哪像是个军人！"别

陈怀白

的学生也高声责骂："贪生怕死的军人！""不抵抗主义的军人！"陈怀白和几个女同学动手揪住宣铁吾的衣襟。便衣特务拔出手枪想开枪，见大批男同学涌着冲了过来，便拉着宣铁吾溜到校门外去了。陈怀白和同学们仍连夜跑到火车站，站在轨道上高呼："爱国自由！""立即抗日！"队伍在寒风中坚持斗争，至次日下午3时，国民党当局才被迫接受学生提出的条件，释放全部被捕的同学，斗争取得了初步胜利。同学们回到浙大，见郭任远贴出的开除学生会正、副主席施尔宜和杨国华的布告，于是再次开展"驱郭"罢课斗争。陈怀白及时向在上海的胡鼎新（胡乔木）通信汇报。胡鼎新秘密到杭州，指导了杭州的学生运动。罢课斗争持续三十多天，蒋介石亲临威胁，但学生们始终不屈，"驱郭"斗争终于取得最后胜利，国民党被迫罢免了郭任远浙大校长的职务。陈怀白在这次斗争中得到锻炼，她更坚强了。

# 一支在建德的抗日自卫武装

□李有根　陆国权

1942年，日寇大举进犯浙赣铁路沿线。四、五月间，浙江从省城杭州至兰溪，沿富春江、兰江两岸的富阳、桐庐、建德、兰溪县城，及建德县的洋尾埠、大洋镇、麻车埠、三河乡都已被日寇占领。日寇为了水路畅通，在建德、兰溪沿江两岸的大小村镇，都驻扎了军队。日寇一进村，就到处抓鸡打狗、杀猪杀牛、强奸妇女、杀人放火，无恶不作。在一次"扫荡"中，日寇沿路抓了十多个老百姓，带到洋尾，用绳子捆起来抛入江里，捆一个抛一个，以此取乐。在这国土沦丧、家破人亡的危急时刻，洋尾这个早在1930年7月就进行过农民暴动的地区的党组织，在陈一文、潘力行、蔡惠荣等同志的领导下，根据上级提出的"敌人打到哪里，党的抗日游击队武装力量就组织到哪里"的指示精神，于当年6月在建德县洋尾乡外蔡村成立了一支以地下共产党员为骨干、以基本群众为主体的抗日游击队伍——抗日自卫队。这支部队由在群众中素有名望的大革命时期的老党员陈一文指挥。建德、兰溪、浦江一带的人都把这支武装称为"陈一文部队"。

部队成立时，共有六十余人，由十多名共产党员为骨干，编成三个排。经常在建东、建南的洋尾、麻车、大洋、三都、前源、马目乡一带，积极开展抗日宣传，伺机打击日寇、汉奸，维护地方治安，深得人民群众的拥护和爱戴。

## 1. 智取武器

队伍成立之初，缺乏武器。后来得知县国民兵团解散后，有十六七支长枪和一些手榴弹在大洋镇竹狗坞姓徐的保长家里。6月的一天，陈一文、蔡惠荣、潘力行、张樟富等人，随身带了炒苞米、杂豆等干粮，绕过洋尾埠的日寇据点，扎了一个竹排，从王村偷渡到江对岸，在离大洋镇不远的山坡上，大家又详细研究了收缴这批枪支的计划。最后决定以国民兵团的名义去取枪。于是，由陈一文冒充国民兵团的一个王姓中队长，潘力行、蔡惠荣冒充排长，到了竹狗坞的保长家里。这是弄到的第一批枪支弹药。国民党六十三师逃散的一个排二十余人，带着武器，一直在岗山附近流窜。抗日自卫队决心解除他们的武装。这次共缴获了二十多支枪，四十多个手榴弹。

建德洋尾抗日自卫队情报联络点旧址

高楼厦人蔡昌有，是县国民自卫队队员。日寇来时，蔡昌有带几个人逃了出来，把带出来的四支枪、两箱（四十个）手榴弹，藏在寺庙里的匾额后面。抗日自卫队了解到这一情况后，在一个夜晚派人去取了出来。

当时国民党溃散在建东的第七十九师、六十三师、独立二十三旅的一部分散兵游勇，愿以二十多元出卖一批枪，以谋生路。为此，陈一文带头凑款，把家里仅有的两担稻谷卖掉，凑了一笔钱，买到十支枪。又从隐住在蔡昆家的已脱离国民党军队的两个军官手中买来九支枪。

另外，渡船上共产党员许祥云等同志也送来五箱手榴弹。外蔡村共产党员、铁匠陈元有，召集了一些好铁匠，打了十二把大刀和十多支竹叶标枪。经过一番努力，抗日自卫队至此已拥有一挺轻机枪、五十多支步枪、三支短枪、一个掷弹筒、十二把大刀、十多支竹叶标枪、近三十颗手榴弹和一批子弹。

为了便于立足，避免引起敌人的注意，这支队伍公开取名陆军坚勇部队。其家属和子女也积极参加后勤服务工作。

### 2. 打击敌伪

抗日自卫队有了武器装备后，连续打击了日寇、伪军和汉奸。

6月上旬的一个晚上，由胡汝根、林角道带手榴弹去摸鬼子的岗哨，结果牵回了两头牛和一匹马。

鬼子在茅草山山岗上驻扎了一个分队，搭了一个帐篷，监视封锁由洋尾埠通向周围多处的通道和江对面的石壁东面向梅城、西向大洋镇的通道。为了拔除这个钉子，抗日自卫队派蔡惠荣到殿子坞岳母家，与住在那里的国民党七十九师一名流散于此的连长何锦荣取得联系，商议共同行动。何锦荣有一个排的兵力，答应出兵配合。

6月中旬的一个晚上，抗日自卫队的胡汝根、林角道等十多人从殿子坞抄山路摸上茅草山山岗，朝敌人的帐篷里投进去几个手榴弹。鬼子措手不及，不知道对方有多少兵力，未及还击，就慌忙逃跑了。这次战斗缴获了一挺轻机枪和四百发子弹。几天后，鬼子从洋尾埠沿同佳桥、外蔡、里蔡、殿子坞一带进行"扫荡"，结果，两个联络员徐子奎和何德荣光荣牺牲，何德荣的母亲和潘福春老人被日寇反手捆绑抛入江中，活活淹死。虽然受到了一些损失，但是，抗日自卫队用实际行动打响了抗日的旗帜，使建德人民知道，共产党领导的队伍才是真正的抗日部队。

当时从建德至兰溪，只有兰江的水上交通顺畅，陆路只能步行，不能行车。因此，沿江各据点鬼子的补给、调遣，主要靠这条水路。抗日自卫队经常派出一个小分队，带上四五支枪，隐藏在江边，当鬼子船艇经过时，就打一阵排枪，滋扰鬼子。从此，日寇的船艇不敢随便出动了。

从洋尾埠到外蔡村，要经过茅草山与童家山之间一条溪，溪上有一座荸荠桥，两山之间是开阔地，从童家山山顶观察洋尾埠敌人的动静是一清二楚的。抗日自卫队就在童家山的山岗上设一个监视哨，监视从洋尾埠出来的每一个人。凡是经过荸荠桥时向鬼子岗哨挥舞白毛巾（这是汉奸的暗号）过来的，自卫队就扣住仔细审问，查出是汉奸而又态度顽固的，就处以极刑。在个把月里，处决了十多个汉奸，鬼子失去了耳目和爪牙，就不敢贸然出来"扫荡"了。到7月20日（农历六月初八），鬼子只好把从建德到兰溪沿江一带的各个据点撤走，龟缩到兰溪城里去了。

### 3. 团结群众

日本鬼子撤离建德后，抗日自卫队移驻外蔡村蔡家祠堂，活动区域扩大到整个建东、建南地区。当时洋尾一带，地主、商人囤积居奇，有粮不卖，老百姓被迫哄抢粮食。国民党的散兵游勇和土匪恶棍，也乘机夹杂在贫苦农民中，抢粮、抢物。高垣等地还在组织维持会。这样的社会秩序对团结抗日极为不利。为此，抗日自卫队决定组织一次较大规模的示威游行，宣传团结抗日。参加游行的有三四百人，群众手拿土枪、土炮、大刀，和抗日自卫队一起，从外蔡经里蔡、高楼厦、洋程、三都镇，转了一个大圈子。当天晚上在高楼厦的一个庙里，开了一个有五六百人参加的群众大会。会上由陈一文同志讲了党的抗日民族统一战线政策，要求各阶级、各阶层团结一致，共同抗日。对地主、商人提出四条要求：一、赞成抗日，以国家民族利益为重，不做汉奸和卖国贼；二、不抗拒派粮纳税；三、不准私通顽军，危害人民；四、不准组织维持会。还宣布"只要大家做到这几点，我们会以血和生命来保证大家的安全"，并做到：一、爱民如子，遵守纪律；二、不收藏自己的武器（暗示地主只要抗日，就不缴他们的枪）；三、公平买卖；四、借东西有借有还，损坏要按价赔偿；五、不多征赋税。在群众大会上还公审了三个土匪，并当众枪毙了为首的胡老四。同时，把被土匪抢去的财物拿出来让群众认领。这次大会，地主、商人受到很大的震动和教育。如塔后、里蔡等村的地主、商人，原来都想组织维持会，会后就停止了。囤积粮食的地主，也拿出部分粮食来卖给农民。从杭州迁校到高垣的宗文中学师生向《浙西日报》投稿，称赞抗日自卫队"作战英勇，纪律严明"。抗日自卫队在斗争中日益壮大，局势也逐步稳定。

### 4. 加强领导

抗日自卫队在稳定秩序的同时，还制定了六条加强自身建设的措施：一、加强集中统一。此时当地党的领导核心是陈一文、蔡惠荣、潘力行、汪汉清、朱增球，一切重大问题由党组织的领导核心集体研究决定。二、整顿部队的组织机构。抗日自卫队的番号原为陆军坚勇部队，为了隐蔽和统战工作的需要，改称乡自卫团。为

书写抗日宣传标语

了便于指挥作战，把比较懂军事的同志放在掌握部队的岗位上，陈一文为团长、总指挥。成立三个突击排，一排由潘力行任排长，二排由朱增球任排长，三排由汪汉清任排长。每排三个班。三、加强党的工作。当时地方上有村支部，部队也成立党支部，部队和地方是党统一领导的，党的工作由蔡惠荣和朱增球负责。四、开展军事训练。提高部队的军事素质，增强组织性、纪律性，增强体质。五、有领导、有计划地进行征粮征税，以保证部队的供给。税收工作以吴小坤（张东昌）为主，驻在前源乡的里陈村，征收往返浦江商人的税，这是部队的主要经济来源。征粮工作以蔡尾、张樟富为主。六、加强统战和情报工作。从县城的东关到各乡、各村都设情报联络员，由徐文、王银海等五人负责。徐文兼任西乡的联系工作。统战工作由童岁新、蔡昆负责。经过这次整顿，进一步加强了党政军的统一领导，各方面的工作更有组织、有计划地开展。部队内部团结加强了，上下关系融洽了，军民关系也更加密切了。部队的组织指挥系统比较健全了，组织性、纪律性大大加强，一切行动听指挥，严格遵守政策纪律，军事素质和体质也有了增强，部队的战斗实力有了很大提高，使国民党的地方武装和土顽也对其害怕三分。

### 5. 独立自主

国民党反动派对这支部队的成长、壮大十分恐惧。县长许亚夫和国民党县党部书记长方镇华，千方百计想搞掉这支队伍。他们派了亲信王自仁和特务陈昌荣来谈判，说愿意派五十个人带五十支枪来"支援"自卫队。陈一文、蔡惠荣、潘力行立即商讨对策。他们考虑：如果同意，部队就有被分化瓦解的可能；如果不同意，将会加深双方的矛盾和仇恨，这对团结抗日和部队的生存、发展不利。于是他们想出一个既不完全拒绝、又不完全同意的办法。答复对方："我们这里人已很多，但枪少，地方也不大，回旋余地小，土顽组织多，情况很复杂，还不太稳定，因此，要支援的话，先把枪送来，人在需要的时候再来。"就这样巧妙地拒绝了对方的"支援"，使其阴谋未能得逞。当时地方上的土顽很多，他们之间常为争权夺利发生冲突。有的还企图拉拢抗日自卫队卷入他们的争斗，对于这种"狗咬狗"的冲突，抗日自卫队坚持独立自主的原则，持不介入态度。一次，"忠义救国军"苏天侯率部来到洋尾乡，这是一支装备较好的部队。苏天侯亲自与抗日自卫队谈判，要自卫队与他的部队合并，并邀陈一文去当大队长。陈一文同志对此十分警惕，事先把部队疏散到山上，使苏部看不到自卫队的实力，不敢轻举妄动，巧妙地拒绝了他们的提议，没有上当。

1943 年 3 月，金华特委决定调整建德的这支抗日自卫队到义乌与第八大队汇合，以加强革命根据地的武装实力。4 月初，陈一文、潘力行、蔡惠荣等同志带领抗日自卫队离开建德到义乌，与第八大队汇合，编为第八大队的一个突击中队，中队长陈一文，指导员程远，分队长潘力行、蔡惠荣、汪汉清，司务长吴小坤。以后又编入金萧支队第二大队。这支人民武装在解放战争中又作出了新的贡献。

# 杭州文澜阁《四库全书》及其他珍贵图书西迁建德市杨村桥镇绪塘村纪略

□洪淳生

1937 年"七七"卢沟桥事变发生，日本帝国主义发起全面侵华战争。是年 11 月中旬到 12 月中旬，上海、南京相继失守，日军分路由浙西和上海两个方向向杭州发动进攻。12 月 16 日，国民党浙江省和杭州市各级党政军机关和许多抗日团体陆续撤离杭州。在这之前，时任浙江省立图书馆馆长的陈训慈，也就是国民党蒋介石侍从室主任陈布雷的弟弟，早就为图书馆藏在杭州西泠印社附近的文澜阁《四库全书》担心并开始筹划搬迁事宜。

陈训慈（1901—1991），字叔谅，慈溪县官桥村（今属余姚市三七市镇）人。1924 年毕业于国立东南大学，

陈训慈

历任上海商务印书馆编译所编译、中央大学史学系讲师、浙江大学史地系教授。

1932 年 1 月，陈训慈任浙江省立图书馆馆长。陈先生出任浙江省立图书馆馆长才三天，日本帝国主义发动了"一·二八"事变，陈先生义愤填膺，在馆刊创刊号上发表了《文化之浩劫——为东方图书馆与其它文化机关之被毁声讨暴日》一文，声讨日寇的罪行。陈先生这种爱国主义的思想和感情，渗透在他一生的立身行事之中。

"七七"卢沟桥事变爆发后，陈先生联络浙江大学和西湖博物馆等单位出版了《抗敌导报》，由陈先生任主编，在抗战初期的救亡运动中起到了积极的作用。1937 年 8 月，日寇在金山卫登陆，杭州危在旦夕。文澜阁的《四库全书》

和浙江省立图书馆的大量图书亟待抢运。在时局很混乱的情况下，陈先生四处奔走，自己设法筹款，和图书馆的一部分工作人员先将文澜阁《四库全书》抢运至富阳秘藏，后来又冒着生命危险将浙江省立图书馆的大量线装书和外文图书抢救出来。陈先生自己是最后撤离图书馆的，他撤离之后三天，杭州便沦陷了。除浙江省立图书馆的书籍之外，陈先生还负责把著名的宁波天一阁藏书九千多册也抢运出来。

他在十年任职中，推行普及社会教育与提高学术研究相兼顾的办馆方针，实行通年全日开放制度，又先后创办《文澜学报》《浙江图书馆馆刊》《图书展望》《读书周报》等。1936年主持举办浙江文献展览会，参观者达八万人次。

新中国成立后，陈先生历任第一至第六届浙江省政协委员，民盟浙江省委顾问，浙江省文物管理委员会主任委员，浙江省博物馆图书资料室主任，浙江省历史学会理事、顾问，浙江省地方志学会顾问等职。九十寿辰时捐献《丁丑日记》手稿及一百四十八封各界名人信札给浙江图书馆。陈先生逝于杭州。陈先生工古文辞，尤精历史，著有《五卅惨史》《世界大战史》《晚近浙江文献述概》等。陈先生热爱桑梓，尤关心家乡修志事业。

建德县民众教育馆绪塘分馆旧址

《四库全书》全称《钦定四库全书》，是清代编修的大型丛书。在清高宗乾隆帝的主持下，由纪昀等三百六十多位高官、学者编撰，三千八百多人抄写，耗时十三年编成。分经、史、子、集四部，故名"四库"。据文津阁藏本，共收录三千四百六十二种图书，共计七万九千三百三十八卷（相当于《永乐大典》的三点五倍），三万六千余册，约八亿字。

乾隆四十七年（1782年）初稿完成，乾隆五十七年（1792年）全部完成。乾隆帝命人手抄了七部《四库全书》，下令分别藏于全国各地。先抄好的四部分贮于紫禁城文渊阁、辽宁沈阳文溯阁、圆明园文源阁、河北承德文津阁珍藏，这就是所谓的北四阁。后抄好的三部分贮于扬州文汇阁、镇江文宗阁和杭州文澜阁，这就是所谓的南三阁。

《四库全书》是中国古代最大的文化工程，对中国古典文化进行了一次最系统、最全面的总结，呈现出了中国古典文化的知识体系。《四库全书》可以称为中华传统文化最丰富、最完备的集成之作。中国文、史、哲、理、工、农、医，几乎所有的学科都能够从中找到源头和血脉。

《四库全书》总目

7月26日，陈训慈召集图书馆馆员开会，商议搬迁《四库全书》以及安置地点事宜。这时，图书馆古籍部主任夏定域建议，搬到富阳渔山石马头村，他的老乡赵坤良是《东南日报》的编辑，曾任浙江省杭州民众教育馆教导干事，热心民众教育推广工作，在老家办有民众教育的小型识字班和图书室。听说《四库全书》西迁的事，赵坤良马上答应搬迁到他老家渔山村。搬迁地点就这样定下来了。陈训慈立即吩咐总务组赶制木箱，准备迁移。无论如何，决不能让国宝落入日本人手中。据浙江图书馆馆员毛春翔事后撰文《文澜阁四库全书战时播迁纪略》记载："八月一日，全馆职员。麇集孤山分馆，点书装箱，至三日深夜装竣。计阁书一百四十箱，善本书八十八箱，共二百廿八箱。四日晨阁书离馆，运至江干装一大船，余奉命随书出发，负保管之责。五日午刻，抵达渔山。"（中华书局2000年10月第一版《浙江图书馆志》第273页）阁书西迁的第一

站是富阳区的渔山。后来因为战火逼近，于是《四库全书》又开始西迁，第二站准备落脚桐庐，因为富春江七里泷一段水流湍急，船又重，水手只两人，无法逆流而上。随船押运的毛春翔只能下船，只身搭乘军车，去建德找陈训慈想办法。陈训慈找到了浙大校长竺可桢。竺可桢是陈训慈在南京高等师范学校就读时候的老师。竺

图为装箱的《四库全书》

可桢知道文澜阁《四库全书》的分量。立即派出浙大卡车一辆，开往七里泷，分运三天，终于全部运抵建德。杭州文澜阁的《四库全书》于11月25日搬入西迁的第三站——建德县民众教育馆绪塘分馆和乡绅方丽斋先生家中。运书的车子到绪塘村后，雇了许多当地的农民帮助搬运，书箱体积比较大，长一百二十厘米，宽六十厘米，高三十厘米，一般只能两个人抬着走，力气大的，可以一个人扛着走。

为什么会放在建德县民众教育馆绪塘分馆呢？据前我们知道《东南日报》编辑赵坤良时任浙江省杭州民众教育馆教导干事，所以对杭州地区的民众教育馆的人比较熟悉，由他介绍，《四库全书》和其他珍贵图书西迁的第三站就来到了建德绪塘村的民众教育分馆和方丽斋家中。

方丽斋祖上是从淳安迁移过来的，传说是唐朝诗人方干的后代。方丽斋有三兄弟——方沁斋、方洁斋、方丽斋。方洁斋曾在温州当过县长，有很多家产，传说建德市梅城街上半条街都是方洁斋家的，他还办有梅城的洁斋小学，新中国成立后改为梅城的航运子弟小学，现在已撤并，不存在了。因为乡绅方丽斋家房子大所以就通过联系，将一部分《四库全书》和其他贵重书籍存放在他家中。2019年中央电视台记者来绪塘采访，当时方丽斋八十七岁的孙子方夏宝对记者说："当时，我还小，只有五六岁，只记得家中堆满了木头箱子、柳条箱及大的帆布袋。后来听大人说，才知道是省里运来的很珍贵的书籍。这件事在当时还是比较保密的，都不准我们到外面去乱说。"

事后陈训慈又因为《四库全书》的事，多次找竺可桢校长汇报，这在竺可桢12月22日的日记中都有记载："陈叔谅（即陈训慈）来，据谓省立图运《四库全书》及省志、英文书籍至建德，公费六七百元，但箱数则远少于校中矣。"

是年11月25日之后的几天，已回宁波慈溪老家的陈训慈胞妹、杭州艺专（现为中国美术学院）学生陈玲娟与沙孟海五弟、中央大学艺术系学生沙季同从宁波乡下途经金华，相约一同去杭州的大学路浙江图书馆参与帮助整理打包装箱准备西迁的中西图书。相比于之前在浙江图书馆孤山分馆的红楼将文澜阁《四库全书》整理登记装箱，这次显得更加匆忙，因为时间更紧迫。装书的木箱不够，就用柳条箱替代，有的干脆就装在大帆布袋里。陈训慈在1937年12月18日星期六的日记中记载："赴绪塘，视杭州运来书，傍晚归建德。绪塘在建德西乡（其乡称鹤皋乡），方氏聚族居者百余户。近亦置枪技习自卫，然地非甚峻，且在公路旁，故已掘壕。当局又筹组游击队，传张向华（发奎）在桐、建间，并已在此乡觅屋，设临时指挥办事处，自非安全。《四库》置此村方丽斋家，前觅山乡而未定，当商教厅迁山乡也。普通中西书运来者约三万册，顷亦暂置绪塘民教分馆中。今晨八时约文莱以公路车往视，九时到馆。时利民、闻兴整理西文书，书凌乱不堪，对景尤感增乱离之感。午后，与乡长方锦崇先生，并偕文莱步行八里许至绪塘坞，山中风景甚美。山中人甚勤朴，田本瘠而农竹甚普及，山中作物生产尤多。方君导余等至其熟人杨姓之山舍，极整洁，有桐子甚多，询方君方知制桐油之常识也。闻杨本一佃户，佣于方，方借以钱约二三十金，以此为农本。力佃俭用四五年而积资数千金，市此屋翻建，且置田矣。俭勤之可以兴业也。如是岂斗争而得耶！杨固无知，本允方君可以出赁置书，今乃诿为戚来，后以底情私告方，谓山农畏藏公物，如怀璧招罪而引敌也。闻山中人已传吾等运来书中有数箱置钞币，故尤引为畏惧。余等亦不相强，请方先生代为物色近村之山舍焉。"（中华书局 2013 年 8 月出版陈训慈《运书日记》第 157 页）

可见当时在兵荒马乱的时候，为了书的安全而保密，由此极易产生误解，租个房子也不容易。何况钱不够，陈训慈经常变卖家里的资产或向朋友借贷。战时，政府手头资金也有限，而且即使批准了一时半会儿钱也到不了陈训慈的手中。

杭城战事越来越吃紧，陈训慈考虑到绪塘离公路太近，又另觅山乡，最终二百多箱书落脚在了建德北乡松源坞一个姓仇的乡绅家里和仇家祠堂中。陈训慈在《运书日记》中写道："其迁出者除四库善本系八月间已运，此次并迁藏于绪塘、松阳坞外，大致为：本省方志及各省通志，大部丛书，集部之一小部分，西文图书全部，合计之不足四万册，仅约存书八分之一。余自偕叔同、汪生闻兴装出之方志、西文精贵书，已迁兰溪殿口三峰殿庋藏。其余则悉数存藏于建德西北乡松阳坞仇姓民房，由虞培兰、汪闻兴二君管理。"日记中所讲的"松阳坞"，在当地不存在，经调查可能为口音误写，实际应为"松源坞"。

1937 年 11 月底，日军进一步逼近，

浙大西迁竺校长在梅城登岸

浙江省政府迁至金华。是年 12 月 24 日晨，杭州沦入敌手，建德震动。更重要的是绪塘地处公路之旁，军队已在挖掘战壕，准备应敌。陈训慈对文澜阁《四库全书》留在建德放心不下，寻思继续搬迁。竺可桢也认为藏于建德不妥，因此向教育部部长陈立夫汇报浙大情况的同时，建议将阁书移往更为安全的内地。其时，教育部的意见是迁往贵阳，而浙江省政府不愿将书运出省外，欲迁往丽水。因为无经费，陈训慈除自垫二百元外，向张晓峰借了二百元，再向诸葛麟借了六十元。陈训慈历尽周折，雇小船于 1938 年 1 月 30 日运抵金华。后走陆路将阁书运抵龙泉，暂存县城中心学校。后经福建浦城、浙江江山、江西萍乡，进入湖南株洲、转道长沙、贵阳（地母洞）、重庆（青木关），抗战胜利后，再运回杭州。

中共浙江省委原常委、宣传部原部长孙家贤对陈训慈这样评价道："文澜阁《四库全书》能够保存下来，陈训慈的功绩确确实实应载入史册。我们要学习陈训慈，激励爱国主义精神，像他当年保护《四库全书》那样振兴我们的中华。"全国人大原常委、浙江省人大常委会原副主任毛昭晰对陈训慈这样评价道："在长达八年的抗战时期，文澜阁《四库全书》竟然丝毫无损，抗战胜利后又安全地运回杭州，这都是陈先生历尽艰辛，努力保护的结果。今天我们能在西子湖畔的浙江图书馆古籍部看到保存完好的文澜阁《四库全书》，应该感谢他老人家对祖国文化事业所做的巨大贡献。"

浙江省委原常委、省委原秘书长张曦同志在《习近平同志既重视战略谋划又强调狠抓落实》一文回忆道："2005 年 9 月 23 日下午，习近平同志带领全体省委常委及相关人员来到浙大。这是他第十四次来浙大。大家首先参观了浙大'西迁办学历史陈列展'。习近平同志走到浙大西迁广西宜山的图片前，停住脚步，对各位常委讲，当年国难当头，国学大师马一浮写出'树我邦国，天下来同'的校歌歌词，很有深度。在浙大师生协助护送文澜阁《四库全书》至贵州地母洞的图片前，他又停下来给大家说，他曾在报纸上读到过详细的事迹，为保护中国传统文化，浙大做了一件功德无量的事。"（2021 年 3 月 8 日《学习时报》）

抗战时期，杭州文澜阁《四库全书》及其他珍贵图书西迁建德市杨村桥镇绪塘村这件事，引起了国家级新闻单位和地方新闻媒体的高度重视，2019 年 5 月 1 日中央电视台记者、2021 年 5 月 29 日广东卫视记者都专程前来采访，中央电视台的节目《炮火下的国宝》于 2020 年 11 月 5 日正式播出，广东卫视制作的节目《〈四库全书〉探秘》也于 2021 年 7 月 19 日和 26 日晚十点分上下两集播出。这两个节目的社会反响很好，广大国民都应牢记这段难忘的历史，牢记陈训慈馆长拳拳的爱国之心。

# 浙大西迁第一站——建德纪略

□洪淳生

1937年7月7日，日本帝国主义精心策划的卢沟桥事变爆发，中华民族全面抗战就此拉开序幕。是年8月13日，淞沪战事爆发。次日，日机首次袭击杭州笕桥机场，战争空气弥漫整个杭州，弥漫整个浙江大地。

作为浙江首屈一指的高等学府浙江大学，深深感到在杭州已经放不下一张安静的书桌。浙大校长竺可桢和教员及学生们每天都在关心时局的变化，都在议论学校搬迁的事情。全国其他重点大学也传来准备搬迁的消息，浙大是到了不得不搬迁的时候了。大学搬迁不光是教授和学生的事情，还有为教学服务的后勤人员及教师家属、教学设备与仪器等一大堆事情，是说搬就能搬的事情吗？

## 一、西迁的民主决策

浙大校长竺可桢是一个怀着"教育救国，科学兴邦"的理想并且学识丰富的人。他心胸开阔，思维敏锐，具有浓郁的民主思想，在办学的大事上从来都是征求大家意见的，决不独断专行、把自己的意见强加于别人。在学校搬迁问题上，他也是一样。

竺可桢（1890年3月7日—1974年2月7日），字藕舫，浙江省绍兴县东关镇人，中央研究院院士、中国科学院学部委员，中国共产党党员，中国近现代气象学家、地理学家、教育家，中国近现代地理学和气象学的奠基者。

1890年3月7日，竺可桢出生于浙江绍兴东关镇（今属浙江省绍兴市上虞区）一个小商人家庭。1909年竺可桢考入唐山路矿学堂（今西南交通大学）学习土木工程；1910年公费留美学习；1918年获得哈佛大学博士学位；1920年秋应聘南京高等师范学校；1929年起屡次被选任中国气象学会会长；1934年参与创建中国地理学会；1936 年 4 月担任浙江大学校长，历时十三年；1949 年担任中国地理学会理事长，同年 11 月中国科学院成立以后，竺可桢被任命为副院长、生物学地学部主任；1950 年当选为中华全国自然科学专门学会联合会全国委员会委员、中华全国科学技术普及协会副主席；1955 年选聘为中国科学院学部委员（院士），兼任生物学地学部主任；1956 年综合考察工作委员会正式成立，竺可桢担任委员会主任；1962 年 6 月加入中国共产党；1974 年 2 月 7 日去世，享年八十四岁。

竺可桢是中国物候学的创始人，对中国气候的形成、特点、区划及变迁等，及地理学和自然科学史都有深刻的研究。

学校搬迁是到了迫在眉睫的时候了，1937 年 10 月 1 日，竺可桢举行了一个小型会议，据竺可桢日记记载："中午邀常务委员中膳，到刚复、晓沧、乔年、亦秋及前次赴严州之吴馥初、王劲夫及周承佑、张荩谋诸人。膳后讨论校址问题，决定为天目及建德二处。二地不能决定，周承佑赞成全体移天目，而刚复则主张以三、四年级迁建德，最后决定二年级先于双十节前迁天目山。"（2007 年第一版中国美术学院出版社出版洪淳生主编的《抗战风云》第 28 页）

在搬迁意见相持不下的情况下，竺可桢决定亲自到建德具体考察一下。10 月 2 日早晨五点半，竺可桢校长就带着乔年、黄瑞伦赶赴建德，一路颠簸，于中午 11 点到达建德县政府所在地梅城。会见了县署科长陈亨钊、马逸鸣，两位科长都希望并欢迎浙大迁入建德。因为梅城街上自从晚清左宗棠部队镇压太平天国部队之后就一直人气不旺，市面冷落，如果有大学迁到梅城，则这里的人气就会旺起来。中饭后，竺可桢校长一行人员就到建德林场、基督教堂、中山厅、何宅、天主堂、方宅等地进行考察，最后到绍兴会馆。

10 月 5 日，浙大再次召开校务会议。会上，竺可桢校长把梅城看到的情况向大家作了介绍，得到了大家的支持，最后以十五票的多数在会上通过，会议决定二、三、四年级迁移建德。能够搬迁到建德的一个重要原因是来此的浙大老师可以带家眷，而在临安县西天目山禅源寺则不能带家眷。11 月 11 日，接教育部函，赞成学校迁移建德。

**二、西迁的准备工作和西迁建德**

11 月 10 日，学校发出布告，通知学生于 11 日、12 日、13 日三天迁移建德。

学校老师鲁珍告诉校长竺可桢说，她的同事孙沩、孙沺老家在建德梅城街上，是大户人家，有平房五间，校长可以住在她们家。孙沩是孙岛夫、郑珮琼夫妇的长女。孙岛夫，富阳人，此时在省立第九中学（即后来的严州中学）任教。郑珮琼曾任"惠英女子学校"校长。1936年，孙沩于浙江大学物理系毕业后留校任教，是中国核物理学家王淦昌教授的学生和助教（这可能是竺可桢校长借住在此的原因之一），1952年后调上海交大、华东师大任教。孙沩先生一直处于教学、科研、学科建设第一线，为我国培养了一大批人才，2017年去世，享年102岁。另外，孙沐是孙家次女，曾在浙江大学从事财务工作，其丈夫徐国棋曾任浙江大学的注册主任。孙琦，孙家的小女儿，1952年在浙江大学完成研究生学业后留校任教，1953年被选送去苏联留学，1957年回国，1978年回到浙江大学任生命工程研究室主任、生物系副主任。

竺可桢校长是11月14日上午9点20分由杭州动身来建德的，幸好当时没有躲避日本鬼子飞机的警报，所以，出城还比较顺利。10点10分经过富阳，11点10分经过桐庐，12点半到建德梅城街上，他们一行人经过三元坊到府前街三号孙沩助教和学校会计孙沐家中。当时，孙沩母亲招待竺可桢校长一家住在他们新建的房子里，房子有四间，宽十二米、长十七米的两间，宽十二米、长二十米的两间，地板、门窗均未油漆，而且没有玻璃。还是鲁珍事先打过电话，否则还租不到。

浙江大学有一个分校，也即浙大一年级的师生的所在地，在临安西天目山禅源寺上了三个多月课，杭州危急，闻悉校本部已南下到了建德，西天目山的教授们生恐日寇西侵，切断交通线，以致和校本部失去联络，也决定离开西天目山，与校本部会合。

学校搬迁时，行李交总务课押运，女同学和教授坐船，男同学则由军训教官率领，荷枪背弹，行军南下，至桐庐才搭上小汽轮，南下建德。

浙大本部师生13日（星期六）出发，这一批是晚上11点坐轮船出发，轮船中人多，十分拥挤。教职员及家属住官舱，最挤；女学生住房舱，尚较舒适；男生则住上舱。另外还有搭载行李的轮船跟着。14日中午到达桐庐，因为载着行李的船过于沉重，在富阳耽搁了4小时之久，到晚间船行至桐庐上游又停下来了。第二天早晨又因为雾很大不能开，到上午9点，船才开始起航，到了桐庐漏港滩，因为水浅需要换船，三小时后抵达建德的乌石滩，船又不能走了，只好换成当地的小船撑到县城所在地梅城码头，前前后后又花了三小时。师生住下后，因为这里住的都是过去的老房子，系砖木结构，特别容易着火，所以，学校就要求大家晚上注意用火，注意安全。

自 11 月底起，天目山师生分批行动，乘车、步行、换船，经五天奔波，也全部到达建德。师生稍事休整，立即复课，一学期的课业，并无大的影响。

### 三、在梅城的日子里

浙江大学一千余名师生及家属西迁到古老的梅城镇上，这里顿时充满勃勃的生机。他们唱着浙江大学校歌："大不自多，海纳江河。唯学无际，际于天地。形上谓道兮，形下谓器。礼主别异兮，乐主和同。知其不二兮，尔听斯聪。国有成均，在浙之滨。昔言求是，实启尔求真。习坎示教，始见经纶。无曰已是，无曰遂真。靡革匪因，靡故匪新。何以新之？开物前民。嗟尔髦士，尚其有闻。念哉典学，思睿观通。有文有质，有农有工。兼总条贯，知至知终。成章乃达，若金之在熔。尚亨于野，无吝于宗。树我邦国，天下来同。"

浙江大学迁至建德的临时校舍，包括所有办公室、教室、宿舍等，分散在城内各处，总办公室设在总府前方宅，教室分设在林场、天主堂、孔庙等处，宿舍则在中心小学、万源当铺、东门街一带民房。浙大师生、员工加上家属以及先期撤来的杭州师范学校师生共有千余人，所以每天课余饭后，街巷拥挤。加上其他迁来的学校，建德一时成了学校城。

图为当时印刷宣传抗战报纸的设备

浙江大学迁至建德后，师生们最不适应的是看不到报纸，不了解国内外消息，于是以传播信息为主的《浙大日报》应运而生。《浙大日报》使校内消息灵通传播，深受建德各界人士的欢迎。

学生们最先贴布壁报，之后才利用自备的无线电收音机获取消息编印铅印的《浙大日报》，共 24 期。每期由前一日的晚间 9 时起，至第 2 日上午 9 时止，分别由工读学生及职员 2 人收听并记录国内外各电台所播送的新闻，10 时编就，继之抄印，每日 12 时左右出版，视新闻之多少，出版自一页至两页半不等。除国内外新闻外，还酌载校闻、论著、通讯。

竺可桢校长还亲自为《浙大日报》增刊撰写了《百期纪念感言》一文，他说："《浙大日报》是在中华民国全面抗战以后出世的，是在我们浙江大学颠沛流离中产生的，《浙大日报》之所以刊印，并不是偶然，而是适应环境的需要。浙大一迁建德，再迁泰和，建德与泰和统是没有日报的地方，而在全民族热烈抗战的时候，前方战场的消息，国际形势的变态，我们全校人士，刻刻关怀，莫不以先睹先知为快。所以学校虽在困苦颠沛之中，而《浙大日报》呱呱坠地之后，不但能继续维持，而竟能逐渐扩充篇幅，在极短时期以内，给我们以精确的消息。……《浙大日报》不但给我们以最近的消息，而且时时促进我们的自省……"

浙江大学迁至建德之后，上海保卫战已接近尾声。当时盛传"游击克敌"之说，恰好军事委员会属下的诸暨新宁游击总队派人来校招募队员，十二位同学踊跃报了名。1937 年 12 月 9 日，竺校长派出校车将十二名浙大游击勇士送回杭州。

中华民族解放先锋队（简称民先队）成立于 1936 年，是中国共产党领导的先进青年群众性秘密组织。浙江大学准备迁移建德之时，民先队队员和部分进步同学提出不随校西迁，要求参加抗日斗争。11 月，民先队决定去延安，后因南京失守，未能成行。11 月底黄绍竑新任浙江省主席，实行"新政"，民先队队员十四人随即于 12 月初离浙大去金华。建德县钦堂乡谢田村人陈怀白就是民先队十四名队员中的一员。陈怀白与孙沨是亲戚关系，是孙家的外甥女。陈怀白 1934 年考入浙江大学外语系。在进步教授陈途和同学、地下党员胡鼎新（胡乔木）的影响下，于 1937 年春参加了民先队，与志同道合的同学一起投身抗日救亡运动，发起、组织成立了浙江大学学生进步组织"黑白文艺社"和"黎明歌咏队"。1937 年 11 月，学校西迁至建德，"八一三"事变之后南京失守，陈怀白与另十三位民先队队员于 12 月初离开浙大，深入发动群众组织抗日，辗转浙苏皖，历经艰险。

西迁建德时期浙江大学名师荟萃，仅后来成为中国科学院学部委员及院士的就有王序、王淦昌、王葆仁、贝时璋、卢鹤绂、冯新德、任美锷、向达、刘恢先、苏元复、苏步青、吴征铠、吴浩青、张肇骞、陈建功、罗宗洛、竺可桢、钱令希、钱钟韩、徐芝纶、涂长望、谈家桢、黄秉维、梁守槃、蔡邦华、蔡金涛、谭其骧二十七位。西迁建德的人文社科名家同样群星璀璨，大量名师英才汇聚于浙江大学，比如马一浮、丰子恺、王季思、王驾吾、王庸、叶良辅、刘节、严仁赓、李春芬、沈思岩、张其昀、张荫麟、陈乐素、陈立、郑晓沧、孟承宪、费巩、夏承焘、夏鼐、钱穆、黄翼、梅光迪等。西迁时期浙江大学的学生，日后当选为中国科学院和中国工程院院士的有毛汉礼、叶笃正、朱祖祥、姚鑫、池志强、杜庆华、李政道、谷超豪、张友尚、张直中、陈吉余、陈述彭、胡济民、侯虞钧、施教耐、施雅风、施履吉、钱人元、徐承恩、徐僖、郭可信、黄文虎、程开甲、程民德、谢义炳、谢学锦、戴立信二十七位。

当年的浙大学生钱人元，在回忆纪念他的导师周厚复的文章《70年前的创新研究：有机化学反应的电子理论——怀念周厚复老师》一文中谈到浙大西迁建德的事情，他说："我是1935年进入浙江大学的，二年级的有机化学是于文藩（曾留学德国）老师授课，三年级（1937—1938）已进入抗日战争时期，处于从杭州向建德、泰和的迁徙过程中，周厚复先生教我们高等有机化学课。当时他的专著《有机化学反应的新电子理论》一书刚刚出版，他给我们选课的学生每人一册，他讲的课也以此新理论为纲。"

浙江大学在梅城期间，当时著名的地理学家张其昀曾为师生作过《严州地理与历史》的演讲。张其昀（1900年9月29日—1985年8月26日），地理学家，历史学家，字晓峰，浙江宁波鄞县人。1923年南京高等师范学校毕业。任浙江大学文学院院长兼史地系主任、国民党中央委员会秘书长等。张其昀在演讲中论述了严州的地理特点，以及与周边地理环境的比较，还论述了在这个特殊地理环境里形成的悠久历史，以及产生的历史名人。他的演讲开拓了师生对严州的认识视野，受到大家的欢迎，给大家留下了深刻的印象。

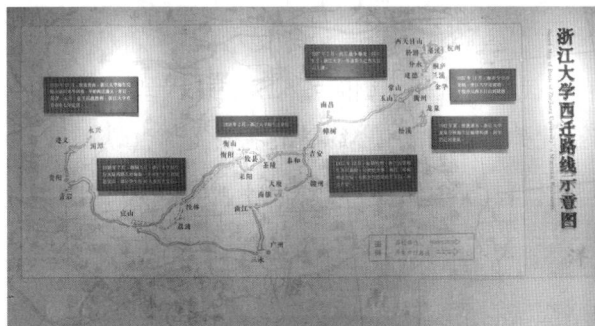

浙江大学西迁路线示意图

建德钱塘江上

## 四、浙江大学继续西迁，离开建德

1937 年 11 月初，日寇南侵，嘉兴、吴兴相继沦陷，局势进一步恶化。11 月 20 日，竺可桢校长从广播中得知南京国民政府迁移重庆的消息，感觉建德也不是安居之地。竺可桢认为学校需要考虑再次搬迁，就派人到浙江南部和江西等地实地了解。12 月 2 日，接到教育部来电，同意浙大迁移江西南部。

是年 12 月 24 日，日军占领杭州。浙大不得不再次转移。从 11 月 11 日第一批师生抵达建德到 12 月 26 日最后一批师生撤走，浙大在建德前后待了四十余天，时间虽不长，却给建德人民留下了很好的印象。多年后梅城老百姓谈起浙大西迁之事，老辈人仍然竖着大拇指称赞：这是一个文明向上，充满朝气的学校。

浙江大学师生被迫从建德启程，经金华、玉山、樟树，于 1938 年 1 月抵达江西省吉安县，行程七百五十二公里，平均每天前进三十公里，饱受了惊吓和风霜之苦。1938 年 2 月，浙江大学师生又迁江西省泰和县。

浙大在抗战中凡四迁：建德、泰和、宜山、遵义。由浙江入江西，经湖南、广东、广西，1940 年抵达贵州遵义、湄潭、永兴，途径六省，行程达两千六百公里，恰好与三年前中国工农红军走过的长征路线的前半段相吻合，因而有人赞誉这是一次"文军的长征"。难能可贵的是，在颠沛流离的迁徙途中，浙大师生只要稍有停留，就立即上课，许多后来著名的专家学者就是在这样艰苦的环境中培养出来的。获得诺贝尔奖的著名物理学家李政道博士，当年就是在浙大西迁路上肄业，后来转学西南联大的。多年以后，他还写信给老师张其昀先生，表示感谢之情。

浙大西迁还有一个重要的历史使命，就是保护《四库全书》的转移。《四库全书》全国共有七部，三部清末已毁，日本侵华又损失两部，竺可桢受民国教育部的委托，将省立图书馆存于孤山的杭州文澜阁《四库全书》一百四十箱，先转移至富阳的渔山，后转移至建德县杨村桥镇绪塘村，后因战事吃紧，又成功转移至贵阳黔灵山公园北的地母洞存放，竺可桢校长多次到地母洞察看《四库全书》的保护工作。后又将其转移至重庆的青木关。抗战胜利后，《四库全书》安全返回杭州文澜阁。

浙大西迁，前后三年，加上在贵州办学，前后一共是十年时间，多么漫长的十年啊！他们周流五省，间关万里，一路弦歌不辍，在那样动荡不安、艰难险阻的环境里，培养出一批又一批杰出的人才，因而被李约瑟博士誉为"东方的剑桥"，这不能不说是教育史上的一个奇迹。至于竺可桢校长，以一介书生，身负重任，率领千余师生员工及家属，还有几十车图书、仪器，扶老携幼，万里跋涉，一路西迁，被许多教授比喻成当年携民渡江的刘备。他的夫人和次子就因条件险恶而病死在途中，但这丝毫也不能动摇他办学的决心和意志，此等不屈精神不能不令人钦佩！浙大西迁的事迹后来被拍成电影《流亡大学》，在全国上映。因为该电影，浙大西迁扩大了影响，更震撼并打动着千千万万个观众的心灵。

# 记大洋抗日义勇队的组织者马雨亭

□于　阳　于建新

1937年"七七"事变爆发，全国的抗日形势如火如荼，建德虽在浙西山区，却也不例外。就在几个月之后，建德的大洋就成立了建德历史上的第一支抗日义勇队。

作为这支队伍的发起人之一的马雨亭同志，当年就是一位有着十年党龄的老党员了。早在1927年还是省立第九师范学校的一名学生时，十七岁的他便毅然投身革命，加入了中国共产党。入党后就协助童祖恺、陈一文等同志一起从事组织群众武装暴动的革命工作。从童祖恺姐弟1930年牺牲之后至1937年，马雨亭同志一直在洋尾、大洋、麻车、三河一带组织联络群众，并特别注重对进步青年的引导、培养，马雨亭本人担任中国共产党建德县地下组织的县委委员。

1937年9月下旬，接到上级党组织的通知："要大力发动群众，组织群众，支持和投身到抗日斗争中去。"怎样选择发动群众的范围？如何在国民党反动派假合作真镇压的白色恐怖中建立抗日基地？马雨亭同志召集了三河乡的进步青年陈鹤轩、徐孔昭等人开会讨论，分析认为大洋是童祖恺烈士的家乡，党组织在这一

马雨亭

徐孔昭

带活动时间长影响力也较大，群众基础好，加上马雨亭等人在大洋开展工作时间也长，乡土人情十分熟悉，能召集起来并且可以完全信赖的进步青年数量也多。但是不利因素也存在，当时国民党政府在大洋镇上专设了一个公安分局，驻军也有一个连。第二次"国共合作"在全国刚刚开始，建德的国民党对共产党的有关活动却还是视如水火、严格管制、残酷镇压的。马雨亭同志认为："只要组织得当，保密措施做到位，有利条件还是多于不利条件。"会议结束时，将组织发动群众抗日的基地选择在童祖恺烈士的家乡大洋镇胡杏村、里黄村一带，将宣传民众的范围适度扩大，第一步以洋尾、三河、麻车、大洋为主开展，再逐步向周边其他地区扩展。

1937 年中秋节时，马雨亭同志到陈鹤轩、徐孔昭等人家里，将党组织传达的有关宣传资料对他们进行讲解，并就宣传发动群众的具体工作范围作了分工。节后，他们分头到洋尾、大洋、麻车、三河进行宣传、联络和发动群众。由于群众觉悟高，爱国热情又特别强烈，经过短短一个多月的工作，已联络到上述各地的进步青年近百人。下一步要做的就是将这批热血青年组织起来，成立一个团结而富有战斗力的抗战组织。经过和发起的几个人多次碰头商讨，大家制订出了切实可行的方案：在年内利用婚事或丧事宴请宾客及请朋友帮忙的形式集中两次，号召大家有钱出钱有力出力，并成立大洋抗日义勇队，设队长一人、副队长两人，该组织以"保家卫国，打击日本侵略者"为宗旨，同时，还强调了在义勇队成立前要注意保密。1937 年农历十一月初五，大洋里黄村进步青年周某家中长辈去世，马雨亭同志就立即同陈鹤轩、徐孔昭等骨干力量十多人，在十一月初六、初七、初八三天以拜祭、帮忙的名义先后集中，将组织机构、武装活动的准备，人员配置与筛选，今后活动的开展方式全部布置好。

在这次集中时，陈鹤轩汇报了他在大洋胡店村有亲戚要在农历十一月二十三结婚的情况，大家决定借机将经过筛选的全体人员集中，并于当日宣布成立抗日义勇队。

由于宣传、联络、发动、保密工作计划周密，并且巧妙地利用了丧事、婚事两次机会，马雨亭同志组织领导的大洋抗日义勇队在进步青年陈鹤轩、徐孔昭等的积极参加协助下，于 1937 年农历十一月二十三在大洋成立。成立大会上，到会抗日义勇队员共六十余人。大家都义愤填膺地声讨了日本侵略者的滔天罪行，并且宣誓为国家为民族为保卫家乡的父老乡亲，将用自己的生命把抗日大业进行到胜利的那一天。马雨亭同志作了热情洋溢的演讲，强烈地鼓舞了全体义勇队员们。大洋抗日义勇队的成立，轰动了整个建德，并在整个浙西地区产生了深远的影响，使广大民众更深刻地明白了日本法西斯的侵华罪恶，为日后成千上万的建德儿女投身抗日打下了牢固的基础。在义勇队成立的过程中，马雨亭同志积极开展工作，广泛发动群众，在很大程度上扩大了影响力。因此，也暴露了自己的党员身份，多次受到国民党政府军警的追捕。虽在群众掩护下几次化险为夷，但为了保存实力，更利于今后开展斗争，上级党组织在1938年6月安排马雨亭同志到延安抗日军政大学学习。毕业后，由组织分配到浙江平湖县担任地下党县委书记，继续开展抗日救亡斗争。

值得一提的是，1938年1月，陈鹤轩、徐孔昭两名进步青年在马雨亭同志的介绍下加入了中国共产党，从此一直从事组织领导义勇队的抗日斗争的工作，并随后亦赴延安抗日军政大学学习。新中国成立后，陈鹤轩同志担任了沈阳市市长，徐孔昭同志担任了某学院的院长。可以说大洋抗日义勇队也是一个为革命工作培养骨干力量的摇篮。成立初的六十多名抗日义勇队员，大多数牺牲在革命战争中。义勇队如一棵枝繁叶茂的大树，它把革命的种子撒向四面八方，又为中华民族的抗日斗争繁衍出许多棵茁壮而富有生机的小树。

在纪念抗日战争爆发七十周年的今天，我们要缅怀先烈，不忘国耻，更要以此为动力，努力工作学习，为祖国的繁荣、昌盛而奋斗。

备注：以上是根据马雨亭同志生前的资料整理，由马雨亭同志的大女儿马小玉提供部分资料。

# 梅城抗日一二事

□ 方　汛

题记：我们经常在影视作品中、在书报中看到日寇的残暴，觉得很气愤。可是当听到身边人曾在家乡亲历日寇的暴行，更是让人义愤填膺，久久不能平息。此时我们正在听洪社阳总工的述说，述说抗日战争中梅城平民们的抗争。

1941年的一天，已经受到日寇飞机轰炸的梅城又一次响起了警报。"呜——呜——"的一声声长鸣，惊动了所有的梅城人。我爸妈赶紧扔下手中的活，爸爸一把抓起早已准备好的警报袋背在身上，一手拉着大一点儿的大哥、二哥的手，妈妈则抱起还在喂奶的三哥，大家起身就往外面跑。梅城街上只听得到处都是乱哄哄的、急促的、压着嗓子的叫声。只见得或在小弄堂突然窜出三三两两的人，或在街上逐渐聚拢三五群人，或在大路上汇聚成队的慌乱的人群在奔跑。没有人在指挥，也没有事先的约定。但是大家都在往城外跑，往山里跑。躲进山坳里，躲进树林里，躲进水沟中——只要是将自己掩盖起来的地方，不被日寇飞机发现的地方。

我爸妈这群人拖儿带女的跌跌撞撞地一直跑到城外的西山仇坞的山脚，那里的植被茂盛。山下有一条水沟，

1966年秋，梅城古镇府前街石牌坊

水沟上覆盖着茂密的植物，还有一丛丛的芒秆。进入水沟我妈走得急，怀中我三哥手臂上一不小心被锋利的芒秆拉出一道血痕，未满周岁的三哥痛得直哭。大人割破皮能忍，小孩子怎能忍得住。这时离我妈不远处的徐长生便丢了个粽子给我妈，他是在街上包粽子卖的，他以为我三哥肚子饿了，我妈连忙摆摆手说不是的。徐长生真是个大好人啊。我三哥亮着嗓子在哭，我妈拼命地哄他，周围的人急得满头是汗。眼看着远处几架"贴着膏药"的日本鬼子的飞机朝着她们这个方向飞来了，我妈急中生智赶紧将奶头塞进三哥的嘴，用乳房闭住他的哭声。虽然三哥的哭声暂时被封住了，但三哥没有呼吸会被闷死的，我妈又赶紧拿出乳房让三哥呼吸。但三哥还是要哭，我妈又赶紧给他闭住。就这样一闭一开，一闭一开。一直等飞机飞远飞走了才放开，这时大家的心才放下。刚才日寇的飞机一直在她们头顶飞来飞去，飞得非常低，甚至连驾驶员那张飞扬跋扈的脸都看得清清楚楚，情况十分惊险。这是我爸妈刻骨铭心一辈子的事，如果我妈处理稍有不慎，要不三哥送命，要不一起躲避的人都会被日本鬼子炸死。

　　说了我家的事，再说梅城老裁缝德荣的事。德荣裁缝在梅城街上是很好的手艺人，他走街串巷，轮流在各家做裁缝。要他到家为家人做衣服，还得提前约定。我妈每年都要约他在我家做几天裁缝，一家人一年所添置的衣裤都在这时做好。他手艺精湛，很有耐心，替东家着想。我小时候也见过他在我家做裁缝，他是一个和善的人。当听我妈说他杀日本鬼子的事时，我久久地瞪着眼睛，仿佛感受到他那复仇凌厉的威力。一天日本鬼子侵占了梅城，到处抢劫、屠杀、强奸，干尽丧尽天良的事。梅城街上一片鬼哭狼嚎，鸡犬不宁。这时裁缝德荣家突然闯进几个日本鬼子，明晃晃的刺刀来回摆动。他们把德荣逼到角落，又把他捆绑在房柱子上。拉出他的老婆，当着德荣的面强奸了她。鬼子奸淫的笑声像一把把锋利的剑直刺德荣的心窝，他像一头受伤的狮子怒吼着……

　　从那以后，人们便再也看不见德荣裁缝的笑脸，他的一对浓浓的眉毛始终是紧锁着，眼中透出的是凶狠的目光。他到铁匠铺打了一把锋利的刀，始终藏在身上。他计划着种种可能出现的场景，谋划着他的应对措施。

建德梅城古街巷弄

他低着头在梅城的街巷里弄行走着、行走着，但他的眼睛却在不停地扫视周围的一切。终于，有一天那张淫笑的脸、那张放荡不羁的脸突然出现在街弄里。啊，是一个人，身边并没有其他人。真是天赐良机，说时迟那时快，他二话不说冲上前直接刺中那魔鬼样的日本鬼子，日本鬼子到死都还没有反应过来是怎么回事。接着裁缝迅速地扒开他的衣服，挖了他的心肝转身回家。

听完了洪社阳的讲话，我又想起了我们一起出差去金华时，和同事们一起去看了场电影《南京大屠杀》。当走出电影院时，大家的愤怒的心情却久久不能平息。只听得洪社阳说："我想杀人了，如果街上有日本佬，我一定要把他杀死。"其实大家也有这种怒火，所以说"一同干吧"。虽然只是说说，但表达了一种中国人不屈不挠抵御外族入侵的精神。

# 日本侵略军在建暴行纪实

民国二十六年（1937）七月七日，日本军国主义发动全面侵华战争。三十一年（1942）五月二十九日，日军三十二师团约千人窜犯建德县境，22日晚占领县城，至七月十九日被击败退出，建德沦陷六十天。全县二十三乡镇，除莲花乡幸免外，均遭窜扰。盘踞县境之日军为数六百余人，过往日军计两万余人，所到之处，为所欲为，杀戮无辜，场面惨绝人寰。目观案载，毛骨悚然，言之发指，忆则泪下。

从民国二十七年（1938）一月二十二日日军对县境首次实施轰炸起，到三十四年（1945）八月投降止，日军派遣飞机二百余架次对县境实施五十余次狂轰滥炸，投弹计四百余枚。自日机犯境轰炸，至民国三十四年（1945）八月抗战胜利，据考证稽核，建德同胞累计惨遭杀害二百三十二人，重伤五十余人，轻伤未计。被掳去男性千余人，女性百余人。三十五年（1946）九月六日，建德县政府称，尚有一百三十余人在掳未归，生死未卜。为永留沦亡之楚，记其死难同胞姓名：

梅城镇：叶长富、林双富、游金荣、罗训有、金银凤、龚金苟、方仙芝、雷有银和妻及女儿三人、葛长根、王瑞明、赵相吉、叶根富全家五人、徐庶闻全家两人、柳方氏（女）、郑才福、毕连苟叔及妻两人、程庆寿、"毛润华理发店"老板毛良才，共计二十六人。

三都镇：徐勤振、方治法及女儿、方凤（女）、陈王氏（女）、柳全泉、吴爱佩（女）、韦顺富、陈月英（女）、俞广福、王大有、江荣太、姜宋氏（女）、凌成木，共计十四人。

前源乡：陈厚勇、陈厚镰、王堂生，共计三人。

洪岭乡：张进鳌、陈时煦、陈忠楠、邱隆金、陈国藩、葛张氏（女），共计六人。

洋尾乡：胡文贵、傅宝彩、徐子奎、徐戴氏（女）、许早春、何立英（女）、何德容、洪冬青、谢老猴，共计九人。

麻车乡：方水相妻、何其顺、蒋对金、王樟烈、吴金山家属、吴少春家属，共计六人。

陈村乡：徐志芳、邵金贤、黄桂松、倪金奎、钱金根、章金鳌、张金生、杨南耀、杨庆均、应根林、叶卸克、蒋瑞祥、童根荣、何撮妹、杨樟木、田相中、钱讨饭、鲍癞头、倪金聚、方樟法、倪老四、蒋唐氏（女）、蒋秀连，另有三人姓名失考，共计二十六人。

抗战期间，建德县立民众教育馆附设流动施教用编的《施教周刊》

礼和乡：蒋炳章、蔡楚臣妻、张文桓，另有五人姓名失考，共计八人。

里仁乡：唐柏玉、钱杵有、郑九华、张水旺、应邓氏（女）、吴水法，共计六人。

三台乡：邵金荣、邵连坤、郑水息，共计三人。

早胡乡：童樟荣，另一人姓名失考，共计两人。

乾潭镇：徐长庚孙女、张光星、仇长生、汪作贤、马林荣、陈水洪、王小苟、张桂庆、叶东松、叶青田、戴锡亮、王成福、叶正明，另一人姓名失考，共计十四人。

亲睦乡：唐树林、徐福南、叶凤林、王三陀、王嘉和、陈绪芳、游春来、陈元弟，共计八人。

洋溪镇：周文哲、方甘茂、何小顺妻、邵祝来母、潘彩云（女）、王德富、范阿福及家属、王小东、郑利荣、王樟兴、范阿苏（女）、王灶和、陈洛星、黄洪贰、林恒兴、许子屏、吴树松、叶李氏夫、王光照家属、金喜家属、抬轿矮子家属、汪来来家属、许麻子家属、吴树耀、王仲轩、周长有家两人，共计二十八人。

殿后乡：唐邓氏（女）、陈老头、蒋东旺、胡邓氏全家四人、邓康有、邓康彪家两人，共计十人。

西洋乡：谢杨根、揭秋生、揭连生、蒋新发、邓水荣、甘聚连、胡土金、许国珠（女）、许银兰（女），共计九人。

姜山乡：黄红春、唐金林、蒋长根、童三妹，共计四人。

山鹤乡：潘正训、谢宋氏（女）、谢士林及妻、郑文标、徐美发，共计六人。

大洋镇：关纪根、赵德菁、陈献武、章勋仇、周志坤、王圣凌、黄树松、陈樟树、徐德寿、蔡安镇、唐樟春、范成家、江樟根、江文银、朱竹连、仇兰（女）、何春秀（女）、唐德贤、金孙氏（女）、林连生、鲍根道、李志玉、陈爱友，共计二十三人。

施家乡：吴树珍、洪荣生家属、郭三弟家属、黄如德家属、董永年家属、陈老茂家属、俞士明家两人，共计八人。

通儒乡：杨官侯。

公职人员：宋志仙、马纬富、蒋升金、李耀祖、仇老头，另有不知姓名的男性四人、女性三人，共计十二人。

抗战开始，遭日军飞机轰炸及在侵占县境时被烧毁、捣毁公房九十余间，民房三千二百八十三间。损失粮食五千二百余石，被宰杀耕牛五百四十余头、猪三千二百余头、羊二百余只、鸡五千余只。砸毁了建德城厢电气股份有限公司和义民纺织厂，掠夺并捣毁了制皂、榨油等工厂的所有产品、原材料，以及机器设备。是年，又遭水旱之灾。由于日军侵扰，人民流离，无暇顾及农事，致使收成不济，粮食减产七万六千五百余石，加上沦陷时被掠五千二百石，致使"人民饔飧不济，以糠鼓树皮草根惠饥者比比皆是""啼饥号寒，惨不忍闻"。

日本侵略军犯境期间，全县英雄儿女奋起抗击，有的见日军为所欲为，当即与之拼搏；有的见日军强征民夫，即以乱石击之；有的夜袭日军营垒；有的主动向导抗战国军，偷袭日军炮台；有的围歼孤单之敌；有的抗拒凌辱。日军到处碰壁，迫使其每到一处，筑炮台，建"乌龟壳"，借以藏身保命。

民国三十二年（1943）至三十六年（1947），建德县政府报经上级核准，对本县抗战守土"特殊功绩"人民给予褒扬，据案载，共为二十一名，兹录如下：

| 姓名 | 住址 | 特殊功绩 | 奖恤金（元） |
|---|---|---|---|
| 宋志仙（轩） | 三都 | 本县情报员，曾率领民众袭击日寇汽艇，担任兰溪等地情报工作。民国三十一年八月十六日，在洲上遇害殉职 | 一百五十 |
| 叶樟清、钱老土、童石塔、叶志清 | 三都下钱 | 民国三十一年六月，日军逼其挖壕，叶樟清、钱老土、童石塔、叶志清四人以石击毙日军一名。三十二年十二月三十日，浙江省政府转发内政部函，称其"抗敌有功"，核与非常时期人民荣誉奖章、奖状 | 各一百 |
| 马纬富 | 三都镇 | 奉命担任警察哨，遇日军被害 | 一百五十 |
| 李割稻（李接桃） | 洋尾 | 民国三十一年六月，于洋尾乡报告敌情，并向导国军去洋尾埠后山攻击日军炮台，毙敌四名，缴获机枪一挺、步枪三支、子弹多箱，三十二年十二月三十日，浙江省政府转发内政部函，称其"抗敌有功"，核与非常时期人民荣誉奖章、奖状 | 一百五十 |
| 蒋升金 | 麻车 | 麻车乡情报员，潜入日军炮台侦察，被捕杀害 | 一百五十 |
| 王堂生 | 前源西山村 | 前源递步哨，递送国军六十二师情报，遇敌不屈被害 | 一百五十 |
| 黄汝 | 大洋 | 向国军借枪袭击大洋镇后山头驻守日军 | 一百 |
| 李耀祖（字达文） | 梅城总府后街周家岭二号 | 本省地方银行建德办事处公库主管员。民国三十一年五月，日军犯境，掩藏公库账册后走避，途中被日军生俘，"逼交公物，不屈就义"，生前经管公物，无一失散。建德办事处于三十六年五月三十一日书呈省府，以"该员临难不屈，致以身殉职"，祈请褒扬，三十六年七月八日，省政府转请内务核办同意 | 二百 |

续表

| | | | |
|---|---|---|---|
| 章成英 | 陈村乡 | 民国三十一年七月，报告敌情，并为国军六十二师于黄夜袭击日军炮台，毙敌两名 | 二百 |
| 陈绪（树）芳 | 亲睦乡施家埠 | 民国三十一年五月廿五日，日军四名在施家埠强征民夫，敲打猪牛，兽性暴行，为所欲为。陈睹此景，当即与敌搏斗，毙敌一名，身亦遇害。三十二年十二月三十日，浙江省政府转发内政部函，赞其“拒敌殒命”，核与抗敌殉难忠烈祠祭祀及建立纪念坊碑 | 二百 |
| 陈老头 | 殿后乡 | 遇敌抵抗，惨遭杀害 | 一百 |
| 许银兰 | 西洋乡焦山冈 | 民国三十一年五月，拒日军凌辱被杀。三十二年十二月三十日，浙江省政府转发内政部函，赞其“蹈难完贞，殊堪嘉许”，核与褒扬 | 一百 |
| 钱杵有 | 里仁乡 | 为国军六十二师汤营长做向导，遇敌被害 | 一百 |
| 张水旺 | 里仁乡 | 为国军做向导，遇敌被害 | 一百 |
| 仇老头 | 乾潭乡 | 乾潭乡递步哨兼情报员，遇敌被害 | 一百 |
| 蔡楚臣妻 | 礼和乡蔡家 | 民国三十一年五月，拒日军凌辱被害。三十二年十二月三十日，浙江省政府转发内政部函，赞其“蹈难完贞，殊堪嘉许”，核与褒扬 | 一百 |
| 傅昌荣 | | 东区国民兵队长，民国三十一年六月，率兵六名，经洋尾乡三保，遇日军官兵各一名在溪洗浴，遂开枪毙敌一名，日军官逃遁。三十二年十二月三十日，浙江省政府转发内政部函，称其“抗敌有功”，核与非常时期人民荣誉奖章、奖状 | 函慰 |
| 胡邓氏 | 殿后乡 | 民国三十一年五月，于殿后乡八保遇日军欲辱力拒，母子四人均遭残害。三十二年十二月三十日，赞其“蹈难完贞，殊堪嘉许”，核与褒扬 | 无家属 |

摘自《建德县民政志》

# 日寇在寿昌涂炭生灵的回忆

□翁校龙

2007年的春天，我踏上了寻访日军侵略寿昌县见证者或后代知情人的路线，思绪万千。

七十年前，"七七"卢沟桥事变，全面抗日战争爆发，中国土地上的一个根本不起眼而且属于山村县的寿昌在三年后也受到了日军的蹂躏，满目疮痍，民不聊生。

我仿佛看到了当年寿昌、建德两县群众的胸中怒火，听到他们的抗敌小调：

春季里来是新春，全国同胞要记清，
东洋鬼子狼心狠，杀死中华千万人，
夏季里来热难当，飞机炸弹烧民房，
可怜多少繁华市，现在都变瓦砾场，
秋季里来谷正黄，老老少少走他乡，
夫妻儿女都逃散，眼望家乡痛断肠，
冬季里来雪纷纷，国破家亡真痛心，
大家齐把命来拼，打倒东洋日本兵。

在这首可以作为史料的歌曲中，我发现一年四季日本人无时无刻不在对寿昌人民犯罪。作为历史寻访人的寿昌居民方邦达先生，他通过所掌握的材料，告诉我日军是如何入侵寿昌县，并犯下烧杀抢的"三光"之罪的。

1941年1月10日，日机三批二十架次轰炸寿昌县城，死二十七人伤七人，炸毁房屋二百余间。

4月29日，三架飞机轰炸寿昌。

6月，日机又在寿昌轰炸。

10月3日，三架日机轰炸寿昌，毁民房一百多间。

1942年5月26日，日军由白沙途经更楼，进犯寿昌县城，5月30日退出寿昌。

7月20日，日军又占领寿昌，杀害百姓几十人，数百名妇女被奸污，烧毁民房数百间，7月23日退出寿昌。

12月23日，日机轰炸寿昌、更楼，寿昌县城从西湖到中山路两条街的二百多间店铺被炸。

寿昌旧貌（1970年代）

现在，我作为史料的整理人记录这段寿昌人民所遭兵燹之灾，只写了1941年1月到1942年12月的两年时间里不过百字的记录，却感到手中之笔是如此沉重，每一个字都是一部日本人犯滔天罪行的血泪之史。为了尊重历史的真实，印证方邦达先生的记录和讲述是否准确，我又搬来了1986年版的《建德县志》，从中寻找日军侵略寿昌的蛛丝马迹。

民国二十八年（1939年），裁撤军事科，成立县国民兵团，至民国三十四年（1945年）又恢复军事科。

民国二十八年6月（农历），日军飞机轰炸寿昌，一天内出机四十三架次，轰炸九次，致死伤百余人，县城房舍被炸多幢。

1942年5月20日至7月28日，日军侵占建德（寿昌）期间，奸淫烧杀，无所不为，罪行滔天，罄竹难书。

奸污妇女。寿昌两妇女与日军猝然相遇，逃之不及，遭到几十名日军轮奸致死。日军侵占建德、寿昌期间，奸污妇女不计其数。

1942 年春，日军向浙赣线大举进犯，至 5 月，富春江沿线的桐庐、建德、兰溪等县相继沦陷。

民国三十一年（1942 年）12 月 13 日，日军飞机在寿昌县城、更楼镇投下多枚炸弹，炸毁县城从西湖到中山路两旁街面房屋二百多间，更楼大部房屋被毁。

民国三十一年，寿昌发大水。

民国三十一年 3 月，国民革命军预备第五师移驻建德，5 月，日军进犯，国军撤离建德。

寿昌城建筑古老，屡遭兵燹，市井残破，临街屋宇参差不一，店面凋零，街道狭窄，皆为石砌路面，民国二十九至三十年间，街道拓宽，自东门至西湖桥下，路宽四米，两边石砌，中间铺石板，全长八百米。

以上史料虽然零零散散，但有着第一正史之称的县志与民间的调查应该是基本吻合的，稗史与正史殊途同归，破解了日军如何侵入寿昌县城之谜。时间在 1941 年 1 月到 1942 年 12 月，日军数十次采用狂轰滥炸的手段，从空中对寿昌人民进行屠杀。日军小规模部队开进寿昌两次，烧杀抢的"三光政策"使寿昌的生灵涂炭，人民泣血。而整个寿昌县，国民政府军布防松散，预备第五师1942 年 3 月进驻，5 月又撤离了。日军面对手无寸铁的寿昌人民，用兽行污辱寿昌人、杀害寿昌人。

记录这段历史的方邦达先生虽然未亲历这段历史，但他一直在寻找证人，寻找亲历者，将这段屈辱的历史记录下来。

对于日本兵强奸、轮奸寿昌妇女一事，方邦达说，日军每到一村，几乎都有强奸妇女之事，可惜当事人都已过世，后代又不愿提及。寿昌三岩村孙××妻子被轮奸，滩下村一妇女被强奸，寿昌街上多名妇女被强奸，航头一个凉亭里一名妇女被十多个日军轮奸后不久病故。在里叶，日军逼迫一男与其婶母当众脱裤戏弄给人看，男子不从，遭毒打。

对于这一灭绝人性的惨案，家住寿昌中山路的褚庆余作为证人表述得更清楚：1942 年 7 月 20 日，日军在航头至东村的路段庙后张一处凉亭抓捕寿昌居民蔡××之妻张××，十多名日本兵对其实施轮奸，导致她回家后一病不起，不久亡故。

那一年，褚庆余 17 岁，他还记得日本人灭绝人性的几件事：

1942 年 7 月 13 日，寿昌街上居民江森林与儿子被日本飞机炸死。

1942 年 5 月末，日军在一处麻地里发现有人避难，即开枪将其打死，死者为寿昌居民吴金发父亲。

在一份调查表中，我发现了齐金水（生于1931年）的父亲齐高有（齐大妹）被日本鬼子从寿昌家中抓走的记录。齐高有为日本鬼子挑军用物资一直挑到了梅岭，他想逃回家，不幸被日本鬼子用枪打死，年仅四十一岁，并死未见尸。

齐金水说，全家八口人，当时祖母余满妹八十岁，母亲夏桂榕三十二岁，姐姐十四岁，自己十一岁，下面还有二妹一弟，失去了父亲，自己便失学，担起养家糊口的责任，过着暗无天日的悲惨生活。

与齐高有同样命运的还有寿昌街上叶正芳的爷爷叶百昌。1931年出生的叶正芳作了如下的记录："我的同族爷爷叶百昌被日军杀害。1942年农历四月，日军从更楼到寿昌大塘边村将叶百昌抓去做挑夫，后杀害于梅岭，儿媳陆月奶认回尸体，埋在本村。"

寿昌城中村的汪培斌先生在登记抗日战争时期人口伤亡情况时填写了一些较为详细的情况：范有根，肩夫，先被捅刺刀后被烧死，范家一同赴难的有五人，皆被放火烧死；一名没有留下姓名的江西帮工，鬼子放火杀人时他逃到竹园被枪杀；汪明俊，学生，敌机轰炸时弹片伤肩，落下了歪头之残，现健在；程××等妇女被日本鬼子轮奸致大出血。

真难以想象，日本侵略者在飞机的狂轰滥炸中使多少的寿昌人家破人亡、妻离子散。生于1937年的蒋根珠回忆当年日本鬼子的轰炸行为，怒斥日本鬼子的飞机炸死了家里的两个人：一个是爸爸蒋大齐，1941年日本飞机炸西湖桥时，爸爸被炸弹击中，腰部受伤，跌入西湖，水即染红，爸爸被救上来后不久就离开了人世，时年五十。另一个是叔爹毛岱的老婆（名字已记不起来了），也在那一天被炸死。"后来我妈与我叔爹结合在一起。"生于1936年的蒋根兰回忆说，父亲蒋大齐死了，为了生存，自己就被送人当丫鬟了，直到新中国成立后才回家。

同在西湖桥，生于1935年的吴妹娥回忆哥哥吴长根也是死在那个地方，当时哥哥二十四岁，结婚不久，与蒋大齐一样是在买卖商品，哥哥死于敌机的流弹，子弹从左耳进，从口腔出，流血不止，爸爸送他到童家医院不治身亡。

生于1933年的诸葛庆回忆说，民国三十一年（1942）6月30日11时，六架日本飞机轰炸寿昌中街，两块弹片炸中母亲陈春莲，一块在腰，另一块在腿，母亲腿断，当时还会爬，爬了三米左右，因伤势过重而亡，时年二十九岁。"留下了我们兄妹四人，十个月大的小妹因失去母亲而过早地离开人世。"

还是那个西湖桥，李锦章的爷爷李文彬开了一家药房，名曰聚德堂。在1941年7月遭日本飞机的两次轰炸，房屋和药材全部毁于日寇的燃烧弹，绝望中的李文彬撒手归西。

方邦达先生同受害人吴锡森就寿昌县的伤亡情况作了调查，本地人有名有姓可以记载在案，外地人死后连个名也没有留下，成了千古奇冤。无从调查其姓名的遇难人员有：杭州难民一人、雨伞师傅一人、黄烟师傅娘一人、裁缝师傅一人、抓小猪的农民三人、不明身份的五人，总共十二人。

据吴锡森回忆，1941 年，自己十一岁就读于万松小学。日军飞机从一月开始轰炸，炸了不知多少次，但四月的一次没有轰炸，日本飞机转了几圈就走了。过了几天，自己去放牛，他在田沟里洗脚，过后奇痒无比，后成疥疮。哥哥吴树尧也一样，结果全家人都染上了疥疮。

当时寿昌人生疥疮和黄脓疮的人很多，学生中就有六七成，这实际上就是日本飞机施放细菌的结果，贻害吴锡森的疮疤至今还有，真是为害不浅。

罄竹难书的日寇罪行激起了中国人民的义愤。虽然这段屈辱的历史已经过去了七十多年，见证那段历史的证人越来越少，但他们一谈起那段历史，便义愤填膺，同仇敌忾。翻开《建德县志》，我又仿佛回到了经历屈辱后捐钱捐物支持抗战的场面，耳边响起了一首唱响建德和寿昌两县的一首《募寒衣歌》：

秋风紧紧吹，冬雪将来到，
先生们、女士们，你们可知道，
抗战将士着衣单，顶风冒雪在前哨，
有钱有衣请捐献，抗日救亡最重要，
前方后方齐动员，胜利一定会来到。

正史和稗史都足以见证日本军国主义的罪恶，《抗敌小调》和《募寒衣歌》提醒人们警惕靖国神社的亡灵幽魂，日本的政要们，请记住中国人的一句话：以史为鉴。西湖桥边的土地不会忘记日本鬼子的炸弹，航头凉亭不会忘记日寇的野兽行径。

我们以正史为证。

我们也以稗史为证。

# 寿昌县党组织奋起抗日

□ 过希贤

朱增球

黄绍竑

1937年7月7日，北平卢沟桥事变，日本发动全面侵华战争，全面抗日战争爆发。第二天，中国共产党发出了抗日的宣言，向全国大声疾呼："平津危急！华北危急！中华民族危急！只有全民族实行抗战，才是我们的出路！"号召："全国同胞团结起来，驱逐日寇出中国！""为保卫国家流最后一滴血！"这个宣言喊出了全中国人民的心声。寿昌军民热烈拥护和响应这一号召，特别是寿昌县的党组织和全体共产党员，站在抗日斗争最前列，组织和领导全县军民奋起抗日，抗日救亡运动不断高涨。

1937年12月上旬，黄绍竑重新担任浙江省政府主席，他在周恩来的帮助下，在抗战初期坚持比较开明的立场，支持国共第二次合作，任用进步青年，放手发动抗日救亡运动。

1937年12月29日，共产党员朱增球从金华第四监狱获释。他先到寿昌大坞村好友方庆荣家住了半个多月。朱增球是建德县三都宋村山人，因1930年建德暴动失败，被国民党当局抓捕入狱。朱增球住在方庆荣家半个多月的时间里，积极活动，开始寻找老党员，准备发展地下党组织，着手开展抗日救亡运动。后中共金衢特委王明杨派人到寿昌与朱取得联系，要求朱增球回建德重新开辟党的工作。

在中国共产党发出全民族抗战号召的影响下，1938 年 2 月 13 日，浙江省政府颁布了国共第二次合作《战时政治纲领》。寿昌县开始组织政工队。2 月中旬，寿昌县成立抗日自卫委员会，设主任委员一人，副主任委员两人及若干名委员，下设政训、军事、经济、财务、总务五组，并积极配合非常时期难民救济委员会浙江分会落实《关于将难民分别移置各县救济的决定》精神，寿昌县收留移置难民人数一千至一千五百人。同时，寿昌县政府颁布了本县各级小学实施非常时期教育办法，结合教育实际，配合抗日形势，广泛开展抗日宣传活动。6 月，寿昌县政府制定民众义务输送伤病官兵办法，并分别在县城、更楼底（今更楼街道）、大同镇、大店口、李家、管村桥、檀村等地成立输送单位，每个单位各配备输送人员六十名，担架十副。

1938 年 2 月，根据中共中央东南分局指示，中共浙江省临时工委在金华改建为浙江省工作委员会。3 月 6 日，寿昌县举行军训第一次基本教育第二期活动。8 日，寿昌县政府拟订本县设置递步哨办法，分为六路：寿建路、寿兰路、寿龙路、寿衢路、寿遂路和寿淳路。其中寿建路递步哨址设淤堨和松树底两处。5 月，中共金衢特委在金华成立，书记汪光焕，下辖寿昌、建德等十九个县。7 月，中共金衢特委决定将兰溪县委扩大为中心县委，辖寿昌等县。书记由王明杨兼任。1938 年下半年，中共兰溪中心县委下属兰西区委派何土生、吴培青等人来寿南地区发展党组织，不久，一些土地革命战争时期入党的老党员恢复组织关系，并相继成立了湖塘支部、新叶支部和童源里小组，有党员二十多人。

中共浙江省委为了实行全面抗战路线，利用战时政治工作队这一合法组织，选派大批党员骨干和进步青年参加各地政工队工作。

王明杨

何土生

1938 年 5 月，寿昌县政工队成立，许多进步青年经考试合格进入政工队。政工队的主要任务是进行抗日救亡宣传工作，并负责各乡（镇）抗日自卫队及各学校童子军教练员的受训。

1939 年 1 月，寿昌县政府制定本县童子军教练员讲习会学员受训办法，决定在寒假期间举办寿昌县童子军教练员讲习会，以期造就童子军干部，发扬童子军精神，增进抗战力量。1939 年 7 月，由于寿昌县进步的政工队队员画漫画讽刺寿昌县党部书记长饶绍基抗日不力，加之政工队在游大慈岩时曾高呼"打倒蒋介石""打倒国民党"的口号，为此，寿昌国民党地方势力几次向省方控告县政工队队长徐越。省政府主席黄绍竑为此事亲自来寿昌调停，并在南门外广场召开大会，发表讲话，要求团结起来，一致抗日。经过调停，风波平息，但政工队队长徐越去职，政工队暂由翁士杰负责。9 月中旬，地下党员雄飞等被迫调离。陈英（浙江上虞人）和其爱人唐雅明，由金衢特委安排来寿昌接任县政工队队长。县政工队在陈英的领导下，积极宣传全民族抗日活动，进行全县抗日自卫队队员（18 岁至 45 周岁的壮丁）军训，军训期间，教唱抗日歌曲，引来附近村里甚多的观看群众，因而全县多数男女老幼都会唱《大刀进行曲》《枪口对外》等抗日歌曲。后因陈英身份暴露，难以继续开展工作，于翌年 2 月秘密离寿。1940 年 7 月，三青团浙江团部派傅镕（寿昌县陈家乡大塘边人）来寿昌接收县政工队。自此，寿昌县政工队又被国民党当局所控制。

1939 年 2 月，范玉书受中共金衢特委指示，来寿昌开展工作。范玉书在寿昌县立民众教育馆发展了王大田、梅子、张甫章等人入党，并和另外两名由上级安排来寿昌开辟工作的党员苏雷、顾×× 共同组成中共寿昌民教馆小组。其中，王大田等人曾于 1938 年夏季在梅城开办了新知书店建德分销处，向周围县城推荐和销售宣传抗日活动的革命书籍和杂志，并成立中华民族解放先锋队建德县队组织。先后参加的有王大田、励维钧、孙思白、陈详、朱增球、吴培德、马一鸣、潘懋坤、吴凤梧、僧人华荣等人，由王大田负责。同年秋，王大田去寿昌工作，民先队活动停止。这年 3 月，中共中央军委副主席、国民政府军事委员会政治部副部长周恩来到浙江视察抗日救亡运动开展情况，19 日上午离开金华，20 日由水路抵分水，22 日到达于潜西天目山会晤浙江省政府主席黄绍竑。途中虽未经过寿昌，但给寿昌县抗日军民以极大的精神鼓舞。3 月 21 日，在富阳东洲保卫战中，任浙江国民抗敌自卫团一支队中队长的寿昌南门人叶润华壮烈牺牲。叶润华生前曾在战壕中给其兄写下一封遗书，表明誓守东洲、与阵地共存亡的决心。叶润华牺牲后，寿昌党组织积极组织寿昌各界隆重召开追悼会。蒋介石赠"忠烈可风"匾，省政府主席黄绍竑亲笔为叶润华烈士写了挽联。同时，在寿昌县府门前竖碑纪念。其祖居地七里乡新街，还将小学改为润华小学，以怀念这位抗日烈士。此年春，在寿昌党组织的积极活动下，寿昌农、工、商、教、妇女暨各法定团体，还发起筹募慰劳前方将士游艺大会，聘请戏班演剧十多天，共筹得捐款一百六十元。5月，范玉书、苏雷、顾××、王大田等共产党员因工作需要，调离寿昌，县民教馆党小组工作停止，但抗日救亡运动并未停息。6月11日，寿昌县立民众教育馆发起展品征集活动。20日，在寿昌城区大操场举行中国童子军浙江省寿昌县第一次童子军大会，并在全县各乡（镇）组织童子军大队进行军事训练，传授童子军棍的武术操演等活动。同月，浙江省政府颁布国防工事监修办法，并指定省国防工程督导处工事监修护员蒋贵负责兰溪、建德、桐庐、分水、寿昌等六县工作。

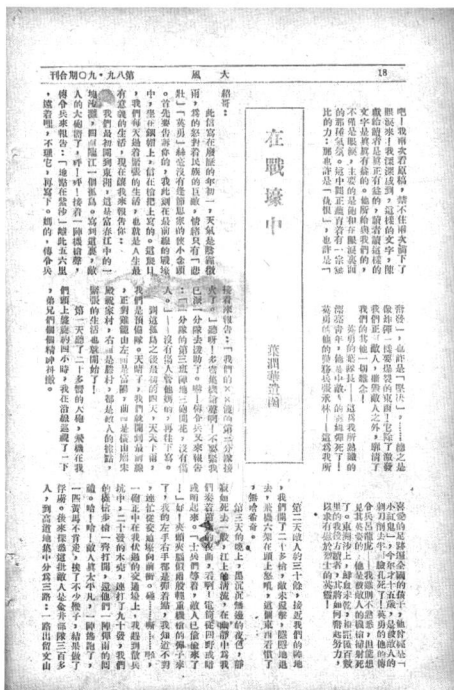

《在战壕中》一文为抗战烈士叶润华遗函

　　1937 年"八一三"淞沪抗战后，上海失陷。12 月 24 日，杭州、富阳沦陷，桐庐、建德、寿昌遂成为抗日前线。1939 年农历六月廿九（8 月 14 日），日机四十三架首次轰炸寿昌，死伤百余人，县城房屋被炸毁多幢。此后，日机不断对寿昌城乡进行轰炸骚扰。1941 年至 1942 年两年期间，日寇出动飞机上百架在寿昌境内上空盘旋，前后共六七次之多，炸死炸伤几百人，炸毁房屋上千间。特别是 1942 年 5 月 21 日，五架日机在更楼底上空盘旋后，狂轰滥炸，更楼、后塘等村被炸房屋五十多间，不少村民、耕畜伤亡，奉命破坏公路的五百名民工，只能晚上点火把完成第三期的彻底破坏任务。同年 12 月 13 日，日寇又出动飞机数十架轰炸更楼镇，更楼镇顿时乌天黑地，房屋大部分被炸毁，街市变成了一片火海。

　　日机惨无人道的行径，激起了寿昌县军民的共同义愤。在寿昌党组织的领导下，1939 年 7 月 7 日，寿昌县民众举行"七七"二周年纪念大会、游艺会，组织宣传队演出，出版特刊，开展抗日宣传活动。县民教馆举办"抗战建国展览会"，除在城区展览外，还到各乡（镇）巡回展览。大同区署也在区署大礼堂举行有妇女、学生六百余人参加的"双七"两周年纪念大会，会后，还分组慰劳出征家属，慰劳品有毛巾、防疫用品、光荣饼、光荣信笺、信封等。8 月 10 日，遵照浙江省政府训令，寿昌县抗日自卫委员会改称为县动员委员会。13 日，寿昌县举行"八一三"淞沪抗战两周年纪念会。16 日，寿昌县政府奉令撤销檀村、松树底、曲斗桥各递步哨分哨。9 月 25 日，寿昌县新生活运动促进会发出通告，要求在抗战处于紧要关头之际，集中财力，节约费用，以应付当前之艰难，增强抗战之力量，并定筵席最高标准，以国币五元为最高价，如超过之，应由主东按超过数缴纳同样金额，作为慰劳出征军人家属优待基金。1940 年 5 月，寿昌县政府印发《告民众书》，号召开展"兵田公耕"运动，让前方将士更积极抗日。

　　为了加强党对民众抗战工作的组织领导和提高进步青年的抗战宣传素质，1940 年 7 月，中共浙江省委决定将金衢特委分为金属特委和衢属工委（后改特委）。寿昌归衢属工委领导。是月，中共金属特委在兰溪举办浦、兰、建、寿等县青年和妇女干部培训班，有二十余人参加学习。王平夷任班主任，学习内容有《社会发展史》《辩证唯物主义和历史唯物主义》与党的建设理论等。学习时间为一个月。9 月，中共兰溪中心县委在寿昌童源里黄宝昌家举办党员骨干培训班，原定培训一个月，后因被国民党当局发觉，提前结束。

1940年10月，国民党掀起第二次"反共"高潮，全国各地党组织遭到敌人破坏，被迫转入地下活动。1941年1月4日，皖南事变发生，为此，中共浙江省委发出"提高警惕，加强秘密工作，用一切方法隐蔽自己"的指示。同年3月，祁崇孝从绍兴来寿昌县城。祁崇孝原在黄岩县从事党的活动，因黄岩县党组织遭国民党当局破坏，由上级党组织安排，秘密来寿昌开辟党的工作。祁崇孝先在国民党寿昌县政府兵役科当办事员，后在寿昌县立简易师范学校任教。皖南事变发生后，一批从皖南逃亡来寿昌避难的人，被国民党当局抓起来充作"壮丁"，其中有一部分是党的地下工作者和进步青年，祁崇孝利用在兵役科当办事员的职务之便，将他们悄悄放走。寿昌县立简易师范学校成立于抗战时期的1939年2月，校址设在县城东岳庙。祁崇孝和进步青年方秀桐（建德大洲人）是同事，一起在简易师范任教，方秀桐擅长绘画，祁崇孝写得一手好字，两人除了教课，经常外出搞抗日宣传活动。方秀桐在墙壁上画漫画，祁崇孝刷写标语。祁崇孝还利用在寿昌简易师范任教之便，想方设法妥善安排了从皖南和黄岩来寿避居的共产党员周天浩、罗培元、林云峰、王玉秀、谢巧令、黄志清等人的工作。他将周天浩安排在航川乡（今航头镇）公所，将罗培元等人安排在寿昌简易师范学校和石屏乡中心小学任教。他们以教书等职作掩护，积极从事党的地下工作。周天浩还在航川乡公所工作期间，发展了方海林入党。不久，便成立了以祁崇孝、周天浩为核心的党小组。党小组负责人是周天浩、祁崇孝，核心小组有党员八人。9月下旬，中共浙江省委召开会议，决定进一步贯彻党的"隐蔽精干"的指示。将党委制改为单线联系的特派员制，停止组织生活，对坚定的党员保持个别联系，对动摇可疑的党员暂不接触，要求所有党员干部都要以公开职业作掩护。此时，金属特委、衢属特委改为特派员制，寿昌归衢属特派员领导。

1942年5月15日，日军发动浙赣战役。沿富春江、浙赣线、曹娥江三路南下，配合从南昌东犯之日军，侵犯浙江广大地区。日军第一一六师团于16日清晨从富阳出发，沿富春江、新安江向新登、分水、桐庐、建德、寿昌方向移动。19日，日军到达桐庐，当日，寿昌县政府召开紧急会议，制定疏散计划，立即将县各级机关及国民兵团所属机械弹药、仪器、文具及卷宗等重要物资，用竹筏从水路运往山区藏放。21日晨，日寇井出铁藏三十二师团由桐庐、芝厦分股向建德进犯，22日，寿昌县政府迁移西厢长林乡办公。不久，因长林乡乃通往衢州要道，为日寇所窥视，为安全计，复迁移至石鼓及北坑源，县党部等各级机关亦随之迁移。26 日下午，日军主力两个连队从洋溪、白沙等处渡过新安江，窜入寿昌东厢更楼底。27 日，日军窜入寿昌，国民党军虽沿公路进行了抵抗，但终不敌，寿昌县自卫队及警察全部撤退至西华乡游家及石屏乡东村等处扼守。寿昌城沦于敌手。时入县城日敌一部继续向航川、曲斗桥方向窜去。另一股由兰溪窜入寿昌县南厢李村、里叶之日军与窜犯航川、曲斗之日军会合，一同窜向龙游，据城日军 6 月 3 日深夜至 7 月 1 日晨撤出。7 月 20 日，日寇又分三路由建德、龙游、衢县分别窜入寿昌县的仁丰、七里、曲斗、航川和三河、大同，夹击寿昌，寿昌再次落陷。至 23 日撤出，至此，寿昌二遭劫难。日寇过军或屯兵寿昌共逾三万人，盘踞寿昌前后共十天。

在日寇侵占寿昌期间，人民遭到铁蹄践踏，饱受亡国亡家之苦。日寇所到之处，烧杀奸淫，抢劫掳掠，为所欲为，惨绝人寰，令人发指。在寿昌二遭劫难期间，民众被杀害者几十人，妇女被掳被奸达百数以上，房屋被焚毁百余间，公私财物损失不计其数。特别是 1942 年 5 月 26 日，日寇先头部队经过更楼底时，打枪开炮，惨无人道地杀害了多名来不及逃走的村民，奸污了多名妇女，并丧心病狂地把更楼街上的店铺、住房浇上洋油（煤油）后点燃，将整条街烧成灰烬，只存上下街头，因有空地基相隔，才幸存几十户人家。这个繁荣古老的大集镇变成一片废墟，遭受惨重浩劫。全县"人民饔飧不济，以糠鼓树皮草根惠饥者比比皆是""啼饥号寒，惨不忍闻"。日寇在寿昌所犯下的滔天罪行激起全县军民心中强烈的怒火，也更加激起全县英雄儿女奋起抗击日寇的坚强决心。

1942 年 5 月 23 日，国民党寿昌县政府奉驻军最高军事长官之令，组织大批职员赴各乡镇动员民工对其境内诸葛至白沙公路实施破坏。全县短时间内聚集了五千余民工，因日间有日机轰炸的威胁，故于晚间点亮火把作业，如期完成寿昌至白沙的公路破坏任务。同月下旬，寿昌仁丰、七里、万松、大慈、狮山、曲斗、航川东南七乡镇老弱妇孺及粮食耕牛等重要物资，疏散至与淳遂交界之西北千里岗山区较安全地带。5 月 30 日晚，攻击更楼底之国军进击寿昌，并与在寿昌城郊与日军血战之我军会合，随即协力将日寇击溃后向侵入城中之敌猛烈反击。6 月 1 日上午 8 时，日敌不支，突围南窜，寿昌城乃告收复。同日，寿昌县长率警队入城，恢复原来秩序，全县民众奔走相告。13 日，为加紧疏散物资，防止为敌利用，并顾全全县盐荒，寿昌县政府发布布告，将各乡镇民户储盐开仓配售，得到全县民众的积极支持与主动配合。6 月 26

日至 7 月 12 日，国民党寿昌县政府奉军政长官密令，实施破坏通往邻县之公路及乡村道路，每日动员民工都在千人以上。除诸葛至寿昌城仅破坏十分之四外，县城至白沙一段，则破坏八成以上，至各乡镇通往敌占区之重要道路，如通往龙游之曲斗乡道，通往仁丰、七里乡道，均已彻底破坏。同月底，为适应战时需要，国民党寿昌县政府扩充了县自卫队，编成一个中队，下设三个分队。其中，三分队警戒城区防务，一分队驻防北坑源县政府临时驻地。同时，成立特务队，每日分别派出特务员去衢、龙、建等日寇占领县城探听情况。7 月 6 日，国民党寿昌县政府召开"处理日寇侵占县境内后遗留问题"善后委员会成立大会，各乡镇相应设置分会。7 月 23 日下午，在国军的猛烈截击下，日寇撤出寿昌，向龙游方向溃退，县城再度收复。翌日晨，寿昌县长率警队及县府职员进城维持秩序，开始正常办公。寿昌县政府在向上级政府的报告中称：敌占期间，寿昌县民众在构筑工事、运送及留养伤病官兵、搬运军品、供给情报和担任向导诸方面表现非常积极。

在此期间，寿昌县中共党组织更是积极主动组织全县军民奋起抗日。1942 年 5 月，日寇窜入寿昌航川乡时，在航川乡公所任职的中共党员周天浩，利用乡公所的枪支，组织当地军民，进行打击日寇游击战。1942 年上半年，寿昌县中共童源里小组扩建为童源里支部，书记曹双根，委员童樟林、翁德顺，组织当地民众开展抗日活动。到 1944 年上半年，寿昌县有党员十余人，主要分布在湖塘和童源里一带。1943 年 2 月，中共寿昌小组负责人祁崇孝因暴露了身份而离寿，不久，小组中的一批外地党员也由于同样原因而相继离寿，党小组活动停止。1943 年 12 月 7 日，中共浙东区委为在浙赣线金萧段两侧成立抗日游击根据地，并向东北方向发展，与浙西新四军联合作战，配合四明山主力争取反顽自卫斗争的胜利，决定派杨思一、蔡群帆、钟发宗率一百余人，挺进金萧地区。21 日，在诸暨北区黄家唐成立了金萧人

杨思一

蔡群帆

民抗日自卫队，简称金萧支队，支队长蔡群帆、政委杨思一。此后，由中共浙东游击纵队金萧支队在寿、衢、龙、兰、建一带开展抗日游击活动，直至抗战胜利。

1945年9月2日，日本政府代表在无条件投降书上签字，抗日战争结束。9月3日，当抗日战争的捷报传到寿昌，全县人民欢呼雀跃，鸣炮祝贺，张贴标语。寿昌党组织还组织全县城乡进步青年，用"万年红"纸写了"爆竹一声除敌寇，桃符万户建中华"的对联，高挂在墙头和街上，以示庆贺，表达了要携同寿昌民众重建家园、振兴中华的决心。

# 我的叔叔是新四军

□ 胡国安

我的叔叔胡山树，建德县大洋埠胡店村人，生于 1921 年。1942 年冬他被抓了壮丁，在国民党军队当兵两年，1944 年 9 月从国民党军队逃回家，1945年 2 月参加新四军（后被编入中国人民解放军第三野战军二十军，任班长）。1949 年 4 月在渡江战役的三江营战斗中光荣牺牲，时年 28 岁。叔叔胡山树如何参加新四军，是父亲胡卸树告诉我的。如今父亲已经逝世六十七年了，可他对我讲的叔叔如何参加新四军的一些往事，还时时浮现在我的眼前。

我的祖父胡明莲和祖母共养育了八个子女（四兄弟和四姐妹），祖父读过书，是有文化的人，四十岁之前是教书的，后来祖父得了病，没有收入来源，家中十分贫穷，八个子女都未读过书。四兄弟是伯父胡培福、父亲胡卸树、叔叔胡山树、小叔叔胡培林。还有四姐妹，两个在家养大，两个从小抱予他人抚养。

## 一、日本鬼子来了

1942 年 5 月底，大洋埠被日寇占领，日寇 7 月下旬初向兰溪方向退走，在这两个月中，日寇强拉民工，在大洋埠桥头和麻车埠码头各筑一座炮台，准备长期驻守。日寇占领大洋埠的第三天，村民胡樟桢在麻车埠码头被日寇用枪打伤，过了两个月伤口腐烂死亡。因此，大洋埠附近各村的村民都躲到深山和屋后的山上去了，在家的都是岁数很大的老人。大洋埠离我们胡店村只有三华里路，日寇经常到胡店、徐店、里黄等村抢粮和牛、羊、鸡等。在这近两个月中，日寇在胡店村共干过两件较大的事。第一件事：有一天，有六七个日寇突然窜到胡店村，村民方樟彬的新婚妻子下午从山上下来回家准备换件衣服，结果在家门口碰到了这群日寇，日寇见到年轻漂亮的少妇便将其轮奸了，而后用军刀把她刺死，还在胡店村烧了很多房子。第二件事：日寇快要从大洋埠退走前几天，有一天的午后，从胡店村的村后马山的山岗上下来二十多个国民党士兵，而马山对面的路塘山的山岗上下来十来个日本兵，双方各占领着制高点，相隔一里路左右的距离用机枪和步枪互相射击两个多小时，直到天黑下来才各自收兵。这一仗双方都没有伤亡，就是有一个叫老周的外地人从日寇占领的这座山的横路上经过时被日寇打死，后来被胡店村村民就地埋在路塘山的横路上。7月下旬初，日寇从大洋埠向兰溪方向退走。日寇在大洋埠期间，杀人放火无所不为，罪恶滔天。

### 二、第一次被抓了壮丁

日寇从大洋埠退走后，国民党政府接着就抓壮丁。当时社会贫富差距悬殊，地主、资本家很富，贫苦农民为活命帮地主做长工或向其租田地度日。政府庇护地主和资本家的利益，只要地主和资本家出钱，其子女就不用当兵，而无钱的穷苦人则要当兵。在这种极不公平、不公正的情况下，再加上国家战火不断，所以去为国民党政府当兵，老百姓十有八九都不愿意。父亲和叔叔胡山树每年立冬以后至清明前的几个月都在大洋西湾坑或刘坞烧炭，国民党大洋乡的乡长傅维善和胡店村的保长要抓他们兄弟俩当壮丁。1942年立冬前后，父亲和叔叔胡山树兄弟俩各挑一担乌炭从西湾坑回家，在回家途中的后仇村（后仇殿下）被大洋乡乡长、胡店村保长以及两个警察拦住，要强行抓他们两人的壮丁。后由于祖母的苦求和本村年长者说情，说一天抓一家的两个壮丁实在太重了，最后就抓胡山树一人去国民党军队当兵。这一年叔叔二十二岁，被抓去后在国民党军队当兵两年。1944年9月中旬，国民党的部队经过金华时，叔叔穿便衣逃回大洋埠胡店村的家中，家中有祖上留下的一间砖木结构楼房和两间平房。到家时间是9月底。由于叔叔是逃兵，回家后不敢声张，躲在胡店村塘坞自然村再往里面走的徐店坞山上。当时，由于父亲家兄弟姐妹多，共十多人生活，祖上无田地和山留下来，人多要吃饭，父亲三兄弟就不计报酬地为大洋埠地主家照看山上的茶籽、桐籽和茶叶，并在一块较平坦的山地上建了三间泥墙茅草房，同时在房前屋后的山地上种一些山

建德大洋农村旧貌

玉米、黄豆、黄粟和地瓜等杂粮以解决全家的吃饭问题。种植的收入不用向地主另交租钱，当作一种交换条件。叔叔胡山树回到家后全身无力，接着又生了一场大病，卧病在床一个多月。当时也不清楚是什么病，又不敢到大洋埠去看病。请郎中来看，土郎中给叔叔挖了一些治伤寒的土草药，服用两个多月后病情有了好转，命是保住了，可头发全掉光了。父亲四兄弟中，最小的叔叔胡培林当时才七岁，伯父胡培福三十岁，父亲胡卸树二十七岁，叔叔胡山树二十四岁。伯父为人很厚道，力大无比，他一个人背来的树木两个人抬不动。我们大洋下源四个村，力气他数第一，两斤大米一餐还不够。叔叔胡山树脾气直，胆子大，他要想去做的事非要做到不可。父亲胡卸树，胆大心细，在一家人中，如果家中有什么较大的事，祖父都要听听父亲的意见后才做决定。因此，到祖父病故后，我们家的大小事情，祖母都要由父亲做主。胡山树逃回家已快三个月，父亲兄弟仨在胡店家中商量下一步的打算，叔叔胡山树说，他这次逃回家有两幸：一是未被国民党原军队抓回；二是回到家后生了一场大病不死。他说："我病好了在家是待不下去的，大洋的乡长和保长不会放过我的，他们如果知道我是逃兵还要来抓我去国民党军队当兵，在国民党军队当兵不仅衣穿不暖、饭吃不饱，还经常被军官打骂，我是不愿再到国民党军队当兵了。"父亲说："你是被国民党抓了壮丁以后逃回来的，胡店村的保长们是不会放过我们的，他们不仅要抓你，还要抓我去当壮丁，我们在家都不安全。我们要想办法，听说洋尾那边有共产党的人，这个共产党和国民党以前是死对头，为了打日本鬼子他们也合作了，共产党的军队是我们穷苦人的军队。所以我们要想办法投奔共产党的军队。"伯父胡培福说："前几年日本鬼子打到家门口，不要说没有饭吃，就连性命都不保，你们都为国当兵，我到外面去不行，我做大哥的在家多干活，照顾父母亲和弟妹的生活。"

### 三、第二次被抓了壮丁

1944年12月中下旬的一天，叔叔从胡店村家中吃了晚饭后天已快黑下来了，准备要回徐店坞山上去住。在出门的时候，胡店的保长和甲长带着几名警察站在我家门口，叔叔胡山树见到他们马上准备逃，可来不及了，被他们用绳子捆了起来。父亲和伯父都不在家，都在刘坞山上烧炭。祖母见了大哭，从家里走出门外对他们说："我儿子生病没有好，头发都掉光了，你们还要抓他，真是天理不容。"祖父有病，讲话很是吃力，走出门来说："你们要抓他的壮丁，也要等他病好了再去。"胡店村的正副保长高声说："你们不要吵闹，胡山树前年派的壮丁，今年就回来了，可能是逃回来的吧？"祖父说："不是逃回来的，是有病军队放他回来的。"本村邻居也帮着说："胡山树确实有病，前年来抓壮丁是一头黑发，这次生病头发都掉光了，你们都看到的。"尽管有祖父母和胡店村人帮着说情，但都没有用，最后叔叔还是被带走了。他们把叔叔带走后关在大洋乡警察分局。第二天，父亲和伯父得到消息后马上赶回来，父亲对祖父母说："我们两兄弟在家迟早都要被抓壮丁的，准备过了年后离开胡店，避开这些虎狼，另找出路。"叔叔被抓的第二天中午，父亲和祖母到大洋警察局，想见一下叔叔，警察局的警察不让见，父亲和祖母在警察局门口等到天黑，警察局里面灯亮了，有一个好心的警察说让父亲和祖母去见叔叔一面，叔叔可能明天就要被带走了。父亲就和叔叔胡山树见面了，见面时，叔叔对父亲说："二哥，我这次被抓，一是我身体还没有完全恢复，身体可能吃不消；二是如果知道我是逃兵，到国民党军队可能有去无回，所以最好这次二哥帮我代壮丁。"父亲没有思考马上答应，明天由他来。父亲就和祖母从警察局回家了。回到家后当晚，父亲和祖父、祖母、伯父一起商量决定，由父亲去代胡山树叔叔。

第二天早上很早，父亲、伯父和祖母去大洋乡警察分局门口一直等到中饭后，被抓的壮丁共有近二十人，全部用绳子捆着排成队在警察分局门口集中，前来送壮丁的亲人很多，父亲看到了大洋乡长傅维善和胡店村正副保长在场，就去找他们，把他们叫到叔叔身边，指着叔叔胡山树说："你们三年中两次抓我们家的壮丁，这也太过头了，我弟弟胡山树生病又没有好，这次壮丁由我代我弟弟去。"傅维善看了看父亲和叔叔，恶狠狠地说："胡山树是前两年派去的壮丁，两年就回来了，他也不到乡公所报到，可能是逃兵吧！因此，你们兄弟这次调换我不同意，死也不能调。"父亲和叔叔看看没有商量的余地就和傅维善吵了起来。父亲说："以前我都叫你傅乡长，今天我要叫你傅维善，你今天如果不同意我们兄弟调换，我们家和你这个死结就解不开了。"叔叔说："你不让我兄弟调换，等我到军队后，我会拿一支枪回来，我要把你枪毙掉。"傅维善从来没有听到过这样刺耳的话，马上就暴

战斗在大江南北的新四军

跳如雷，拔出手枪指着父亲和叔叔的头说："你们是刁民，想造反啊！今天我把你胡卸树也一起抓起来一道送。"看到这个场面，祖母又哭了起来。就在这个时候，国民党军队一个身穿黄军装的连长快步从警察局跑出来，大声问："你们吵什么？"父亲对这个军官说："我们是亲兄弟，我弟弟胡山树昨天被派了壮丁，但他身体不好，头发都掉光了。"并指着叔叔的头给连长看，这个连长就问傅维善："他们是亲兄弟吗？"傅维善回话："是亲兄弟。"这个连长就把叔叔从队伍中拉出来，把父亲推到队伍中去，并对傅维善说："亲兄弟怎么不能调换？这事我做主了，调换！"就这样叔叔胡山树的壮丁就由父亲调换了。当天下午，父亲和大洋所有壮丁被船运到梅城兰嘉师管区新兵集训队。

### 四、投奔新四军

胡山树从大洋回家后，胡店村有一个姓方的甲长，平时与父亲有些交情。有一天，他特地到我家中找祖父说："胡山树要避一避壮丁，大洋傅维善乡长和胡店村的正副保长商量，下次派壮丁，一定要再把胡山树抓去，让胡山树不能留在大洋。"叔叔听到这个话以后，原打算等病养好后再找出路，但眼前的这种威逼的态势，让他无法继续待在家中。根据父亲曾提及的洋尾埠共产党的军队也在招兵的信息，胡山树就一个人去洋尾埠跑了几趟。有一天，洋尾埠有一个共产党的联络员（是大洋抗日自卫队陈一文委派）和叔叔到塘坞徐店坞山上的房子里长谈了一天，在山上留宿了一晚。这个联络员的名字因当时是保密的，所以至今仍不知道。联络员来此的主要目的是落实一个由叔叔联系准备也去投奔新四军的人，这人便是大洋胡店村塘坞自然村的许山东（解放济南时受伤，回大洋家中养伤，两年后在家中去世），通过互相联系定下来大年三十过后正月初就到洋尾埠去集中。叔叔要去投奔共产党的军队，祖父说："1930年夏天，我也跟着大洋埠的童祖恺在大洋、洋尾和莲花郭村闹过农民暴动（当时称吃大户），后来失败了，从那以后共产党就转到地下活动了。"祖父教过书，是有文化的人，家里又很贫穷，是共产党联系的对象，但由于祖父子女多，加上祖母强烈反对，就没有参加共产党。现在受国民党压迫，几个儿子每年都被抓壮丁逼得走投无路，还是投奔共产党的军队好。当时叔叔要去投奔共产党的军队，祖父母都是知道的，后来有人问祖父母胡山树去哪了，祖父母都回答说不知道。大年三十过后，正月初天天都下很大的雪，陆续下了很多天，地上和屋脊上积雪有两尺多，胡店村旧房压塌很多。正月初十左右天晴了，正月十六晚上胡山树和许山东两人各背着一床棉被，从胡店村经过大洋桥头的洲地到小洋石壁，由洋尾埠的联络员用小船接到江对岸洋尾埠，从洋尾埠走路到一座庙里集中，共有十几个人，其中有三个是金萧支队来接应的，他们都有枪和手榴弹。第二天叔叔他们还在这座庙里待了一天，一直到傍晚才从洋尾经浦江到四明山正式参加共产党领导的金萧支队。

金萧支队主要是在金华、杭州、绍兴、严州等地打击日寇。1945年8月14日正午，日本天皇向全国广播，表示接受波兹坦公告，发布无条件投降的诏书。15日，日本政府正式宣布无条件投降。抗战胜利的消息传来，国共两党的军队和老百姓都放鞭炮、敲锣鼓，用大游行的方式庆祝。抗战胜利后没多久，1946年6月，烽烟又起，内战爆发了。接着叔叔所在部队开赴山东省泰安，编入中国人民解放军第三野战军第二十军。父亲胡卸树从大洋被抓壮丁到梅城，先在兰嘉师管区新兵集训一个多月后，开赴江苏省国民党军队当兵。日本投降后，父亲被调防到江苏徐州飞机场。在徐州飞机场的几个月中，父亲和叔叔胡山树，互通家信，每个月都有家信往来，知道了各自部队的地址和信箱。从1946年7月底开始，战事吃紧，兄弟间就不能再通信了。从此，父亲就没有了叔叔的音信。

一直到1951年农历二月，有一个新登的姓叶的中国人民解放军排长来到大洋区政府，找到父亲，对父亲说："胡山树在1948年4月的渡江战役三江营战斗中，光荣牺牲了！我和胡山树是同一个连的战友。三江营战斗，敌我双方火力都很猛，这一仗我军虽然胜利了，但我们这个连有三分之二的战友牺牲了。"边说着，叶排长也流下了眼泪，稍稍稳定一下情绪，他又接着说道："我和胡山树是亲如兄弟的战友啊，都是从四明山一道到山东的。我这次是特地从部队将胡山树的烈士证明书送到胡山树家亲人手中的。"父亲接过叔叔胡山树的烈士证明书，泪如泉涌。因为父亲总认为弟弟在解放军中还活着，突然知道他已牺牲了，实在是接受不了。父亲在区里接待了这个叶排长，还留他住了一晚，第二天他才回新登。

那天晚上父亲比较详细地对这个叶排长说了他们兄弟两人调换壮丁、然后叔叔去投奔新四军的一些经过。父亲说胡山树去参加新四军是有理想的人，也是一个很有抱负的人。叔叔在1946年两兄弟的通信中说："中国共产党要推翻国民党的统治，这是必然的，是迟早的。"他要回到建德大洋把压迫我们家的那个乡长傅维善亲手枪毙掉，接着父亲又说："1948年下半年，我从徐州机场退守到杭州机场，没过多久杭州机场军队又要从杭州退到福建去，这一年12月我准备从杭州逃回家，在部队开拔到杭州城区的一排围墙转弯处，我逃了，结果没逃出二里路被原军队抓回，用毛竹扁担打了一百多扁担，大腿都打烂了，昏死过去两次。之后他们以为我死了把我扔在野外，是好心人把我救起。1949年4月我才回到家，到家后5月初建德解放。6月下旬，南下干部听到我这苦大仇深的经历，就叫我出来为共产党政府剿匪反霸斗争出力。1950年7月5日，又任命我担任大洋区杨村乡的乡长。"

杨村乡管辖的杨村、里黄、下徐三个行政村全是山区，由于长期在这深山里烧炭，土匪逃进山里从哪条山路上下，父亲都很熟悉。听说要上山去抓大洋乡乡长傅维善、杨寿琪和土匪头目邓维良、何海松等坏人，父亲主动带路。1949年至1951年2月，在大洋区指导员张传珍、区长余兴胜以及南下干部左玉富等人的带领下，这些国民党时期骑在穷苦人头上罪恶深重的恶霸分子，都被镇压了。父亲最后对叶排长动情地说："要是我弟弟胡山树亲眼见到这些恶霸被穷苦人民押上审判台，并被镇压了，该有多解恨啊！虽然我弟弟没有亲眼见到，很遗憾，但这些恶霸分子都得到了应有的惩罚。"第二天早上，父亲送叶排长到大洋埠码头，目送开往梅城的船远去才离开。

# 陈怀白的自我革命思想教育

□洪淳生

　　1936 年 4 月，著名科学家竺可桢就任浙大校长，他一改前任的倒行逆施，勉励学生"根据本国的现势，审查世界的潮流"。从此，浙大的学生运动，由疾风暴雨的群众斗争，转入深入持久地加强自我革命的思想教育。原先在斗争中团结起来的进步同学，发起组织"时事研究会"，公开征求会员，共有五十多人参加。研究会的所有负责人都是经民主推选的，陈怀白被推选负责女同学会员的联络工作。研究会定期讨论时事，主要讨论抗日救国的新形势。又把讨论中的主要内容，连同从各种渠道得来的报刊文章摘要，及时在文理学院门口张贴。在会员之间，又秘密传阅进步的报刊、书籍（大多来自陈怀白）。时事研究会的活动始自 1936 年 5 月，持续到 1937 年春。

　　1934 年，陈怀白进入浙江大学外文系学习。她的老师陈逵教授在指导他们课外阅读时，给她读了《大地的女儿》（*The Daughter of Earth*），是作者艾格尼丝·史沫特莱亲笔签字送给陈逵教授的。陈怀白和陈教授是好朋友，当时常在上海见面。

陈怀白主持编写的书籍《回民起义》

陈怀白读了《大地的女儿》，受到了极大启发。这是一本自传小说，记述作者自己的出身、经历，展示了她的坚强个性和斗争精神。陈怀白出生在一个极其腐败的封建家族，由于特殊的条件得以读书、上学，因此也颇受歧视。陈怀白十分厌恶这个家族，蔑视堂兄弟中那些仅仅因为是男性而自豪的人，所以非常希望自己学业有成，能独立生活，离开那恶浊的环境。读了《大地的女儿》，陈怀白开始懂得：妇女要求得解放，必须和整个人类解放事业联系在一起，必须积极参加革命斗争。

读完后，她写了读后感交给老师批改。1935年，史沫特莱的新著《中国红军在前进》（*China's Red Army Marches*）出版，她送了一本给陈遂教授，陈教授借给陈怀白看。每晚同学们睡后，陈怀白躲在厕所间里，借灯光偷偷地看，这本书使她大开眼界。陈怀白当时虽然看些翻译的苏联小说和浅近的社会科学读物，但对中国共产党的认识还是模糊的，对中国的红军更是一无所知。通过史沫特莱这本书的介绍，她知道中国人民正在进行的革命事业是如此壮丽！陈怀白曾做过梦：自己在雨天泥泞的路上跟着队伍一起前进……

陈遂老师叫陈怀白把关于《大地的女儿》的读后感抄了一份，说是带去给史沫特莱看看。后来，陈老师把史沫特莱给他的信给陈怀白看，其中有一段提到陈怀白的读后感。她是这样写的："You should congratuate the girl who wrote the essay on 'E', she writes very well, but it's not so encourageable to see Chinese girls sit back passively."（你应该祝贺那个写关于《大地的女儿》的文章的姑娘，她写得很好，但是，看到中国的姑娘们被动地躲在后面，是不能令人鼓舞的。）

当时，陈怀白虽然充满幻想，憧憬光明，对救亡运动也采取积极态度，对当时的现实和自己处境的不满，但她并不想做出什么牺牲，希望能"两不误"。史沫特莱的批评使陈怀白感到震惊。从此以后，陈怀白就思索自己到底应该怎样做，道路应该怎么走？后来，当抗战的炮火迫近校门时，陈怀白终于下定决心，放弃了她当时所有的一切——主要是即将到手的大学文凭和病重的父亲，选择了自己的道路。陈老师在和陈怀白分别时，将史沫特莱这封信赠给陈怀白作为纪念。以后在战争中，这信也无法保存，但史沫特莱批评她的这段话陈怀白却一直都还记得。后来，陈怀白到新四军皖南军部时，知道史沫特莱曾到军部，但已离去，始终没有机会见到她。

陈怀白虽然没有见到史沫特莱，但史沫特莱在陈怀白选择人生道路时起过重要的作用，她是陈怀白的未曾见面的老师。

陈怀白随班级组织春季毕业旅行，去了北平。侯焕昭是时事研究会的主要负责人之一。在北平，陈怀白同民先队总部取得联系，回校后，经过大家酝酿，便于4月的一天晚上，秘密举行浙大民先队成立大会。参加的有侯焕昭、刘礼敬、周佐年、陈怀白、贵畹兰、吴知茵、毕平非、薛秋农、张毕来、张行言、周存国、汪湘和黄继武十三人。民先队是中国共产党领导下的秘密外围组织，又成了团结教育浙大学生的秘密领导核心。

6月19日下午五点半，国民党省党部派特务到浙大，去学生宿舍搜查侯焕昭的房间，起先错跑到隔壁的房间，翻箱倒筐。同学们发现了，便大呼捉贼，抓住了一个特务，大家咬定他是贼，向校方抗议，要求保障同学们安全和营救侯焕昭。次日上午9时，浙江省党部特务要找陈怀白谈话，因为从侯焕昭来往信件中，查到她写给侯的信中有批评政府的内容。大家商议，让陈怀白避开，不要直接见面，她便雇了小船，由两名同学陪同，在西湖避了一天。后来，校长竺可桢认为"其中亦无甚大逆不道之处"（见《竺可桢日记》），便找时事研究会前任主席李永绍与现任主席黄继武去谈话。第二天，学校训育主任还是找了陈怀白去谈话，查问侯焕昭的问题。她回答："侯同自己不同院系、不同年级，对他的事根本不知道。"据《竺可桢日记》："主要是怀疑侯焕昭和时事研究会同共产党及人民阵线有关。"由于民先队并未暴露，才算了事，侯焕昭也由校方保释。

侯焕昭被释放后，大家十分高兴，患难见知己，彼此间的友谊加深了，相约聚餐。席间，黄继武提议各人把年龄写出来，结为兄弟。参加聚餐的共十六人，按年龄顺序，陈怀白被列第九，故大家亲切称她"九妹"。

张启权（后名字改为张毕来）和陈怀白发起组织"黑白文艺社"（取意"黑水白山""黑白分明"），以抗日救国为宗旨。他们一同编写抗日救亡歌曲、文章，出版壁报，参加到街头、乡村进行抗日宣传、演剧等活动，民先队又公开组织黎明歌咏队，队长是民先队队员周存国，陈怀白也是积极参加者之一。一个社，一个队，是当时浙大的两个重要的群众抗日宣传团体，在同学们中有广泛、持久的影响，陈怀白在社、队活动中，作出了积极贡献。陈怀白"积

学生时代的陈怀白

极、诚恳、坦率、思维敏捷，以及对革命事业充满坚定信心和满腔热情"，这是当时民先队队员对她的评价，直到今天，还深深铭记在他们的记忆中。张启权后来在民盟中央工作（任民盟中央宣传部部长），胡乔木回忆陈怀白的文章就是应张启权要求所写。

# 不愿"逃难"，投身抗日

□洪淳生

1937年"八一三"事变爆发，当年10月底，日寇在杭州湾金山卫登陆，浙大准备迁往建德。民先队队员和部分进步同学，不愿随浙大逃难，要求直接参加抗日斗争。11月，民先队决定集体去延安。后因南京失守，宁杭国道交通断绝，未能成行，只能随学校迁至建德。11月底，得知黄绍竑新任浙江省政府主席，要实行"新政"，浙大农学院教授冯紫岗、助教刘瑞生已受聘于浙江省建设厅，厅长为伍廷飏，于是民先队队员十四人于12月初离浙大去金华。这时有四路青年已汇集到金华（驻斗鸡巷4号），其中有浙大的、上海同济大学的、无锡教育学院的和嘉兴民教馆的。浙江省建设厅驻丽水，他们便转赴丽水。

黄绍竑原拟在全省实行"新政"，因国民党中统局阻挠，改在处州（今丽水市）专区所属十县实施，最后又决定先在云和、龙泉和遂昌三县试行。1938年1月，浙大的施平、周佐年、贵畹兰、陈怀白等，同济大学的林辉（后名陈平）、蒋柏铭（后名陈明）等，嘉兴民教馆的陈曾善（后名向平）、史之华等，以及无锡的张锡昌、杜永康、潘一尘等，分到云和县，潘一尘任县长，其中有的任县政府的科长，陈怀白等为建设厅设在云和的乡村建设指导员（简称乡建员），在从事革命事业中走上新阶段。到云和不久，陈怀白突然接到电报："父病危！"她怕回家后卷入争夺家产纠纷，决定不回家。在云和的三个月，陈怀白和农民生活在一起。4月，处属实行"新政"，要发展到六个县，便决定从原先的三个县中抽调干部到新发展的三个县。陈怀白因家里还在登报找寻，为避熟人，她要求去新发展的景宁县，被分配在景宁简易师范。由于政治形势开始逆转，景宁县县长准备把她赶走。临别时，学生痛哭流涕，陈怀白深受感动。6月，她又回到云和，仍到最初工作的云潭乡工作，她爱那里的农民和孩子们，也爱那里的溪水和梨花。

陈怀白和同济大学的吕克仁在一个点工作。吕克仁介绍她参加了中国共产党，这正是她几年来梦寐以求的。1938年7月5日，陈怀白参加入党仪式，在党旗面前宣誓"为无产阶级事业奋斗终生"！她从心底里感到这一天是永远难忘的日子。

7月，云和县创办简易师范，由唐文粹、杭苇和陈怀白三人负责筹备。9月，云和简易师范开学，陈怀白和杭苇共事了一学期，在相处的日子里，建立了友情。学期结束，陈怀白调到云和县最东南的高山区高岩乡，继续任乡建员，那里曾是工农红军三年游击战时的游击区。这一时期，陈怀白和杭苇仍保持通信联系。

1939年6月，政治形势恶化，大批同志离开云和，陈怀白去金华的浙江省战时儿童保育会工作，贵畹兰（党员）已先在那里任秘书，陈怀白负责创办《浙江妇女》。7月，杭苇也去金华，在党的文委负责人邵荃麟以公开身份办的战时文化资料供应室工作。两人又相处在一起，进一步建立了爱情。经党组织批准，又得到同志们的关心和支持，8月23日，组织上为陈怀白和杭苇举办了简单的结婚仪式。后杭苇受党组织的委托，创刊《东南儿童》，便把陈怀白调在一起，两人一同编辑出版《东南儿童》。在金华，陈怀白写了一篇小说《黄霉天》，在《浙江潮》发表；又写了几篇历史小说，在《东南儿童》的副刊"笔垒"发表。《东南儿童》出版后，受到社会各界的欢迎和重视。年底，日寇发动攻势，敌机在金华、钱塘江和浙赣路沿线轮番轰炸，运输困难，纸张供应紧张。这时，

陈怀白与战友合影

在丽水的党员杨礼耕（后改名为杨德和），正邀杭苇到丽水县去工作，遂决定把《东南儿童》迁移至丽水出版。杭苇任丽水县政府教育科督学，《东南儿童》主要由陈怀白负责。在丽水，稿件要直接送国民党县党部审查，常受到责难和无理阻挠，连"祖国"两个字也被认为"异党用词"。陈怀白在金华怀孕，但仍坚持工作，不久生了一个男孩。杭苇原先受到科长的尊重和赞扬，科长还夸陈怀白能干。随着政治形势恶化，科长也开始对杭苇无理责难，杭苇不愿忍受。商议后，两人便决定离开丽水，刊物委托别人续办。两人到了金华，经金华特委王明杨介绍，便到皖南新四军军部去了。

1940 年 10 月，两人经中共东南局分配到军部战地文化服务处，任编译员。12 月，在皖南事变前夕，经过一个多月紧张的战斗准备，军部开始北移了。陈怀白夫妻与他们的战友属于军中的文化人员，非战斗人员，是第一批转移去苏中的。

第一批撤退的是非战斗人员，包括军直属队的非战斗部队、政治部直属机关的干部、东南局的干训班和一部分机关干部。陈怀白所在的单位是一个新成立的单位，人员绝大部分是新近从国民党统治区来到皖南军部的知识分子，虽然其中不少人在文化战线上有丰富斗争经验的党和非党的专家，青年知识分子也大都经历过一些救亡运动，但是，谁也没有经过严格的军事生活的锻炼，战场上的具体生活是什么样的，根本没有体验过。此外，还有附设的一个乐队，都是些十四五岁的、聪明、可爱，然而调皮的"小鬼"。这样的单位当然是列为首批撤退的，而且是行军中力量最弱的一支队伍。

陈怀白有严重的肺病，不能参加长途行军，组织上决定把她另外送到安全的地方去。音乐家任光跟大家一样步行吃不消，决定留下来跟军部首长们一起走，以便照顾坐骑。杭苇含泪和大家告了别，任光高高兴兴地挥着手送别他们，说着到"那边"再见，谁知道这一别竟都成永别！

陈怀白他们是第三中队，由支书马宾担任队长，马宾是个翻译家，每天清晨都在驻地附近的山坡上朗读俄语，但现在，他担负着领导这一队人艰苦行军的重任，当然只好收起了他的俄语。马宾的爱人也从教导队调过来和陈怀白他们一起行动，她像一个大姐姐似的照顾着队伍中的女同志。

"老熊"是研究社会科学的，他曾经在国民党的监狱里受过好几年折磨，在不久前的一次回忆晚会上，大家曾听他讲过在监狱里坚持气节、对敌斗争的故事。现在，他是总务科科长，亲自领着炊事员打前站。

二班班长董希白本来是上海一个大学里的教授，敌伪企图强迫他去当伪报主编，他才不得不离家出走。来到军部一年多，他背包打得整整齐齐合乎规格，绑腿也不大会散下来，在队伍中已经算是一个老兵了。

一班副班长和三班班长"铁牛"，曾经在老服务团待过，他们算是比较有军事生活经验的。

要出发了，首先是整理行装。领导一再号召大家轻装，但这是一件难事。大部分人都是刚从后方来的，多少有些行李。棉被太大，可以把棉胎拆去只带被单，便衣暂时不穿，向驻地老百姓换双布鞋；最难处理的是书，最重的是书，但丢了最可惜，只好割爱一部分，挑选最心爱的尽量设法带着。虽然规定每个人的背包男同志不得超过八斤，女同志不得超过六斤，但背包里假使有两本书就必然超过无疑，再加上放零碎东西的干粮袋和米袋，每个人至少都有十几斤东西。可是大家觉得自己是背得动的，于是只好让大家试试看再说。

离开皖南，这是件多么令人难过的事：正如延安是全国的革命圣地一样，皖南是东南人民心中的革命圣地。从国民党统治区或敌占区到皖南来，不是一件容易的事。皖南的老百姓是那么可爱，他们淳朴、诚挚，跟军队的关系是那么亲如家人，但现在大家要离开他们了。皖南的山水是那么秀丽，山间、田头的芙蓉花开得那么鲜艳，但这些都只能丢下了，部队离开后的皖南会是什么样的呢？单位的负责同志曾对大家说过："将是要流血的斗争！"斗争，当然不免会流血的。但当时大家对"反共"顽固派的罪恶阴谋还是没有足够的认识。

这次行军对每个人都是一场严峻的信念考验，沿途要通过顽军和敌伪的重重封锁，随时都可能发生战斗，但通过重重困难之后，部队将要创造自己的根据地，在那边着手建设新民主主义共和国的雏形。困难、艰苦是吓不倒这些新四军战士的。对陈怀白来说，虽然知道有困难和艰苦，但毕竟只是一个概念，具体的困难和艰苦是什么样的，还有待于在实践中去体会。

北移的前梯队出发了。

出发前，听了新四军政治部主任袁国平的动员，有些要在最后一批撤退的同志来送别，还帮助熟悉的同志整理背包带子，他们都高高兴兴地说："将来我们来一个急行军，说不定还赶在你们前面到达目的地呢！"谁也没有这样想过：以后就永远看不到他们了。

别了，皖南！丁家山、云岭、中村……渐渐都被群山遮住，回过头来看不见了。别了，这些春天满山杜鹃，秋天遍野芙蓉的美丽山村！谁曾想到，一个多月以后，罪恶的血手在这里制造了空前的滔天罪行，同志们的鲜血流遍了皖南的山谷，其中就有陈怀白朝夕相处的音乐家任光，抱着他的提琴，躺在皖南的山谷里，用他的鲜血灌溉了杜鹃和芙蓉……

陈怀白所在的中队一共有三个班，乐队的"小鬼们"分在三个班里。每个人都按照排定的次序一个接着一个前进，排在陈怀白前面的是孙克定。孙克定是一位科学家，对天文学和数学都有研究，在战斗准备的日子里，他给大家讲如何根据星座的位置辨别方向，教大家在深秋的夜空里找北极星。他还给大家讲了许多关于星的知识，一起转移的这些年轻人都喜欢他。但是，现在行军恰巧排在他的后面，却不是一件使人高兴的事。

行军最怕前面的人"拉档子"，前面的人落下一步，后面就得多赶两三步，要是遇到过桥、过江或走上坡路，前面"拉档子"就使后面的人更吃亏。孙克定体力比别人差些，他的背包看来也不轻，里面一定有书，所以上路不久就常常"拉档子"，陈怀白在他后面，只好常常轻声催他："快跟上！快跟上！"

第一天虽然只走了六七十里路，可是大家的背包都太重了，两肩酸痛，要是这样下去真成问题。到了宿营地后，指挥员再一次号召大家轻装，特别是把书"轻掉"。大家经过这一天的实践，对轻装比较自觉了。除了马宾的一部原版《列宁全集》，当时因为是稀有的珍品，公家特别批准给他一副挑子外，各人自己带的书，都要尽可能割爱。陈怀白这时只留下了一本英文的《马恩列斯文选》，想无论如何带着它，看见好多同志都把精装本的封面撕掉，连《列宁全集》的封面也撕下了，于是陈怀白也把《马恩列斯文选》的封面撕去。这次轻装后，背包的重量比较接近规定的分量了。

正当大家轻了装可以好好赶路时，国民党第五十二师却把机枪架在他们必经的路口，不让他们通过。第二天只走了十八里，就不得不驻扎下来。总算跟国民党第五十二师办好了交涉，同意明天让大家通过。宿营后，大队长做了紧急动员，严格要求大家明天多赶些路，不许掉队。第五十二师是顽固派的嫡系部队，对新四军一向最怀敌意，通过他们的驻地，掉队显然是非常危险的。

天蒙蒙亮，队伍就出发了，以强行军的速度一口气赶了一二十里。这天的路上有很多崎岖的山路，一天赶完了九十几里，很多同志脚上都起了泡，陈怀白感到两条腿简直不听指挥了，脚上也起了两个大泡。

马宾自己也是没有过惯行军生活的，但他不仅行军时坚持一定的速度，休息时他还得关心大家的情绪，一路上还来回地前后照顾。"老熊"带着炊事班打前站，路上还帮炊事员挑担子。到了宿营地，"老熊"忙着安排热水给大家洗脚，关照大家在洗脚水里放点食盐，还要想办法尽可能让大家吃得好些。他那受过监狱生活折磨的苍白脸色，渐渐变得黝黑了。

"小鬼们"虽然也不甘落后，全都跟上了，没有一个掉队的，但他们有一个共同的毛病——舍不得丢东西，有时候把别人"轻"掉的东西又去给拾起来悄悄打在自己的背包里。这一天行军的结果——"小鬼们"累得最厉害，有的噘起嘴哭了。二班有一个"小鬼"最调皮，常跟人吵架，休息时就想离开队伍玩。

二班班长不得不亲自看住他，调他紧跟着自己走，而且警告他："再调皮就把你丢下！"又把他的米袋拿过来自己背着，一路走着不时要回过头来看他。

孙克定这天"拉档子"更厉害了，休息时，陈怀白看他坐在背包上简直不想动了。值日员抬了茶水来，陈怀白顺便向他要茶缸子给孙克定捎一缸水，他抱歉似地笑笑说："唉！还是你行！"但是，当陈怀白拿了水回来时，他却不坐在那儿了。找他时，原来别的中队有个同志的背包带子断了，他身上有针线，去帮助那个同志缝背包带子去了。陈怀白催他赶快回来，他帮人家整理完了，这才想起自己还要上厕所，等他回到班里时，队伍已经要出发了，班长"铁牛"正等得焦躁，孙克定急急忙忙背上自己的东西，刚走了两步，忽然想起："啊呀！我的茶缸子！"原来刚才陈怀白把水递给他时，他把它搁在别的中队休息的地方了。他又急急忙忙跑去找回茶缸。"铁牛"忍不住发火了，冲着他"熊"起来："你干什么的？再不来把你丢下算了。"一路上，他因为动作迟缓，又爱管人家的"闲事"，已经不止一次受到"铁牛"的斥责，他可从来没有发过一点儿火。

这一天的行军生活，才是真正紧张的行军。

转移途中，在苏南茅山地区遭敌寇袭击，孙克定第一次经历战斗生活，便不得不抛弃一切身外之物，去逐渐适应战场环境。

转移前途还有三道封锁线——运河、沪宁铁路和长江。为便于通过，领队决定改换便衣。渡过了长江，才知已发生了皖南事变。

1941月1月，杭苇和陈怀白被派在苏北行政委员会（不久改苏中行政公署）文教处，杭苇任编审委员会主任，他俩开始从事编写教材工作。不久，苏中行政公署为了把基区的地主武装实业保安团整编成为苏中机关的警卫团，派杭苇带领几位同志前往整训。政治处主任何振声打仗去了，杭苇暂代政训工作，陈怀白负责组织发展工作，兼侦通排指导员。经过三个月整训，在骨干战士中发展党员，便把这支兵痞、流氓成分较浓的旧式队伍改造成苏中警卫团，拉到苏中行政机关驻地。杭苇刚回到机关，为保证根据地的给养，苏中开始征收公粮。杭苇又临时去二、三分区检查征粮工作，陈怀白留在文教处。不久刘季平回苏北任文教处处长。杭苇检查征粮工作，离开机关去编写教材，到四分区（辖南通、如皋、启东、海门四个县）去，因那里的环境比较安定。不久敌伪的"八一三"大扫荡又开始了，两人只能在四分区暂时"打埋伏"。如东县委又被撤销，他们便调到丰东区委工作。工作约半年，陈怀白经常和农民生活在一起。虽然她是地主家庭的"叛臣逆子"，但经历了同地主面对面的斗争，才真正做到同受剥削的劳动人民共命运、共呼吸，深受教育，得到锻炼。尤其在一次度春荒的借粮工作中，她在同地主谈判后，进一步体会并期望土地改革早日到来。

杭苇在泰东县工作，由于组织上的照顾，陈怀白调到泰东县，任县政府调统员。这时，党重视调查研究工作，二地委（辖泰东、东台、台北各县）决定各县专设调统员。陈怀白在县委直接领导下，为当时即将开展的减租减息工作进行调查研究，写出了一份有分析的、有一定质量的调研报告，为后来做好减租减息工作做出了贡献。

1942 年 10 月，泰东县合并于东台县，杭苇、陈怀白调离泰东，又回到文教处。刘季平是二分区专员，他已于 9 月调回苏中行政公署，恢复到文教处。杭苇、陈怀白继续负责编写教材。编完小学语文一册，刚去付印，忽传出日寇将用三个师团的兵力，向苏中沿长江一线、主要在四分区大举"清乡"。区党委决定：精简机关，非战斗人员疏散或"打埋伏"，号召女同志回江南敌后"打埋伏"。陈怀白不愿离开根据地。区党委组织部部长周季方，通知从事文化工作的七八位同志约谈，其中有林淡秋、蒯世勋、陈怀白等，当面指定由杭苇带领、并任支部书记，去四分区的海边"打埋伏"，在可能的条件下创作、编写教材，还配备了能画画和木刻的同志。到了四地委，经宣传部部长洪泽考虑，认为情况还不明，四分区又是"清乡"重点，在海边"打埋伏"不能保证安全，便决定改去敌占区崇明"打埋伏"。这时恰好崇明地下党负责人陈心莲（后名伯明）在，陈心莲便把他们带到崇明。杭苇和陈怀白被安置在地下党员黄斌家。黄斌的母亲是海门人，故用姑妈与侄儿侄媳的身份作掩护。黄家离敌伪小据点仅二里许，为避免暴露，他们足不出户。时值阴历新年，黄斌的父亲刚去世不久，亲友陆续到黄家拜灵，二人只得作陪。如偶一暴露，便无周旋余地，大家深为担忧。经支部研究，决定杭苇、陈怀白回四地委汇报请示。事也凑巧，区党委了解到在苏中最西部的一分区（辖江都、高邮、宝应各县）缺干部，组织上便通知调杭苇到一分区去。1943 年 3 月，杭苇、陈怀白到达一分区，分配在邗东县政府工作。不久邗东合并于江都，杭苇仍任县政府秘书，陈怀白任县委秘书。后陈怀白调一地委任《前哨报》编辑，

陈怀白

杭苇也随即调到一专属任财经分处副处长。12月，刘季平从"抗大"九分校调回苏中，再次回文教处。路过一分区，知杭苇、陈怀白在，便将两人一同调回文教处。1944年2月，到达二分区苏中机关驻地，文教处调集人员，充实教材编写队伍。3月，新四军一师发动车桥战役，使苏中、苏北、淮南、淮北的根据地连成一片，苏中根据地的形势得到根本转变。3月底，苏中机关转移至一分区宝应县境，那里环境安定，从此不再移动了。4月，整风运动开始，边整风、边写教材。当年底、次年初，整风结束，第二次世界大战反法西斯战争已取得决定性胜利，抗日战争进入反攻阶段。1945年8月，日本帝国主义宣布投降。新四军为争取抗战胜利果实，攻下兴化，机关随即进驻县城。我党为争得首先占领东北，中央决定由山东支援东北，华中支援山东。区党委决定杭苇、陈怀白去山东。途中，因国共两党已签订"双十协定"，中央决定在淮阴成立苏皖边区政府，通知二人终止去山东，速赶到淮阴报到。二人11月到达淮阴，刘季平、戴伯韬已先到达，分任苏皖边区正副教育厅厅长。杭苇任编审室主任，陈怀白分配在《生活》（青年刊物）月刊任编辑。

# 浙赣会战之乌龙岭阻击战

□周　俊

　　1942年4月18日，由美国"大黄蜂"号航空母舰上起飞的B-25型轰炸机群，在杜立特中校的带领下，轰炸了日本东京、大阪、名古屋等城市，然后西飞杭州湾，在衢州、赣州、长沙等地迫降。这次轰炸，对日本陆海军及政府冲击很大，日本国内人心惶惶，极为震恐。日本大本营为防止美空军利用我国机场对日本本土进行轰炸，同时也为了掠夺浙江中部地区的萤石矿产资源"以战养战"，令驻上海的日军第十三军和驻汉口的第十一军以及部分华北方面军、关东军分进合围，企图彻底摧毁衢州、玉山、丽水等地的机场，双方排兵布阵，浙赣会战由此爆发。

　　国民政府军事委员会统帅部电令第四十九军王铁汉部、七十四军王耀武部、七十九军夏楚中部，加上第三战区原有兵力的第二十八军陶广部、第二十三集团军唐式遵的两个军以及浙江省保安部队共十万余人，在金华附近与敌决战。其中第四十九军奉第三战区司令长官顾祝同的命令，从江西星夜开赴浙江。预备第五师师长曾戛初按军长王铁汉的指令，于18日从丰城出发，以第十五团为先遣团，经急行军于4月29日抵达浙江建德驻防。

美军杜立特中校

第四十九军军长王铁汉

5月16日，位于富阳西北地区的日军——六师团及原田次郎混成旅团，由武内俊二郎指挥向第二十八军一九二师发起进攻，17日傍晚到达新登。位于富阳地区的井出铁藏指挥的第三十二师团，于17日下午出发，紧随——六师团前进。

预备第五师接总部电令："预备第五师死守建德三天，若擅自撤退，按军法惩办。现司令长官部、总司令部在转移中，三天内不得联络。"接令后，曾师长兴奋地对参谋长说："我师单独作战，可以不受牵掣，我们可以大干一下了。"随即组织人员侦察地形，兵力部署如下：把工兵营划归第十四团指挥，固守建德城；第十四团占领乌龙山及通城大道；第十五团右接第十四团，占领大坞一线；第十三团为预备队。师指挥所与预备队均设置在第十四团、第十五团连接处后方，以方便指挥和救援策应。曾夏初师长在战前誓师会上，激励将士们说道："国难当头，全体将士当以团结为重，今日为国难而死，虽死犹荣！"

第三战区司令长官顾祝同

乌龙山海拔916米，雄踞建德县城（严州府所在，古称睦州）正北，与城南的新安江一道拱卫着这座古城。由于地势险要，历来为兵家必争之地，这在小说《水浒传》的"睦州城箭射邓元觉 乌龙岭神助宋公明"等章回中就可以看出端倪。预五师全体官兵摩拳擦掌，欲凭借乌龙山的有利地形，在乌龙岭古驿道一带与日军决一死战。

预五师师长曾夏初

5月20日凌晨，预五师第十四团前哨发现了日军，全团紧急进入阵地。约过了半小时，日军首先踏响山下埋设的地雷，战斗正式打响。8时许，敌机前来扫射、投弹，敌排炮密集轰击，敌步兵也在战车的掩护下向我阵地猛攻。阵地上沙石飞扬，合围的大树被炮弹掀起，满山焰火冲天。战士们沉着应战，向日军战车投掷集束手榴弹，当场炸毁一辆战车，其余战车慌忙后撤，躲在车后的一百多鬼子也随即被消灭。官兵们打退了敌人一次又一次的进攻，鏖战至深夜，阵地依然牢牢掌握在我军手中。

第三战区总司令获悉战况，甚感欣慰，重申命令：固守三天，则发奖金五万元，三天之后用无线电联络。

21日天刚放亮，日军在飞机和大炮的掩护下，又向阵地疯狂进攻。9时左右，日军一个中队已冲至半山腰阵地前，眼见情况万分危急，第十四团团长吴幼元将指挥权交予副团长，自己亲率特务排和预备队的一个连出击，与第二营形成两面夹击之势，将山腰之敌击退。第十四团集中全团所有迫击炮炮火向敌齐射，击毁敌战车两辆，同时消灭了进入阵地前沿的敌军。

日军见正面进攻无效，于是急忙调来十余艘汽艇和木船，满载着士兵，沿富春江逆江而上直攻建德城。守卫建德城的工兵营早已准备多时，待敌船靠近，集中火力突然猛烈开火，一下子击沉击伤五艘日军船只，其余日军见状不妙，爬上对岸狼狈逃窜。

第十五团于下午4时，转移至乌龙岭主阵地。团长亲临阵地与战士一起加固战壕和散兵坑，鼓励战士们与阵地共存亡，将士们为之士气大振。下午6时，敌机向阵地盘旋轰炸，低空扫射。在第十五团官兵的英勇阻击下，日军依然毫无进展。

22日拂晓，日军指挥官井出铁藏中将集中所有兵力，疯狂地向预五师阵地猛扑，敌人采用两路侧击包围的方式进攻，战斗进入白热化，阵地上短兵相接，展开了激烈的白刃战。第十五团团部特务排排长刘定燹与三个敌人拼刺，身上受伤数处，在接连刺死三个敌人后，由于精疲力竭，被后继的敌人刺中。三连连长曾新华、六连连长任云飞、七连连长刘国兵都先后与敌人同归于尽，此战数百名将士英勇牺牲。

乌龙山

中午，总部获悉战况，破例发来了电令："预备第五师勇敢沉着，固守阵地，予敌以重创，着即传令嘉奖。"

丧心病狂的日军见久攻不下，便不顾一切向我军施放毒气弹、催泪弹和燃烧弹，我军许多士兵纷纷中毒倒地。此时一股日军已迫近我师指挥所，关键时候，曾戛初师长亲率两个营和直属搜索连官兵冲向敌人，歼灭百余日军，一举将日军赶下山去。

天色近晚，曾戛初师长见已经达到消耗敌人、阻滞敌军前进之目的，决定主动撤出战场，遂命令第十三团担任后卫掩护主力撤退，其他各部相机撤出战场，然后到寿昌进行集合。第十五团由于遭敌包围纠缠，被迫退往乌龙山主峰，只能选择向敌人后方突围，于当夜12时进入乌龙山脉腹地，之后在老百姓的支持下展开了游击战，历时两个月。七月中旬，在当地老乡的引导下，部队从龙游、汤溪之间的山区突破敌人的防线，回归预五师建制。

严阵以待的中国士兵

5月23日，建德县城被日军占领。

乌龙山一战，预五师以七个营的劣势兵力阻击日军两个师团的优势兵力达三个昼夜，辉煌战绩一时轰动全国。重庆军委会特传令嘉奖预五师奖金两万。1944年10月，曾戛初晋升第二十八军副军长。

建

德

抗战史料

# 《浙江大学西迁纪实》摘录 [1]

□李洁非

## 一、离杭南行（民国二十六年十一月十一日至十二月二十二日）

### 十年沧桑

国立浙江大学蜕化自清季之求是书院、浙江大学堂、高等学堂和工业农业两个专门学校。高等学堂虽入民国而停办，而工农二专校则继续扩充成为浙大工学农学院，至民国十七年（1928年）秋，即高等学堂旧址增设文理学院，合成今之浙江大学。自光绪二十四年（1898年）求是成立之年始，浙大在中国高等教育史上，已有了四十一年的历史。浙大于二十六年（1937年）十一月，即

1937年12月，浙大师生从建德乘民船出发，赴江西的泰和县

全面抗日战争发生后四个月离开杭州。自大学成立之年计起，则至彼时恰为十年。依此以言，诚可谓为"十年沧桑"。

"八一三"沪淞战事既起，敌为破坏我空军根据地计，先发制人，先后于八月十四、十五两日大肆轰炸笕桥，十五日，敌机被我神勇空军一举击落至十二架之多。但敌恼羞成怒，加以沪杭非遥（依沪杭铁路距离计为一百八十公里，若依直线计则更近），自斯以后，敌机飞扰杭州，习为故常，三月之中，不断轰炸笕桥、沪杭路车站、沿湖一带，以机关枪扫射，更数见不鲜。本校也曾遭

---

[1]《浙江大学西迁纪实》为李洁非编，国立浙江大学于1939年5月出版。现摘录原书的第一、二两节，图片为编者另附。

受了一次，那是九月二十六日的事情，但并无伤亡。

### 在轰炸中学习

"在轰炸中学习"，诚可以形容我们这三月中的生活了。……警报在一百次以上，尤以在十一月五日敌在全公亭登陆后为最，几于竟日皆在警报之中。但浙大自九月十日开学，十六日正式上课以来（那时教育部命令，因时局与交通关系，各级学校可以延期开学，本校仍依照原定学历开课），始终维持课业和经常生活，同时推行募捐、宣传、训练、组织各方面事，始终热烈，著（卓）有成效。现在回忆起来，尚觉得是一件奇迹。

### 敌在全公亭登陆

一方面，我们在这三月之中，常不曾深感到现代战争的惨（残）酷，尤其我们对敌多少仍以人性属之；再一方面，我们将近七百师生（此外更有三百师生则以校舍不容，于九月二十一日起在於潜西天目山中分校授课），是自信有安定后方的天职，又依恋不舍于这明山圣湖，我们更信赖于我们的淞沪前线将士，他们以血肉筑成新的长城，与敌人相持至于三个月之久。因此虽然许多大学已在西迁，杭垣大部分中等学校也多已迁地浙东，我们仍继续维持着。后来敌人突然利用诈鄙海盗的行径，于十一月五日自全公亭登陆，这是一声霹雳。清凄的西子湖滨，顿时笼照（罩）了一层浓重的惊慌氛围。因为全公亭距杭州只有一百二十公里，我们只有向杭州作别了。一周之后，乃被迫走向杭州西南约二百四十里之遥的建德——严州。

浙江大学西迁到建德梅城的办公场所旧址

### 师生离杭

我们自十一月十一日始，将教职员学生分配定当，三批出发，每晚一批，约二百人，用校车送至钱江江干，每日自下午六时起，至十一时止，每半小时一次：自江干舍陆登船，留船一宿，黎明放行。这情况的凄惨，虽然因为当时行得太匆忙了，是不容察觉出来。但我想，一定有不少师生，在依恋、惆怅和痛愤的情绪中，经受了这惨淡的一夜，而将这印象深刻的留着直至于今，乃至永无尽期。

### 风景不殊，举目有山河之异

浙大自设校以来，继续生长，内涵一切，与年俱增，所以迁徙所有设备，诚非易事。一则发动较迟，因为敌自全公亭登陆，是一件出乎通常意料之外的事情。再则待变起从事摒挡，已感匆促，装箱与交通，俱感困难。所幸我堵击的部队，英勇应战，使敌进行至缓，而浙大图书仪器，得以几乎全部迁出。在师生出发之前两日，图书仪器皆分别装箱，车送江干，扛入民船，运往建德。及至十五日，城内已隐隐可闻炮声，杭市乃如死城，居民迁徙一空，街市异常萧条。十六日风声更紧，所有商肆，多榜其门曰"家中有事""因事回乡"等字样，闭门停业。加以街头巷尾，更有不少南来难民，扶老挈幼，踯躅徨傍，平添一番凄凉景象。是日旁（傍）晚，甚至警察也撤岗了，据各方消息，且谓旦暮之间，杭州或且有"山河之异"。

当时梅城的汽车轮渡　　　　　　杭州江干南星桥码头　　　　　浙江大学学生街头
　　　　　　　　　　　　　　　　　　　　　　　　　　　　　　演出的情景

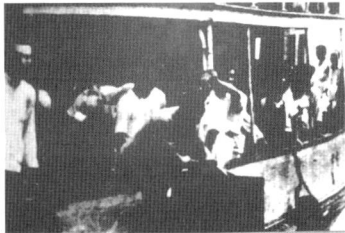

### 初运设备

全部师生尽徙建德，留校者此时尚有我们六人料理运输设备。虽然深受这种紧张空气和谣传之威胁，可是我们在十五六日正在努力图运约千件堆积校门内外的图书仪器。在工人稀少，车辆难得的情形下，我们仍自己出外尽力觅车，转送江干，每车两箱，代价一元。当时只觉得多运出一箱，便为浙大和祖国多留一分原（元）气，但截至十六日深暮，运出的仍不过所余的四分之一，留着的仍属我们积年珍藏的富有价值的工具，我们相视凄然，有时真忍不住要涕泪踪（纵）横了。不得已，相与到校内巡视一番，更将所余各物，移置大礼堂内。乃于夜午凄风苦雨中，更加入了四位同事，十个人挤做一团，装进一辆小卡车中，我们遂初度的离开杭州。

黎明，我们一行到了建德，跃出车厢，接触了料峭的朝气，我们的镇静倏地又恢复起来了。六小时后，我们在校长和文理学院院长胡刚复先生领导之下，恢复了勇气，增加了几位生力军，又步步为营打探清楚杭州一夜来仍然安睡在祖国的怀抱中，没有一点意外之后，我们重又踏入杭州，在街市秩序逐渐恢复之中，我们更感到兴奋与自信。自十七日起，我们除将已装箱者运离杭州外，更将学校所有可以搬运的东西，尽量移动，不使落到敌人的手中。当时杭市舟车人，逃避一空，我们乃计划分程运送，在去杭三十四公里的富阳，和九十六里的桐庐，设转递站，驻员雇备舟车，以便分途运建。当时杭富间，我们只有一辆卡车，在风声鹤唳城郭萧条之中，我们只有加紧装运。自晨四时起，自暮十二时止，有时一日五次往来，直至二十二日，方始告一段落。

### 大好湖山何忍弃置

自二十日以后，杭州已重见紧张。虽然因频受惊惶而习为故常，但一方面默察战局趋势与我方战略，杭垣似乎是不预备坚守的，我们更是无能效劳，只能尽其在我。不过我们仍抱着希望心，因为杭州此时已没有军事上的重要性，敌人或尚不暇分力及此，同时我们的当局，容有另一方面保全杭州的至计，不到最后关头，我们始终在留守杭州的本校。所以林汝瑶先生以及十几位工友，是十二月二十二日方始离了杭州。但尚有八位工友，直至今日，仍留在杭州，乘机照料在敌人铁蹄蹂躏下的杭州校舍和校产。

杭州终于在首都沦陷后十一日（十二月二十四日）清晨，沦于敌手。

## 二、建德两月（十一月十四日至十二月二十七日）

### 建德之今昔

建德昔为严州府治，四围皆山，颇鲜宽谷，在浙江省内是瘠苦的一县，民食不足自给。唯历代文化相当发达。张其昀先生考其发达的原因有三：一则山明水秀，古称"严陵山水甲天下"；二则南宋建都临安，严杭相邻，影响甚大；三则南宋时，严为西南孔道，有八省通衢之称。唯自海运代兴，洪杨大乱，浙赣筑路，皆与建德以相当的不利。因之，今昔异势，建德萧条日甚。不过严光高风，青岚映对，吊古揽（览）胜，尚足使行人流连不已。

### 大学城

在离杭一月之前，浙大为未雨绸缪计，已请教务长郑晓沧先生在建德筹备校舍。建德城小屋少，所以办公室教室宿舍，便分散在城内各处，总办公室设在总府前方宅，教室分设林场、天主堂、孔庙等处，宿舍分设中心小学、万源当、东门街一带，不过虽属破碎，但皆相去不远，往来甚便。建德居民无多，浙大师生及教职员家属合计不下千余人。同时，杭州师范也移至建德上课，而之江与宗文（浙江大学和宗文中学——编者注），也一度有设于此之计。故每节课余饭后，则街巷拥挤，几乎尽是智（知）识分子。那朴素的严州旧府治，顿然市面活跃，成为一座大学城了。

### 见仁见智各尽天职

自十一月十七日始，至十二月二十五日止，授课未尝稍辍，终以设备不全，局促太甚，未能长足进行，但课外宣传慰劳工作，未尝中断。同时更在一些年青（轻）人的心底，涌起无比热血，许多人因之而怀疑于自己的此种流离生活，究竟是否合理。祖国危殆，至于斯极，锦绣河山，转眼焦土。上马杀贼，下马草檄，方也

浙江大学西迁建德梅城时总务办公旧址

是此时此地热血青年一条可贵的行径。因之，有少数教职员和学生，便离开了课堂，而走向前线。但同时大多数的师生，依然深信大学是国家培本之业，有更远大的使命，因而努力于本位工作，认定紧握着熊熊的智慧之火炬，而加以发扬致用，正是杀敌复兴的基本工作。

### 计划离建

首都既陷，敌人移师南向，杭州便成了它其次的一大目标。而杭建之间，不但一苇可航，抑且公路坦荡，五小时间即可到达。同时敌机肆扰金衢各地，

建德城内,警报也日见其多。浙大定居之次,喘息稍苏,方始计虑万一敌人窥杭,则留此将不能较久。那时,教育部已令本校必要时得迁江西。因之,校长和胡院长、周承佑先生等于十二月初出发赴赣,在吉安、泰和等地勘察未来校址。因江西省政府的赞助,与二邑各界之允借房屋,始决定迁赣。在建德上课一个半月之后,浙西军事形势颇见不利,我们终于在杭州失守、富阳继陷之日,开始离去建德。

这一次的行动,比第一次离开杭州时,事先计划更为周到,但形势的严重,则过于前此在杭州的情势。首都陷后,浙中为敌肆意轰炸,交通秩序,屡屡发生问题。我们不得已,在杭州陷落的晚间,开始首批动员,仍是每晚一批,第一批为女生和二年级学生,由梁庆椿、舒鸿、郑奎联三先生率领出发(十二月二十四日),第二批为三、四年级男生,由陈柏青、陈大慈、白起凤三先生率领(十二月二十五日),第三批为一年级男生,由储润科、夏济宇两先生率领(十二月二十六日)。教职员有眷属及无眷属者,分组同行,并在兰溪汽车站、金华第一旅馆、南昌教育厅、樟树公安局、吉安乡村师范,各设办事处,以便接洽招待。

自我们行后,建德经相当时间的紧张与凋敝,终于因我前方的努力支撑与敌人的改变目标,恢复相当的安定。直到现在,我们还时常回忆着那山水佳丽,民风醇和的小城。

# 抗战时期，杭州宗文中学西迁建德 [1]

□钟毓龙

一九三七年，日本帝国主义发起了"七七"卢沟桥事变，接着开始了对中国全面的侵略。不久，杭嘉湖告急，形势危急，人心惶惶，偌大个杭州城却放不下一张安静的书桌。于是，很多学校都开始搬迁，浙江大学开始搬迁建德。浙大一搬迁，其他学校也坐不住了，宗文中学的老师们都纷纷议论学校搬迁的事情。

一九三七年十月，杭州岌岌，余属（嘱）美术教师许企由，租屋于建德小南门内之范公祠及门外之金华会馆两处，以为迁校之预备。许盖建德人也。又将重要之图书仪器，丐校董孙犀才，押运以往。因孙曾任建德县长，舆情素孚，为宗文先容，庶可得当地人之帮助也。其时住校之外籍学生，均已告假，陆续归去，留而勉强上学者，唯通学生。

十一月十五日，教厅连电促解散，余遂于（与）吴叔丹同赴建德。

杭州宗文中学西迁建德麻车高垣吴氏祠堂旁的牌坊

[1] 摘自钟毓龙写的《宗文中学办校经过》一文的第四节"战时播迁"。题目为编者所取。

重要仪器图书等，既运建德，其次要者，及笨重而不能移者，均置于文明池西之仁斋中，而封闭之。余离校时，留二工人守屋，而以厨工谢泉生监察之。泉生任职十余年，忠勤可靠，家亦在校之附近也；校医朱见衡，不能离杭，余亦以校舍托之。

一九四三年，伪组织占据本校，设立伪市立中学，封闭仁斋之各校具，有被攘夺之可能，余乃函朱见衡，请其设法运出。岂料运至中途，为伪警所截留，并将朱校医禁至蒙古桥之所谓警务特高组中，备受困辱。时程仰坡校董适在杭，急与在沪之校董，联合致书伪市府，说明理由，始得释放；然犹诈去伪币二十余万元，校具亦匿去其一部。于以见沦陷期间杭州情形之黑暗也。

余至建德后，召集学生复学，其时风声益紧，交通亦艰，草草将春三年级，办理毕业，来者仅十七人耳。次年，杭州既陷，建德亦恐慌，敌机又时来骚扰。料知开学为难，乃以校之契据存折等，托吴叔丹携归新登保藏。以图书仪器等，托许企由妥为保管，而走永嘉，设办事处，登报通告各学生，俾得来索转学书焉，于是学校停顿者一期。

未几，厦门沦陷，沿海震动，永嘉亦岌岌可危。乐清大荆人仇岳希，宗文厨工谢泉生之婿也，固邀余至雁荡山避寇，余从之，至则山中人群劝余开学。其时校款尚多，余恐掷于虚牝，辞以无钱，彼等愿贷五百元，为开办费，于是开学。赁雁荡山旅社为校本部，赁北斗洞及净名寺为教室宿舍，旧教师旧学生，颇有来者。仍设春秋六级，合新旧而一之，又兼收女生。宗文收女生，及聘女教师，自此始（雁山多盗，于北斗洞前、净名寺外，各筑碉堡，寒假时，且雇民警，以守卫本部焉）。其时新旧生合二百余人。

次年，即一九三九年，学生益多，又赁雁荡旅馆为校舍，又于本部之右，筑教室二，以资扩充。盖假期中，均请教师，分赴玉环、泽国等处招生，其他多宗文旧生，故投考者殊多也。然校事之隍杌，亦由此起。抗战初起时，本地人即有设中学之议，格于厅令，不许。至此，见宗文之日渐发达，遂谋取而代之。有欲以宗文名义，代为募捐，筑校舍者；有绰号"天不容"者，竟欲查察校之用账。幸县科长王澍，

杭州宗文中学西迁建德麻车高垣吴氏祠堂

力为申说，谓私立学校财政，自有董事会监督，外人未使干预，乃已。是年下期，学生益多，又设分部于大荆镇。吴叔丹自新登来复职，见四围空气恶，力主设分校于建德，以为退步。余从之，呈准教厅。于寒假叔丹旋里时，令与许企由共图之，租得建德东乡高垣村吴氏宗祠，及旁之聚星宫为校舍，而以萧绍沦陷，形势倏变，未能进行。

一九四〇年，当地人相迫益急，校舍分六部、七部，皆山岭，远者且在大荆，余往来巡视，非有代步不可。寒假中以事，与当地人交涉，而二舆夫竟不来，后询其原因，谓上头有命，如再敢为钟校长抬轿者，将送充壮丁，是以不来，今事解，始准我等来耳。余闻之，大有戒心，自雁山至鸟石水口十余里，皆山岭，使以此法加之我，我虽欲求去而不能，将坐困山中矣。一日，忽接四人公函，谓"本地人将以净名寺办小学"请迁让，其中一人，余识之，函询，则并无其事，而净名寺僧，则坚欲退租。时余旧生萧仲造在雁山，得其调停，加租，始已。时说言蜂起，有谓本地人将自办雁山中学者，有谓将迎清波中学来此设分校者，有人竟控余于教厅，指余为托派，幸教厅不之理。吴子卿者，雁山人，余昔时安定中学同事，公然谓余：校长年高，可居紫竹林庵中休养，一切校事，由我等代理可也。余答以不能私相授受，俟函商董事会再议。暑假将近，遂干涉校中用人之权。始知前此种种逼迫主使者为仇约三，即岳希之父也。敦劝余来山开学，已具有深意，余末之知耳；然恶龙难斗地头蛇，只能忍之。

是年暑假时，约三召集本地人，开雁山中学筹备会于紫竹林，本校教职员邀去参加者不少，可谓咄咄逼人。其时吴叔丹来函报告，谓高垣招考，取一年级新生三百人，分六班。余以既有退步，决舍去雁山，但有顾虑者三；一、雁山结束，教厅能否批准？二、数百学生将失学；三、余离去时，能否不受阻梗？乃与吴子卿商，谓余此次往视察分校，路途遥远，能否重来不可知，校事只能请本山人主持，最好商立条约，订一合同，庶便照行。此固彼等所求之不得者，故余去时，虽有留行，尚无阻碍。其后吴子卿以合同草约寄余，则一切主权，全归彼等，校长可派一二亲信之人，驻此监督，补助费则须两处对分云云。余时已决定结束，置之不理。

余过丽水，访教育厅林秘书端辅，与商本分部互易之法，端辅逆知余意，答曰："宗文在雁山，种种困难，厅中皆知之，本分二部互易，无所不可。不过有一言奉告，抗战以来，各地谋设初中，苦于厅方不准，则思借一有正式名义者，以资号召。上海分来内地之校，且有期纳千元，如商店之收招牌税者。

宗文有悠久之历史，钟校长办理亦已多年，似乎犯不着以名义假人，以结束为是。如虑学生失学，听彼等设立补习学校可也。"余深佩端辅之明察，到高垣后，即致函雁山旧同事，令其备办各级转学证书。至寒假，旧同事万模群、樊甓庵等，结束来高垣。则所运出者，除文件案卷外，仅风琴一、篷帐一、热水瓶与钟各一，其余悉舍之。此等设备，皆由到雁山后，以其财力所致，尚不得云损失也。

杭州宗文中学西迁建德麻车高垣的办学场所——
吴氏祠堂

余之去雁山也，学生知为本地人所迫，忿之，乃捣毁教师张修甫住宅，驱逐出校。修甫雁山人，亦余安定弟子也。又偏贴标语，攻击吴子卿，欲殴之，云为学校报仇，子卿至不敢到校。此等情形，皆留雁山旧同事宋知方函告余者。

次年春，秋三各级学生，相率来高垣，请求复学。余仓促无备，校舍教师，两有为难，不得已，勉留秋二一级，至其毕业为止；春三年级以下，则转为介绍至盐务中学安插焉，一年级生来者则留之。

高垣乡长、吴氏宗祠主人吴克光，对于宗文极爱护，愿以近旁之田，舍与宗文做操场，难得也。旧教师吴叔丹、韩匋斋、许企由、万模群等，外新聘教师有建德人洪言讱、孙岛夫，亦极得力，矢愿囊助宗文，至回杭州止，后皆践其言，亦难得也。

一九四二年夏，杭敌忽进陷新登，上犯桐庐、建德，疾如风雨，余急令解散，而不能归去之男女学生，尚五十余人。乃赁村后名塔后者半山之屋，与同事学生避居之。建德既陷，高垣村、水口、麻车埠，敌亦以军队驻之，日至村中劫掠。余移避最后，猝遇寇军，几饮其刃，幸而免。一月之后，建德之寇，与步（埠）头之寇，相继退去，余始下山。与各教师商酌，有主张暂停半年者，洪言讱力持不可，谓一停之后，再开为难。余韪其说，遂再开学。其时教室中教师讲授之声，与兰溪方面攻战之炮声，时时相应答也。校具及图书仪器等，以废藏掩蔽得宜，未受损失。唯吴叔丹先期已不来，而此次事变后，韩匋斋别有他就，许企由以病久假，万模群避寇不知所在，旧人渐少，不无影响。然旧教师楼梦弼来复职，甚得臂助。

三三制试行之初，余与安定校长陈伯园互商，两校合设一高中，租屋于金衢庄之水香阁，已布置矣，旋以学生少，遂作罢。播迁以来，安定已设高中，即后起之树范，清华亦设高中，唯宗文犹缺如。一九四三年，三年级生将毕业，同人以为言。余查章程，设高中须有三十万元之基金，始可批准，彼难之；姑以私意，托人探之教厅，厅中谓，他校须三十万元，若宗文则三四万元已可，于是始办高中。

抗战日久，生活程度日高，教师有斤斤计较者，困难由此而起。而既办高中，班次期有所增，教师乃成问题。四出延访，无从选择，而良莠乃不齐。英文教师方本炉者，浦江人。孙岛夫谓其面有反向，劝余勿用。余以其为楼梦弼所介绍，以信楼者信之，未能从也。有童军教师吴廷善者，兰溪人，与土匪式之丁谷部队似密切。其他新聘教师吴瑶圃、陈致祥、舒庆禾、周建平、黄尚朴、陈熙勤等，方、吴皆与之联结。始则要求平分学费米，相率退回聘书，继则嗾使学生，到处贴标语"有钟校长如敢再来到校，老命将不保"云云。余无能应付，只能托洪言诩、孙岛夫、楼梦弼三人处理之而已。

自高垣寇退复学后，为体恤学生计，每期学费米等，准其分次缴纳，但须有在校之教职员负责担保。一九四五年上期，有少数学生，逾期不缴，询之，则曰早已送交某老师代缴矣，始知皆为截留也。截留之数，以方本炉为最多，共费六万，米约千斤；舒庆禾、陈致祥等各两三万元。陈致祥竟悍然宣布，谓理应截留。其他教师闻之，多不以为然。有教师袁百明者，与同事聚谈时，痛诋方等所为，而为方等所闻。次日，群至余处，商办法，余不能赞一词。彼等欲起诉，或拘袁送兵役，亦听之。乃越数日晚，袁在寓所，突有形似军人者三人，诱袁出，撅其衣裤，而痛殴之，复掷之池塘中，水浅幸不死。群谓方等所为，然无确证。又越数日晚，余寓所亦被盗劫，全校师生，皆来慰问，独方等不至，群疑亦方等所为，以余催之急也，然亦无确证。

学期将届结束，而截留事终未解决，乃召开教职员全体大会以商之。楼梦弼气忿（愤）填膺，大声严词斥责方等，而方等均默无一言。散会后，学生来报告，谓方等在某处集议，将捣毁仪器室，余急令收藏，不料其夜间乃纵火。纵火凡二处：一在道旁之茅篷（棚）教室二，悉毁；一在土山上新建之茅篷（棚）教室寝室多间，有土墙围之，故仅毁一角。此一角之下，即楼梦弼卧室，群疑其欲烧死梦弼也。次日紧急会议，吴瑶圃主张提前放假，盖一放假，则彼等截留之款，皆可以不了了之，多数教师不以为然。而次日女生宿舍，又有失火之事，虽未成灾，而群心惶惶。于是决议，将初中三年生举行毕业，提前放假，而迁校城中。

方等纵火后，余以经过情形，分呈厅县，而指名为方。厅令县拘捕，县长刘先沛，派督察长并武装警士，以二大船来高垣，助余搬校具进城，且拘捕方。督察长谓余，此时学生未散，宜徐之。其后终不捕方，而反谓余胆怯，不可解也。得教育厅科长徐邦俊，寄来方等控余十大罪状，中一条，谓火系余纵。斯言也，固无人能信之。

建德麻车高垣吴氏祠堂室内场景

迁建德城中后，借邑人胡芷香家之屋，为临时办事处，朝夕与余共者，唯洪言讱；孙岛夫家城中，亦时来；楼梦弼以误荐匪人，至校糜烂，深自引咎，而决去。谋下期校舍，如夫子庙、东岳庙等，一时皆未易就绪，而杭敌进犯桐庐，猝至芝夏，建德危急，余乃与洪言讱避于上坞，不数日而日寇投降之信至，遂返城中。

杭州校舍，久为伪组织之中学所据，不知其消息，其时，复员东下之人甚拥挤，交通工具为难，料一时不得即返杭。乃假严东关胡亨懋商店之屋，先行招生开学。余偕教师李剑秋回杭布置，至则伪组织之中学已为市立中学所接收，几经交涉，始行迁让，在建德之师生等得以陆续回杭复校焉。

# 黄绍竑省主席讲评寿昌县政<sup>[1]</sup>

今日本席率同检阅人员检阅寿昌县政府各部门，均已完毕，特就检阅结果做一总的讲评，望对所举优点更求精进，所述缺点从速改进，以求整个县政的日臻完美，不负所期。

## 一、社会状况

（一）寿昌民情勤朴耐劳，奉公守法，为一优点。国家之富强，全赖人民之勤朴，中国之所以贫弱，原因固然很多，但国民偷安享受，不知节约，不从事生产事业为最大的原因。今后欲求建国工作顺利成功，一面要全国国民节省浪费保存资产；一面要全国国民刻苦耐劳，勤事劳作，此在各国的建国进程中莫不如是。苏联当推行五年计划之日，国民大都无鞋可穿，无粮可吃，以其大量的农业产品输送国外，交换生产工具，茹苦含辛，全国一致，卒有今日之规模；德国当上次战败准备复兴时期，人民亦无大量的粮食供给，多系束紧腰带，从事劳作，故今得能逞强欧洲。凡此事例，不可胜举。我国古人有言"忧劳足以兴国，逸豫可以亡身"，所以勉策吾人者，实含有深厚的意义，值得再三玩味的。其次为奉公守法，就是要全国人民遵守纪纲，严遵法令，故遵法重命的国民多，其国必强；违命背法的国民多，其国必乱，此在古今中外史上亦多例证。英国人最讲秩序，所以国运昌隆，德国人法律观念极强，所以一切行动能上正轨。我国过去一般习惯，雅好

黄绍竑

[1] 原载《浙江日报》1941 年 3 月 23 日，标题为《黄主席对寿昌县政讲评》，现标题为编者后取。

疏慢，以守法遵命为平常，实为错误，寿昌现已有良好习性，求发扬，以建立地方事业基础。

（二）党部人民与政府的纵横联系，非常密切，亦可珍贵。因为全县之事，县政府不过领导于上，指挥发动，尽其功能，欲求完成，必须全县各团体机关及社会民众努力于下，群策群力。过去一般表现，尚未达此要求，所以县政府很少进步，政治如果不能进步，在县政府方面因属有亏职守，就人民方面亦必感受切肤之痛，故县政府与人民亟应亲密无间。尤其党部为实现三民主义而奋斗目标，与县政府毫无二致，更应"同体努力"，以促进各种事业。过去表现不免仍有隔膜之处，为地方政治上一大损失，极应矫正。寿昌过去已就做到感情融洽，今后即应运用此种良基，努力协同，以求最大之进步。

（三）寿昌风气闭塞，县小地僻，据座谈会中的报告，文盲占全民百分之七十以上，受大学教育者寥寥数人。因为文化如此落后，因而政治经济各方面都表现落后，今后要求寿昌的进步，首先当从发展教育入手，这是要靠地方父老激励后生子弟争先升学，发扬积极奋斗之心，才可有结果的。所以寿昌人民，除了保存勤朴守法的固有美德，更应发挥创造精神，为地方创一新的局面。

二、政府本身

（一）政府与民间关系，寿昌已做到联系相当密切与感情相当融洽的程度，此为良好的现象。如果县长经常下乡，全县各保均亲自往返巡问，能够时时与人民接触，上下沟通无间，即由于此，古代以县长为父母官，又以县政府为亲民机关，即谓县长与人民应该相亲相爱，如家人父子一样，如此上级有何政令推行，随时宣达人民，遵照如流，即人民有何疾苦，耳闻目见，更可设法为之解除。寿昌有此良好基础，今后应善为运用，以发挥积极建设之精神，求地方事业之进展。

（二）县政府形式上的布置，因上月遭受敌机轰炸，大部房屋被毁，究竟如何，无从评断。但就本席巡视未炸各办公处所来说：整齐清洁，还差得很，即被炸各处，尚遗留残破倾斜等冷落痕迹，未加清除，此为不良表现。须知敌人轰炸，只能毁坏我们的物质，断难摧毁我们的精神，就是说房屋尽管他炸，炸后即加修建，敌人只能炸毁我有形的房屋，断难打击我炸后的恢复精神，亦不让炸后遗留的残落景象永远存在。我们有此精神，敌人亦莫可如何，何况我们发挥政府力量，更是容易恢复。寿昌县政府没有做到这一点，同时本席看到中心小学有一座房屋被炸，震毁瓦片纵横未加修理，让雨水下注，泥土滑足，为何不去修理？足见我们的精神不够。须知政府机关最重整洁庄严，然后一面可以养成办事人员的自尊自重之心，一面可以养成人民敬爱政府的公共观念。故欧西各国各种公共建设场所，莫不规模宏大，气象堂皇，而其国民的公众观念，亦非常浓厚。今后我们要想矫正重私忘公的习惯，应该从培养公的信念做起，而伟大堂皇的公共建筑物之创设，亦是至关重要的。

三、人事管理

（一）考勤工作尚能注意，唯平日缺少记载，应加改进。

（二）铨叙尚未遵照法令认真办理。

（三）干部进修，亦少注意。现在到处感到干部恐慌，而甚少注意干部的培养，终至感到人才不够。现有干部担任目前工作，尚感不满意，但是要想找到比此更好的，却又很难，唯一的补救方法，只有从现有干部加以培养。政治上的问题，日趋繁杂，也可以说政治永无坦途可言，我们感到目前任务不能完成，固然要注重进修，若顾念将来艰危局面的支撑，更非特别注重进修不可。进修的范围甚广，包括精神、生活、行动及学识、技术种种都要能与时并进才好，不致落伍。领导者应该拟具计划，全部实施。即就读书一项而言：读何种书有何心得及其影响，读书之行动如何，均应随时注意考核，不是开几次读书会，举行几次讲演会，所能圆满成功的。

四、文书管理

政府执行政令，全赖文书，故其传达是否迅速，应加注意。寿昌县处理文书手续，尚称简便，送达亦较迅速，但簿册仍应设法改进，以省劳力，因为现在政务日繁，收发文件日益增多。抗战前县政府每日收发文件，数量为三百件到五百件，抗战以后已由一千件增强至两千件，可见政务日繁。如不用新的科学方法加以处理，难免无遗漏错误及延搁种种弊病的发生，政府与人民，都受不少损失，此为今后应注意改善者。

文书送达之外，更应注意政令宣

《浙江日报》1941年3月23日原稿

达，即每一政令应如何设法使人民彻底了解，切实遵行，此事过去一般多未重视，所以乡镇公所成了一个公文的最后藏处，不问其结果如何，大家都以文书敷衍了事。本省各县设置政工室，就是要政工人员辅助过去公文宣达之不足，克尽宣传与指导之责，不要像过去专贴布告，即以为克尽能事，实则人民不甚明了，怀疑与违背法令的事件时常发生，影响公务之推行，实深且大。寿昌县现在已能每月召开乡镇长会议，借此宣达政令，自然是一种有效的方法，但是各乡镇长，仍应按期召开保甲长会议，逐级宣达才有效果。

### 五、事务管理

寿昌县政府实行集中管理伙食，并减食两粥一饭，较为经济。但财物管理，尚未走上正轨，应即改进。至于勤工训练，一般都是忽略了的，勤工之管理不善，最易发生腐败现象，我便时常感觉各县政府及其他大的方面，虽各有优劣，但总还过得去。唯有门房、法警、传达、勤工，总是表现肮脏污浊及毫无礼貌的丑态，叫人看了总是不大爽快，甚至有觉得成为政府机关腐败的残余，今后应该切实加以训练与整理。

### 六、座谈会报告

寿昌县县政座谈会中无论口头或文书报告，比较真实而有条理，已革除粉饰隐瞒的老弊病，亦为可取之点。

对各部门的意见：

民政

甲、关于新县制的实行者

（一）优点

（1）乡镇保甲已调整完成，工作经过尚能认真。

（2）乡镇区别及保甲编制，均合纲要规定。

（3）乡镇公所经费及职员尚充实，乡镇长及事务员工作情绪尚佳。

（4）乡镇民代表会及保民大会之举行，颇为认真，会议内容甚充实，纪录颇完全。

（5）乡镇公所对于各项表册及文卷管理，均能注意。

（二）缺点

（1）乡镇公所设备简陋，应求充实。

（2）保办公处多设置于保长私宅，对于各项册表及文卷管理，甚为凌乱。

（3）乡镇事业经费，以户捐为来源，尚能按限收齐，故经费尚充裕。乡镇事业能否发展，全看乡镇经费是否充裕。唯一可靠办法，只有发展乡镇造产事业，运用地方公产，如祠庙会社等经费和财产，发动地方民力，公共经营，即作为乡镇公共收入。经费充裕以后，百事均可举办，如日本之町村，其事业非常发达，即缘于其公共产业异常发达，我们应该效法办理。同时对于乡镇经费预算之编定及收支监督审核办法，均能严密规定，以免有用之钱，于归虚耗也，是很重要的。

乙、户籍

（一）优点

（1）县政府指定专人，办理人事登记，能按期造表报厅，对于户口册之保管，亦颇适当。

（2）乡镇公所及保办公处户口册尚整齐，亦能按照规定，办理人事登记。

（二）缺点

（1）户长对于本户人事异动，未能依照规定期限呈报，应即加紧宣导，切实遵行。

（2）甲长查报本甲户口异动登记，多有遗漏。

（3）保及乡镇，对于户口异动，在户口册更改尚欠详确，方法亦嫌凌乱，应由县指导改良。

关于户籍行政之重要性，仍有应加说明者。国家构成之要素有三：人民、土地、主权。当中以人民多少为第一要素，过去我们忽略此点，至今全国全浙江省人口究竟若干，无人能提出最正确之统计数目。但至今实行征兵，必赖有正确之户口册；扫除文盲，必赖有正确之户口册；分派捐税，亦必赖有正确之户口册：一切行政，均以户籍行政为基础，故欲求其他行政之顺利进行，首当办好户籍行政，今后应严加注意。

丙、救济

寿昌县赈济会，过去对于救济难民工作，甚为努力，尤其上月敌机轰炸后，地方党部机关人民，纷起募捐救济被灾同胞，咄嗟之间，立即集资一万余元。在此寿昌小县，竟能做如此成绩，就是其他大县，也不能做到，可见寿昌对于救灾恤邻的热忱，深可嘉许，但缺点亦有。

（1）育婴所设备简陋，应即设法改进。

（2）积极救济事业尚未举办，应即发动人民捐助，募集救济基金，开展救济业务。

丁、积谷

（一）优点

（1）整理积谷及上年办理贷放与谷款购储新谷均甚认真。

（2）现存积谷五千四百余担，分贮各乡镇仓，管理适当。

（二）缺点即民欠积谷，尚有一千余石未能追还，应即加速催取。

财政

甲、岁计

廿九年度岁计余绌，照该年度实收实支及应收应付数目，核计须短绌两万三千八百二十一元。年度概算收支大数，已由省方核定，各为二十九万九千七百十八元，收支尚属适合。

乙、赋税

（一）优点

（1）该县廿九年度各种赋税，就征起数字观察，除田赋及大部分地方捐税外，较廿八年度均有增加：一为契税增加二百一十元，唯较廿九年度比额短少七千五百五十二元；二为各种营业税增加五千七百八十四元六角五分，较廿九年度比额亦有盈收。

（2）屠宰营业税征收方法，规定城区集中屠宰点只征收，违者以私宰论，已较前改进。

（二）缺点

（1）田赋较廿八年度短收七千九百六十一元。

（2）地方捐税除保安壮训户捐店屋捐外，大都短收，尚未注意整理。

（3）地方捐税，尚有由警察代收，未由赋税征收处统一征收，应即改进。

（4）赋税征收处在各乡镇虽有分柜，但未组设分处，机构尚未健全。

（5）赋税征收处征收田赋未将核算、收款、管串三部划分，又未设置金库收款员，组织尚欠严密。

（6）未设催收所，办理户粮催收事宜，仍假手旧有庄书，与契税部分未有联络，影响契税收数。

（7）未设不动产评价会。

（8）未设官契纸发行所，对于购用官契纸推行不力。

（9）对于人民报税契件，不按规定期限办竣。

（10）征收契税不立收据，易滋流弊。

（11）地方捐税收据，不填征收日期，不易查核，易滋流弊。

（12）赋税征收处不按规定时间办公，今日上午九时，检阅人员前往检阅时，尚未开门，主任亦未到处办公，殊为疏懈，应予申斥。

丙、金库

寿昌县金库所表现之缺点，一为赋税征收处经收款项，不随时解库，二为各机关备用经费，尚有未存入金库经费基金存款户者，均应改进。

总之，寿昌财政基础尚未健全建立，廿九年度岁计短绌甚多，由于预算虚收实支，而各种捐税又未切实整顿，三十年度预算收入方面，增列甚多，尤应注意整理旧税，以求岁计之平衡。

教育

（一）优点

（1）行政机构尚属健全。

（2）该县教育经费在廿九年度内，由一万元扩充至三万三千元，在三十年度内，更有提高至五万九千元之可能，合乎百分之二十五标准，殊为可取。

（3）教员待遇，不论中心学校或保国民学校，凡属旧制师范以上毕业生，均有给以四十元一月待遇之可能，亦属可取。

（4）简易师范学校办理尚属认真。

（二）缺点

（1）学米制尚未切实施行，应由县政府拟订统一征收标准，令饬遵行。

（2）肃清文盲尚少整个计划，应予改进。

（3）保长办公处，应编造文盲清册，依据战时民众学校强迫入学办法之规定办理。

（4）该县有失学民众四万五千人，应设置成人班或妇女班八十五学级，现仅设置二十二班，与标准数相差甚远，应统筹支配。

（5）各级学校设备空虚，应尽力充实内容。

（6）不合格师资，应举办短期训练，代用教员亦须厉行辅导制度，随时诱导进修。

建设

（一）行政方面：一为干部人员流动太大，一为建设经费太少，廿九年度仅八千二百七十六元，且包括省补助费在内，三十年度列支□万五千二百十八元，亦包括省补助费在内，不及规定标准百分之六。

（二）农业方面：扩种冬作，尚有相当成绩，但荒山甚多，尚无垦殖计划。

（三）工业方面：寿昌工业不甚发达，唯改良纸业极有希望，应即发展合作社，以求发展。

（四）商业方面：对于平价工作尚能推进。

（五）合作事业组织尚未健全，业务亦未开展。

（六）农业金融方面：县合作金库拟交由中国银行办理，望速接收续办。

（七）交通方面：管理乡村电话，尚有初步基础，县设乡村电话管理处，现有话机十七个，城区及乡镇通话、联络尚称便利，廿九年每月收入五十一元，三十年每月收入预计一百零二元，业务亦尚发达。

兵役

（一）优点

（1）调查复审抽签等，均能遵照规定办理。

（2）廿九年度地方兵额，虽欠一名，但中央兵额，已溢拨六三名。

（3）各种表册编订齐全，尚有条理。

（4）所征壮丁，大多是本籍人。

（5）兵役科工作人员，尚为努力。

（6）对于征属之安家费、生活扶助费及埋葬、助产、赈济各费，均能分别查放。

（7）廿九年免援役纳金，已收起四千五百六十四元，且已半数缴解省库。

（二）缺点

（1）推代及乱拉外籍壮丁充数情事。

（2）所征壮丁，每不经过询问和检验，即转送常备队，以致久留不决，靡费伙食。

（3）兵役科与国民兵团，尚未取得联系。

（4）对于壮丁之管制监察，有名无实。

（5）廿九年优待费概算书，尚未编送。

（6）对于征属之积极救济，尚无具体计划。

军事

甲、治安

寿昌既无匪患，亦无汉奸、间谍及其他非法组织发现，地方治安极为良好，足以为慰。唯冬防期间，除曾与邻县约期会哨外，关于内地警备并无整个计划，一切均如平时，殊嫌疏忽。今后对于保甲组织与户口清查等工作，仍当力求健全与确实，以巩固原有基础，确保永久安宁。

乙、防空

寿昌县防空力量极为薄弱，原设各机关民间防空壕（洞），亦多坍塌，不堪应用。防空演习，在廿九年度曾举行一次，一般人民过去对于空袭漠不关心，自上月遭受敌机大轰炸，已渐知注意。今后痛定思痛，遇有警报，应遵令疏散，县政府对于增设防空壕及添置消防器具等，尤应计划提前实施。

丙、团警

（一）优点

（1）一般精神素质尚佳。

（2）武器保管尚良好，唯警察较差。

（二）缺点

（1）学术科极荒疏，可谓毫无训练。

（2）班长与警长指挥能力亦差。

（3）内务欠整齐清洁。

（4）自卫队老兵，随送常备队拨补兵役，致部队训练进度不能同步。

丁、军法

廿九年度收案八十二件，结案已七十九件，办理尚为迅速。

（一）优点：各级干部对本身工作尚能勤奋，并奉公守法，操行亦好。

（二）缺点

（1）干部进修未注意。

（2）工作统计缺乏。

（3）办事无条理，簿册不全。

（4）干部生活费已有三个月未发放。

（5）国民兵建设实验区，尚未认真办理。

（6）地区年次编组及国民兵名簿，完全未办。

（7）国民兵训练人数甚少，与省定进度相差过远。

（8）少年及妇女训练未举办。

（9）乡镇任务队尚未组设。

（10）盘查哨亦未组设。

政工室

甲、政令宣传

（1）编印《县政公报》已到第八期，仅刊载法令全文，无简要浅释。

（2）每周编写《县政公报》悬挂县府大门，已出至第四期，但尚未推行至乡镇。

（3）撰发政令新闻稿，寄交各报刊载，每月平均十件。

（4）下乡口头宣传，仅扩大宣传时派员参加，平时请青年服务队、民教馆、保民大会指导员协助办理。

（5）图画演剧等活动宣传，曾发动各界组织胜利剧团公演一次。

乙、政情报告

（1）普通政情报告，已送至七十三期。

（2）通信资料尚未编送。

丙、精神建设

（1）协助动员、组织读书会，曾举行过两个月，近以图书炸毁，已暂停顿。

（2）发动职员阅读总理遗教、总裁言论，在纪念周中抽签出席报告，自廿九年十二月至今，尚能继续举行。

（3）发动公务员实行新生活及社会奉行新生活规约，仅有"应酬规约"等条文的拟订，尚未实施有效。

（4）各种临时扩大宣传及募捐慰劳等工作，尚能会同各机关按时办理。

总之，过去一般工作表现消极，应付的工作多于积极发动的工作，内部文字工作多于下乡行动工作，普通宣传方式多于特殊宣传方式，杂务多于专务，吹扬的政情报告多于批判的政情报告，为显见的缺点，各县都有此弊，不仅寿昌为然，今后盼能加以改进。

卫生

寿昌县三十年度卫生经费概算一万元业已核定,较廿九年度增加一倍有半,但缺点仍多。

（1）药品缺乏，消毒药品及棉花纱布，亦未齐备，已霉之药品有七八种之多，在医疗上万分危险，应予纠正。

（2）暂以天后宫为卫生院院址，易给人民以不良影响，因为科学与迷信不能并存，如混医药卫生与木偶求神于一处，印象甚坏，且木偶环立，布置上难求整洁，闲人任意出入，管理亦难周密，应即设法迁徙。

（3）卫生院墙壁及门前街道，非常肮脏，内部亦甚凌乱，足见对于室内及环境卫生，尚未注意。

（4）卫生院职员稀少，且不健全，难引起人民信仰。

（5）卫生行政及卫生教育，均未切实注意，应求改进。

训练团

寿昌县训练所，本席已前往巡视，并训过话，感到精神上尚不够振作，不能达到中央及省府的要求，因为环境布置尚欠整洁，应该受训人员多未按时报到，而训练本旨，即重环境训练、精神训练，欲于短期中使各受训人员的生活上有一番重大改进，以求人、时、地、物、事五项合乎新生活的要求，以逐渐改变人民过去种种不良习惯，并不是上了课和上了操，便算是训练了的。

粮食管理

（一）优点

（1）寿昌县粮价，确能切实评定公布，呈报省局查核，并能严切执行。

（2）粮管机构尚称健全。

（3）城区办理计口授粮以来，分配尚称公允。

（4）处理违反粮管案件，尚能遵照省令办理。

（5）粮食管制范围，亦能遵照省令办理。

（二）缺点

（1）查缉存粮，实施复查后，未将囤粮豪绅大户姓名及数量先行报省核办，应即改正。

（2）此次查缉存粮亦欠彻底。

（3）县民仍以大量食粮酿酒，有违政府提倡节约之本旨，今后应即严加取缔。

（三）关于粮食管理及特产运销问题，昨天地方士绅提出许多意见，就此简为答复。

（1）地方银行农贷之谷，省令全数收购，各地纷纷请求斟酌实情，发还自足之粮，这一点政府当然体念得到的。须知政府当初为什么要全数收购，就是因为农贷中亦有押多报少的，政府为求粮食的均匀配用，自然要予以收购，如果确有自食情形，当然也可以变通办理的。

（2）桐油茶叶等特产，目前价格较低，地方人士纷纷请求设法提高，此为地方农民利益所关，当然为应有的要求。但是目前海运不便，特产滞销，中央已费大批款项，予以收储，如再提高收价，地方人士亦当想念中央财政应付之力量，此乃莫可如何，我们不能过于打算私人利益，而忘却国家之艰苦，况农产品原非其他货物可比，价格高低，亦不应过于计较，这是大家要认识到的。

（3）杂粮如玉黍等的统制问题，各地亦纷纷提到，本席亦有此同感。今后是否统制，容当细酌再行令知。

总之，粮食管理之目的，在统筹全省粮食之盈亏，非为某一地区打算，我余粮地区同胞，应该顾念缺粮地区同胞之苦痛，将自有之余粮，自动照价呈由政府收购，妥为分配，并应力加节约，以节食之粮，供应缺粮地区，以救济已在饥饿线上的灾胞，此为道义上的责任，亦为政治上的责任。如果只知自饱，罔顾其他同胞之死活，将来严荒现象，养成大家受到骚乱之苦，绝无独善其身之可能。盖目前外来已来源断绝，无可倚赖，唯一可靠之来源，即为省内余缺地区之酌为调剂，余粮人民节一日一餐之粮，不感如何苦痛，缺粮同胞得此即可挽救垂危之生命，这种伟大的同情心，我们应该特别发扬的。

还有此次出巡各县，对于平日服务地方事业，受尽辛苦，而卓著成绩之乡镇长及小学校长，特别注意查访，予以奖励。兹查有大同镇中心小学校长何兰馨，办理教育著有成绩；又大同镇镇长程祖松、西华乡乡长翁体仁，办理乡镇事务颇为努力，除在此当面公开奖励外，随当分别发给奖状一纸，以示褒扬，甚盼受奖各员更发挥为地方服务之热忱，求更伟大之贡献。且未奖人员，亦应知为地方尽力，可以获得荣誉，闻风兴起，蔚为风气，则他日地方事业兴隆，不负此时政府奖励的一番盛意了。

# 蒋治日记选摘

## 1938 年

**2月23日**

连接百蒙两封来信，叫我速赴丽水，又接应金浪一封来信，他亦想赴丽水。

**3月3日**

即旧历二月初二，早阴有雾下午晴，在郑家坞与蒙兄分手，搭浙赣车（八时）到义乌，迁（遇）到以前之江中小学同事朱君，同乘汽车到东阳。我单独乘汽车到丽水，已晚间八时，即直达王巷弄二号。今天车上真拥挤极了，沿途都是难民，并且从缙云到丽水的公路夹于崇山峻岭之间，行驶起来颇易令人疲乏……

**3月6日**

发行《动员周刊》附写信给转夏征农，并寄《动员周刊》给镜明、敢夫、治平、寂人、效起和太珍。晚石础夫妇也来了。

**3月7日**

很冷。今天开始与印刷厂接头办理印《动员周刊》事宜，晚伍厅长廷飏找我和石础夫妇等谈了一次话。

**3月12日**

开始把《动员周刊》的文件等移到新址丽阳门外直街北郭桥去。

3 月 14 日

下午这儿来了一批武汉的工作人员。同时敌机来了两次。晚为《动员周刊》写一篇关于汉奸的短评。

3 月 28 日

成天忙着印刷和校对第十期《动员周刊》。

4 月 4 日

下午晴，三时左右，突然来了敌机十七八架，轰炸了半个钟头——这是丽水空前恐怖的一天……就是去年在上海也没有遇到过这样恐怖的一天。

4 月 8 日

下午石础回来了，他们曾遇到镜明，兰（指蒋妻秦素兰，下同。编者注）大约已无希望有起色，今天《浙江潮》也交给我们办了，严北溟请我吃饭。并且今后我将负《动员周刊》《新力》《浙江潮》的编排总责。因此，我最近无法回去。

4 月 10 日

为《浙江潮》写了一篇短评，题为"为正义人道而呼吁"。

4 月 17 日

晚往民教馆参加欢送"浙江同乡回乡服务团战地服务队"及"救护大队战地服务队"赴前线的欢送大会。

4 月 22 日

上午把一切工作交代掉，十一时许坐黄主席的小包车动身在永康吃中饭，到金华已下午四时，即往酒坊巷 34 号把《浙江潮》事办妥。

4 月 23 日

到家已将晚。跑进兰的病房，眼泪禁不住地流下来，真想不到，不满两个月工夫，她的形状完全变了，面部、手足都肿得很厉害，已没有一点儿血色……

她将不久离人世，连我和她说话都没有力气回答，并且据说睡了将近两个月，一共只吃过四帖药，这是多么使我悲痛啊！

**4月28日**

旧历三月廿八下午八时许，兰逝世。我和兰1930年发生爱情，1931年同居，1933年旧历二月被捕，拘留一年又七个月。1935年6月我在杭州住一个多月，9月后到上海任教，是年秋，她在故乡生秀儿，去年9月她到上海。"八一三"后，她避难绍兴姐姐家。我在上海做救亡工作，约两个月，因杭城吃紧，我伴她返舍。今年2月我动身赴丽水，这次赶回来，她病危，我简直痛不欲生。

**5月22日**

为吴知音病重去请医生。为印刷工人解决了印工救亡协会的筹备问题。

**5月26日**

阴历四月二十七，天晴。今天是非常值得我纪念的一日，第一我已接受了人家的批评，我将开始过新的生活；第二和雪村去看病，因警报阻挠不能出城，在丽阳门内眼看敌机轰炸汽车站，待敌机去后，我们绕道回来，发现我们的地方已被炸，因房子被炸坏，把重要东西搬到乡下，仍留北郭桥办公。

**5月27日**

晚代表浙江同乡回乡服务团出席专员公署召开的各界座谈会。

**6月6日**

下午开工作检讨会议。

**6月28日**

六月初一，下午为《动员周刊》最后一期写论文《浙江人应该怎样来保卫武汉》。

**7月17日**

上午布置会场，下午为刘端生开追悼会，人很多，哀怨气氛。晚和百蒙谋好书店事，不久将正式去办了。

**7月19日**

六月二十二赴青田。遇刘平苦，他去金华。到青田后去战时医疗防疫队看王金美一次。到民教馆访姚馆长（姚力），和他们谈了许多救国问题。留宿那儿。

**7月20日**

因要明了这儿农村情形，由姚馆长介绍，搭车去芝溪镇访青年曾绍文君，谈了很久。帮助他解决了许多农村工作的难题。

**7月23日**

搬到仓前横街15号新居。

**7月26日**

冒暑到吴山岙黄景之家。今天是兰百日祭（死后九十天）。我只有努力艰苦地工作，以工作纪念兰的死去。因为她是为革命而得病，被政治环境折磨而死亡。我誓死要完成革命的任务。只有这样，才是最好的纪念办法。下午和景之谈救亡工作。

**7月27日**

为新知定好碧湖支店的房子。为书店事寄信给顾岐、骆耕漠。

**8月2日**

晚和印工谈话到十点钟回来。

**8月4日**

下午为顾钟英写了两封介绍信，一给延安的泊生，一给汉口的泮（潘）念之和朱楚章。因顾明天去陕北了。

**8月7日**

书店徐雪寒写信来，指定我月薪二十元。并说明叫我当书店经理的原因。

晚作者协会座谈会开成功了。形势还好，发言人欠普遍，一部分人未到齐，我
又说了很多话，锋芒太露了，以后当注意。

8月17日

赶车到青田。到高市附近，车胎坏了。下午到青田看王金美。即去找姚力，
宿他家。

8月18日

赴山口看林（艺圃）君，这是青田石出产地。

9月1日

去青田，和诸朋友叙谈。晚宿民教馆。

9月9日

去遂昌。遂昌县工作同志想不到我会去的。晚宿县政府。

9月16日

和贵卿去诊疗所打针，看到杨瑜。和何德秀、周源去白云山。耕漠来信，
梦周来。

9月18日

闰七月二十五，星期日。作者协会筹备会的扩大座谈会。耕漠代表总会来
参加。

9月24日

八月初一是我的旧历生日。十足二十八年了。

9月27日

书店突然接到县党部通知书，又有许多书要查禁了。耕漠来信，他说徐雪
寒因我辞去新知职务有些误解。他将去信解歉。

9 月 28 日

老戴来谈很久，关于革命问题。曾绍文从青田来。

10 月 11 日

书店又被抄一次。

10 月 25 日

听史锡涛说，丁英已渡江赴敌人后方工作。我觉得非常惭愧，我为什么要这样留在后方呢？在这样的大时代里，我要用枪杆来对付虚伪和欺骗，把我的头脑武装起来。

10 月 26 日

武汉失守的正确消息传来了。情的悲哀和政治的苦闷拌成一团。十耘来了。老戴来信。李友帮说百蒙明天要来。我想跟他谈这儿的事。贵卿和我谈个人问题，这是第一次。

11 月 18 日

贵卿兄和钦妹（毛钦征）谈了很久。

11 月 27 日

王金美从青田来，带来一封姚力的信。

12 月 14 日

晚间参加首都沦陷纪念的火炬游行。群众很多。使我回忆起台儿庄克复时的火炬游行，情调已大不同了。那时，丽水是在极盛时代，而且兰在人间。

12 月 18 日

我们已决定丘昔（惜）光暂代碧湖支店的练习生，从十五日起薪。

12 月 26 日

替陈芝范为丽水抗日自卫三日刊代写一篇庆祝元旦的文章。晚去汪海粟那里。

# 1939 年

1月2日

报载汪精卫被国民党开除党籍。

1月16日

为王兴违蛮不讲理的将我列入适令（龄）壮丁，写信警告他们。

2月1日

写信给史俊存和杨兰秀（丁英），托穆以夫带遂昌去。为了到车兄那儿去讲工运问题，满足泥泞。

3月4日

张锡昌说成立中国农村经济研究会，叫我兼内务。

3月6日

耕漠来信，说已对朱讲我要休养脱离书店，并要我对贵卿说，给我一个休养时期。遇到冯和法，他要我负责《中国农村》的事情。

3月7日

张锡昌邀我到他家，茶叶管理处请客，吴觉农、冯和法召集，讨论"中国农村"筹备问题。

3月9日

贵卿来信，同意我离开书店，写信给耕漠，要他赶快找人接替。

3月15日

今天是童子军节，学生游行。我决定做《中国农村》的助理编辑。

3月17日

和曾涛谈话很迟。

4月1日

遇虞孙，说《中国农村》决定五一出版，要我立即进行工作。

4月3日

忙于《中国农村》征稿信，订邮政信箱（十号）。

4月7日

和林君去遂昌，在民教馆休息。

4月8日

旧历二月十九。今天我们故乡是有时节的，然而我们一早起床就跑路，从城里跑到大拓，路仅四十里，但十二时方到。史俊存请我们吃了中饭，找到一个带路人，没有多少时间休息，就继续向深山里前进，路是小得那么可怜，两边是陡峭的高山，中间一条狭窄的小涧。我们曲折着向这条山河两旁前进，走不到三五步就得跨涧一次，棕树复（覆）盖着小路，仰首看不到天际，人迹是很少的。经过三十里路仅看到两家人家。居民的生活和原始人差不多，头发一辈子也不晓得剃的，房子都是些木片和树皮夹起来，盖的是箬叶，他们与原始人差别的仅仅是用铁锅和穿布衣而已。下午四时才翻过一条高岭，从另一个山源里走去，到一个小小的山村，天已经暗了，我们就在一家农家借宿。农家很朴素，供我们饱餐一顿苞萝糊后，就带我们到没有一点空隙的烘笋干的泥灶里面去睡觉（今天计走八十五里）。

4月9日

早晨下过一阵雨，中午又下了一阵大雨。因为睡在烘笋的泥灶里，所以看不见天亮，一听到鸟叫的声音我们就起来，吃点早饭后就开始走，一出门就走山岭。今天的路与昨天的不同，仅是弯着山腰的斜坡走，跨过了两座大山岭，横过一个大村庄，走了四十五里路，因为下雨，就在一个农村里吃饭，吃了饭马上继续前进，又跨过两座大山，由遂昌的边界走到龙泉的边界，由一座陡峭的十多里路高的高山直冲下去，横过龙泉往乡下的一条大道，再跨上一座山，横过十几座山腰，到遂昌边界的一个小村落里过夜。这个小村落和昨晚睡的村落不同，有点类似我们故乡的农村，不过晚上不用灯而点竹片，这一点是完全不同的。今天共走了九十五里山路，感到很疲乏，临睡时发现身上已经有了虱子。

4月10日

今天阴晴。昨晚做了一个梦。听到晨鸡报晓，听着鹊噪，天刚亮我们就起来，吃了早饭继续前进，走了十多里，翻过一条岭，就到了龙泉地界。今天的路比较平坦，可是人太倦了。傍晚才到将近目的地的山足下一个村落里，吃了晚饭，点灯上山，在山腰里遇到一阵雨。因为我的足很痛，走到目的地，已经是夜深十一点半了，洗足后就睡觉。今天计走八十五华里，晚上走陡峭的山岭十五里，经过福建浦城县的边界。

4月11日

阴，我们在山上休息，中饭后，谈时事问题。

4月12日

天下起雨来了，我们仍留山上。

4月13日

雨更大了，而且晚上是大雷雨，我们本拟今天动身回来的，因为雨和别的缘故，继续留一天。

4月14日

大雨。冒着雨和林君动身回丽，因为我的足前几天走伤了，所以来到山脚，足就痛了起来。本来据当地农民说，抄近路只有七八十里，就可到龙泉，但因为雨大山水大，过不得溪，所以只能过"住溪"，弯路走，又因为水大，得往山腰的避水路上走。足又痛，雨又大，把棉大衣和裤子都打湿了。走到住溪的时候，据农民说已经四点多钟，我们想再走十五里路过夜，所以马上上猪母岭，但我的足是痛得那么厉害，十里路的岭完全用棍子像伤兵一样慢慢移上去，到了岭头再也没有办法前进了，于是不得不在一家农家借宿。今天本想走一百里，预备明天赶到丽水的，结果因为足痛雨大，只走了五十里。

4 月 15 日

天阴，中午下了一阵大雨，下午有微阳，晚上雷雨。早晨从猪母岭动身，因为足痛，下岭路一步也走不来，于是侧身慢移了一段，拦路上的农民来背一段，好容易下了岭，走到平坦的路上，才像伤兵一样地拐着走，下午四时才拐到龙泉城，找到大公，他们带我们睡在民众剧场，并且还叫茶请客。晚上刚好民众剧场公演，遇到很多熟人，一直到近十二时才睡。今晚方知八日金华被敌机轰炸。

4 月 16 日

十二时搭车回丽水，车上遇李友邦，他和一个台湾人到福建来。晚到丽水。

4 月 21 日

在书店碰到陈麒章等，贵（卿）兄也回来了。

5 月 30 日

国耻纪念日，人民献金很踊跃。

6 月 26 日

到大港头看"乐夫"兄，听说昨天三岩寺被炸。

7 月 12 日

吐血，大量的鲜血。

8 月 7 日

警报。贵卿替我捐来二十元医药费。

8 月 21 日

警报。三架敌机投弹，四五分钟。丽阳门新造的中央旅馆、三岩寺的英士大学以及溪口等处均罹难，像这样的轰炸，除去年汽车站和建设厅被炸那两次外，未曾有过。

8月24日

警报。十二时六架飞机，城内外投了很多弹。下午一时一刻，又五架机来投弹。县府附近、公路局通惠门外、洞溪寺附近、溪口、仓前横街等处遭炸，伤了很多人。是我病中第一次逃飞机，也是丽水空前的被轰炸。

8月25日

（七月十一日）九时三十五分，警报。十时零七分，敌机十一架炸到十时五十七分才去。被告炸很多，府前一带烧光（据说去年我住过的仓前横街及虎啸门电厂均被炸）。

10月23日

今天正式到合作工作队总队部坐办公室，工作是编课本，因为要办公，时间忙，所以到樊泰祥去包饭吃。

10月29日

石础去西南游击干训班受训。

12月24日

今天是省会和首都沦陷纪念日，又是星期日，晚参加各界纪念首都沦陷火炬游行，一直到十时半才睡，参加游行的人有两千多。

12月28日

写一篇24日火炬游行的通讯，题为《怒吼吧，丽水！》。（编者注：实为《一二·二四在丽水》）

# 1940年

2月8日

今一天来了三次警报。今旧历元旦，丽水城很静寂，野外却成天很热闹地充塞着逃警报的人群。

2 月 24 日

建德被炸甚烈。

3 月 16 日

上午开始往促进会办公，同时聘书也拿到了。

3 月 20 日

计划出版一期《合作前锋》。

4 月 1 日

我已最后决定月内离开丽水。1938 年 3 月初来丽水两年以上时间。这两年开始，1938 年 4 月 28 日和我同七年患难的萃（素）兰惨痛在故乡逝世。以后幸亏钦妹的安慰和同情在这里结了婚。去年夏天我因工作积劳生了一场几乎丧失生命的大病，接着钦妹于艰难困苦中生了萍儿……这一去是否会再重来这偏僻的丽水是谁也想不到的。

4 月 2 日

晚间朋友们因我将离浙而饯行。

4 月 20 日

下午百蒙来信，据说皖事需托徐日琨介绍，我寄履历片去，此事诚多周折。中午又逃一次警报。今天才决定了兰的回忆录的题目为"惨痛的往事是永远忘不了的"，副题为"我们相识后的生活记录"。

4 月 30 日

为民生报"鲁迅逝世二周年纪念木刻展览特刊"写了一篇纪念的短文。题为"由纪念鲁迅木刻展览所回忆到鲁迅先生的死"。

5月1日

晚去参观各工会工人举行纪念会及游行,情况热烈,这在丽水也许是空前的。去参观鲁迅逝世二周年木刻展览会。

5月19日

（四月十三）蒋家运和董宣蕃来送行，姚淑芬和施弗也一起来送行。车到东阳已十二时了。

6月16日

到屯溪已夜深十时半了。

7月18日

早上洗脸时,右眼张开看,有十分钟看不见东西,这大概是身体不好的缘故。

12月11日

即旧历十一月十三十一时断气。（毛钦征代记）

# 竺可桢日记摘录

## ——浙大西迁建德

1937 年 10 月 1 日　星期五　晴

中午邀常务委员中膳，到刚复、晓沧、乔年、亦秋及前次赴严州之吴馥初、王劲夫及周承佑、张谋诸人。膳后讨论校址问题，决定为天目及建德二处。二地不能决定，周承佑赞成全体移天目，而刚复则主张以三、四年级迁建德，最后决定二年级先于双十节前迁天目山。余与刚复、乔年明日赴建德。二点余又有警报，二点半解除。四点又有警报，五点解除。打球半小时。洗浴。六点至大加利购呢帽一顶而回。

10 月 2 日　星期六

报载日本在上海北部自动撤退一公里。偕乔年、黄瑞纶赴建德晨五点半起。上午七点半，四号车有乔年及黄瑞纶同赴严州。知汽油已在市上不可购得，而校中现只存有一百余箱之数。自杭州至建德一百四十公里，来回即一百七十五英里，以每 Gallon（加）仑行十七英里计，即十 Gallon 或二箱也。八点半过富阳，见各处均在掘壕沟。九点半至桐庐。过渡后至圆通寺，入内询杭州初中校长，知唐效实赴杭。晤庶务钱君及朱祜生。初中所借大部为圆通寺前之修道院，共有学生三百余人，均睡地板，无床。课堂布置尚佳，饭厅则在寺中。晤希文，询以是否愿往屯溪实验中学，渠尚须等同学回信。

十点启行。十一点至建德，开入城中，直至县署。因黄家暂寓此间，故由渠带至县署晤科长陈亨钊（系去年毕业之高农学生）与马逸鸣（弋冥，即仲翔之

竺可桢

亲戚也）。马、陈诸人均极欢迎浙大来此，因建德自洪杨后市面衰落，希望有大学来此，可以繁荣市面也。借马、陈及瑞纶、乔年至县署隔邻严州中学，校长严济宽赴杭未回，由教务长姜君（湖北人）招待参观。有地二百亩，现只用第二部，第一部拟借与杭师，房子均须修理。

出至市中中膳。据马逸鸣云，严州一县人口十四万，城中约两万，出产以茶与桐为大宗，米粮则不足，须由兰溪输入。每年县政府经费十五六万，而田赋占其半。警察全县四十余人。近来军部征收粮食已两次，第一次十万斤，第二次八万斤，均不给代价与运费，由积谷仓移借。此外如大饼一万个，木材五百根，亦随时征发，不给资，将来难以为继云云。膳后即至林场、基督教堂、中山厅、何宅、天主堂、方宅等视察，并至瑞纶家略坐，遇陈鸿逵太太，在方家遇晓沧太太（甫于今日移来）及顾谷宜太太。最后至绍兴会馆。其中林场屋廿间、绍兴会馆均可用。基督堂晤加拿大人 Miss Ford，允借课室，但不允借礼拜堂。此外如府庙、孔庙及严子陵均破烂不堪。市民如叶姓、方姓均不愿租屋，但陈君颇有以官厅强迫之势。四点半别陈、黄二君，偕李乔年回。五点十分至圆通庵，在初中略停，遇楼培启、宋力钧。五点半回。出。七点半回杭。知今日杭州无警报。


10 月 5 日　星期二　晨　阴 21.5°C

今年校务会议议决二、三、四年级移建德。丁祖炎来。

（下午）四点开校务会议，谈迁移校址问题，至八点始散会。当时提出者有三种意见：

一庄泽宣，在杭州不迁移；二周承佑，全体移天目；三郑晓沧、黄羽仪，二、三、四年级移建德，在杭不动之提案，余颇心善其说，但许多教授在警报后不能居校内，如晓沧即其一例。故若目前故示镇静，万一城站受炸，则必致一哄而散，故非有大多数之赞成不行。但庄之提议留杭不迁，赞成者

竺可桢日记

只八人，而反对者却有十五人。维持原案移天目，则以潘承圻之报告对于天目［印象］不甚好，且大多数教员又以赴天目不能挈家眷，故移建德之议遂得以十五票通过。九点半回。

10月6日　星期三　22℃

齐学启来。晨晤文伯。侠（竺可桢妻子张侠魂，编者注）忽下血块，医生周仲奇不明其故。

晨六点起。八点至校。致电与马逸鸣，即告以浙大决移严州，同时并一电话与晓沧。十一点晤文伯，商借林场。文伯初颇有难色，以湘湖已为浙大所占，今又谈建德，大抵李德毅、莫定生亦早有所闻，故先为抵制之策，云建厅亦有移严州之说。但余告以若时局严重至于如此，则浙大亦有四散之虞，亦无须乎林场矣。文伯允暂行借给。下午又得晓沧电话，知绍兴会馆为公路［局］所借用，须与此间公路局相商。建德所可用之屋，只林场与绍兴会馆，而二者实均须商酌。文伯近不到厅，以朱仆翔与之意见颇龃龉，故近来在家办事。渠谓苏俄有放弃外蒙归中国之说。十二点回校。二点齐学启来，知铁道部近购八百万元之高射炮不日可到，铁道部嘱其司军运之职。余嘱其留校弗去，为打一电至铁道部。

10月7日　星期四　雨　晚20℃

晨六点起。作函数通。与徐学禹接洽借用建德绍兴会馆事，因该馆现为公路局所占用。

10月8日　星期五　雨20℃

朱仆翔来。侠及诸孩来校。

晨六点起。七点三刻至校。阅报，知美国政府态度变佳，自前日罗斯福指斥国际侵略者之演说而后，美国有与国际合作之势，英、俄、法均极欢迎，而意大利与日本则大反对。国际局势更为显明，第二次世界大战殆不可幸免矣。

接傅孟真函及航空委员会公文。由公文知合作办法航委会确实赞同，此点卢温甫实系误解。且以后亦从未通知所中或余个人，因而所中并未去信，此点卢实不得辞其咎。

10月10日　星期日　阴雨22℃

今日因云低幸无警报。膳未毕，晓沧、承圻、馥初、鲁珍四人自建德回。据承圻等报告，建德各处合可住四百人，但已极拥挤，而自修室、图书馆、试验室等尚无着落。且水成大问题，而城内散处，电灯亦成问题，修理费亦大。

10月12日　星期二　阴　晚20℃

晨六点起。上午八点至校。

下午昭复及胡璞来。胡璞又回天目。余嘱晓沧赴建德进行修理何宅、严子陵祠、中山厅等，并租定方宅、何宅及中心小学，租钱合共约为月一百二十五元之谱。五点学生自治会刘奎斗来，为抗敌后援会事。六点至溶溶剃头。晚十点睡。

10月18日　星期一　晴　能见度极佳　16℃

《严州府志》卷二十四《艺文》，陆游《乌龙广济庙碑记》谓，广济之神，旧碑以为唐贞观中人，姓邵氏。绍兴辛未，东海之师群见巨人皆长丈余，戈戟麾旌，出没云烟间，则相告曰乌龙神兵至矣，或降而遁去。此殆蜃气也。范希文作《严先生祠堂记》，有歌曰："云山苍苍，江水泱泱，先生之风，山高水长。"范文正在严创设龙山书院，张南轩继设丽泽书院，一毁于元，再毁于明末，至清初已荡然无存。清初朝鲜人吴昌祚为知府，在府庠东建立文渊书院。

10月30日　星期六　雨　晨18℃

午后徐谷麒及陈柏青来。渠等均自建德回，据云严州东关不日将有五百伤员到彼。严东关距建德不过三里之遥，恐城内秩序将来不免受影响。又谓建德每晚均有飞机出发赴沪轰炸，晨则回睡，现只五六架，不久将增至三四十架。则建德之安全问题亦至可虑矣。中午谢守恒来，为写一名片介绍与布雷。晚五点半回。七点半侠偕梅至柳浪新村王政声处听音乐。

10月31日　星期日　阴　晚有雨意19℃

晨六点半起。八点至校。途遇鲁珍，知于昨由建德返，云该处筹备情形甚详，大致于七号或可迁移。二十九号渠等在建德时，曾有日机七架至建德。在建德城外有轰炸机四架，乃系我军用以炸上海敌军阵地，闻桐庐警报即起飞至另一地点，相距仅五分钟敌机即来，可谓险矣。在睦闻该处有扩充为飞机队部之设，拟派二十七只练习［机］前往云云。并有伤兵六百人不日到严东关云云。晤张意谋，寻刚复亦来。电话骝先，约明晨十点去询建德飞机队部之情形。十二点回。

搬严州，但艺专不让走，故作罢云云。风雨迄晚未停，温度较低。尚希望能继续风雨若干天，俾在金山卫登陆之敌军尽数能消灭也。

11月8日　星期一　晴　晚14℃

今日上午两次警报，下午亦三次。

晨六点起。七点半方欲赴校已有警报，乃电话校中，嘱开四号车来接至校，九点解除。未几又有警报，十点半解除。决定二、三、四年级生于星期四、五、六各日移往建德，因敌兵登陆以后一时不易剿灭，倭机将每日扰武林（即杭州，编者注），无法上课，故不如早移建德为得计也。

十一点作纪念周，余即报告迁建德之计划，请季梁讲"战争时之化学工业"。午后与张谋、卢亦秋、鲁珍等谈移建德后之问题：一为学生训育问题，一则为校舍保管问题。招徐谷麒及王以中来，谈注册股及图书馆大部人员须留杭垣。四点回来。五点打球十分钟。洗浴。六点回。

11月9日　星期二

任乃玲愿留职停薪。胡鸣时来。今日五次警报：上午三次，下午两次。

晨六点半起。七点一刻即有警报，七点三刻解除。八点一刻至校。作函数通。决定职员留校名单，去建德者职员不多，庶务、会计、文书、图书馆及注册多留杭，教员则全体去睦；张谋以不愿去睦故，辞去特种教育协会副主任之职。甲渠主张严格训练学生，而去睦则多少须放任也。任乃玲因须留杭，故假名神经衰弱留职停薪，遗职以邵传志继。

中午听广播，始悉我军已退出浦东、南市，上海遂告失守。昨上午九点太原亦陷落，此真大堪痛心者也。五点胡鸣时来，谓高工学生因听方志超之言，谓杭州危险，因之群惊怕，有纷纷要求迁建德或回家。此真庸人自扰也，杭州若干中学尚不如此惊慌。下午与周承佑、王劲夫及程耀椿诸人谈工学院迁移后保存办法。

11月10日　星期三　晴 58°F　晚雨数点。在 Ac.cu 中下雨，同时见月与星

晨六点一刻起。七点半至校。今日出布告，令学生于十一、十二、十三三天移建德。由大轮拖民船赴桐庐，每次可容一百八十人，由桐庐换小轮赴建德，每次价约一百元之数。晚十二点出，次晨八点可抵桐庐，下午四五点可至建德。

11月11日　星期四　晴

上午警报两次，下午两次。张更来。丁炜文来。晨六点起。七点半至校。八点警报来。与钱琢如谈，知渠家在嘉兴王江泾附近，嘉兴城内已轰炸成焦土，渠遣其子往接家眷赴天目山，数日无消息，颇为焦急。接教部函，赞成学校移建德。鲁珍为余言，同事孙沨、孙讷在建德新筑平房五间，勉可敷余一家之用云。

11月12日　星期五　晨雨午阴晚又雨　16℃

敌军突破平望，苏嘉路危。作棉背心以捐前敌将士。

晨六点起。七点半方欲往校，行至清波桥附近又有警报，遂折回，乘四号车往校。昨晚振公已赴建德。今日邀定安来，作函呈国府，为翼如安厝事去一报告，乃二姊所嘱也。接士芳函，知珞珈路有二十九军驻京办事处雷某欲租，只夫妇及一十余岁小孩、两女佣、副官，并有汽车，月租百元，押租二百元云云。来询是否出租，余回函嘱其照租。

1937 年 11 月，浙江大学西迁建德时竺可桢住过的房子

建德市浙江大学西迁办学旧址纪念馆中的竺可桢和随行人员的塑像

11月13日　星期六　阴

今日无警报。张谋来。潘承坼、仲翔来。长途电话与晓沧。

晨六点起。七点半乘校车赴浙大。今日云甚高，故虽阴而天气仍不妨碍飞机之轰炸，但竟一日未来，疑别有作用也。至工学院一走，知乔年、承佑等均于昨日赴睦。教职员宿舍中物件甚多，均未腾清。晨意谋来谈，谓职员方面至建德后应合各院办公，可以减少人员或至少不添人员，余甚韪其言。适会计处任乃玲自请留职停薪，查绍伯又因军械局不许辞而离职，拟调圃之蔡君担任会计事。

中午承坼来，渠家中小孩本分住于诸暨、崇德，现拟均迁往天目；午后得晓沧电话，知二年级生已于昨日下午五点到建德。昨晚三年级生出发较[迟]，至晨二点始开船，故今日到达亦必稍迟矣。昨教职员家属去者颇不少，故秩序不甚佳。下午将行李送校中，约二十件，剩随身可带之物在寓，明晨乘汽车行。晚五点二十分回寓。

11月14日　星期日　[杭州—建德]晴　晚在严州62°F

由杭州赴建德。建德县长江起鲸来。晚刘搏六、晓峰来。

晨六点起。七点半校中车来，仆人家声同来，点交木器店所借之木器与家声及马太太仆人维祥。作一明片与马太太，说明今日离杭及退还押租一百元等。九点二十分始由杭动身，幸无警报，故得出城无碍。十点十分过富阳，十一点十分过桐庐，过渡时并不费时间。在桐庐车站遇馥初。十二点半至建德，即进城，由三元坊至府前街三号孙宅，即物理助教孙沩及会计科孙沕家中也。当有其母招待住其新建之宅，计四开间，12×17两间，12×20两间，地板、门窗均未油漆，且无玻璃。因鲁珍先有电来，故得租此。在孙宅遇昭复、晓峰太太及顾谷宜太太及陆子桐。

偕陆子桐赴中心小学女生宿舍，遇夏绮文。出至夏氏宗祠。出至东城二年级生宿舍，即乾源当铺。知二年级于前日晨十点过桐庐，下午五点即至建德。由此至下南门外码头行李上岸处，复进城至北门林场教员宿舍。遇乔年、陈建功、王季梁、沈有乾。渠等多乘前日晚上船来，至昨晨二点始开船，十二点至桐庐，船只为公路局所扣，遂等待四小时。五点出发，抵建德于今晨二点，故两晚均未得睡云云。借乔年、陆子桐至文庙、严子陵祠及何宅，即三、四年级住宿处也。最后回至方宅，即总办公厅，遇毛启爽、张逸樵、周承佑、黄羽仪、俞子夷、徐芝纶、毛燕誉等。建德县长江西溟（编者注，即江起鲸）来。六点回孙宅。据孙太太云，建德城内有两千五百余户，出产以木材为大宗，橘子则来自衢州。六点十分孙太太约晚膳。八点晓峰及搏六来。晚十点睡。

11 月 15 日　星期一　［建德］　晴　晨大雾　晚房中 63°F

晨打长途电话与鲁珍。上午至严州中学。下午晤江西溟、胡梅生。丁炜文及童女士来寓。

晨六点起。八点至总办公处。知四年级生尚未到，直至下午三点半始来，同来者有顾青虹、丁炜文等。据云，自星期六晚十一点启行后，轮中极为拥挤。教职员及家属住官舱，最挤；女学生住房舱，尚较舒适；男生则住上舱；并有搭载行李轮者。昨中午始至桐庐，因载行李过重、富阳耽搁四小时之故，及晚间行至桐庐上游又停，晨间遇大雾不能开，至九点始启行，故于下午三点始到。在桐庐之漏港滩因水浅须换船，三小时抵乌石滩，又不能进，离轮，由民船撑至建德，亦须三小时云。

午在昭复处中膳。膳后听四号汽车无线电，声音极不清晰。闻卢亦秋云，建设厅来电话，渭（谓）嘉兴已失守，杭州已混乱云云。余疑此信未必可确，因前已有此种谣言也，至晚传者益众。嘱陆子桐打电话与鲁珍。今晨电话则鲁珍并未说及，但云乍浦危险而已。下午至县署晤江县长，遇商会会长胡梅生，系绍兴人，在此业米商。晚丁炜文来，暂住余处。

11 月 16 日　星期二　［建德］　晴

敌军逼嘉兴。午前召集二年级学生代表谈话。午后三点开特种教育执行委员会。

晨六点起。九点召集孙翁孺、汪湘等二年级代表二十人谈话。余首述迁校后定于星期四上课，宿舍中应注意消防，因万源当［铺］屋老，均系木板，路又狭，一旦失火不堪设想；二则膳厅须由学生自己监督；此外关于训育问题，亦须与导师谋合作。谈一小时即散。

午后严济宽来。自昨日起嘉兴失守之谣言甚炽，并有谓日兵已至临平者。但据今日《东南日报》，则知我军扼守乍浦、嘉兴、吴江、昆山一线。午后三点，十八号汽车来，知我校行政人员均来睦，如孙祥治、孙沏、徐谷麒、王以中及刚复等。知前、昨两日杭州纷乱异常，迁居者络绎于途，因之人吓人的谣言极盛，有谓警察已全退、城内派张载阳为维持会委员等语。而昨日骊先又召集中央人员，嘱各退往浙东，人心更形动摇。故教职员以余不在校又均蠢蠢思动，鲁珍亦不维持，因之遂将留校之人员大部退建德，惟留鲁珍数人而已。

三点半开特种教育常务委员会，乔年、刚复、晓沧、周承佑及余。请承佑代理建德分校总务长；指定毛启爽、戎昌骧、徐谷麒三人为情报委员，出壁报或校刊；指定吴馥初、齐学启、陆子桐三人为壕沟设计委员。六点散。

晚听无线电广播，因四号车上之机天线太短，不能收上海之英文报，只能收金陵与台北。二者相较，台北声音清楚，新闻充实；而金陵则声音混浊，专广播政府公报，如派某某为贵州建设厅长之类，闻之使人厌倦。又今日决定方针：非日兵至富阳则建德不移，非日兵至余杭则天目不移。

11 月 24 日　星期三　［建德］　晴　晨 42°F

我军放弃吴兴。周承佑赴赣。

晨六点三刻起。八点至总办公处。途中遇刘奎斗、纪纫容等，知教授中颇有离职者，如陈弼佑、章俊之、俞大纲等，因之学生又起恐慌。学生希望能为觅事维持生活，因渠等多来自战区，家中既无钱亦无接济也，但迄［目］［今］止告假者尚不多。九点在农院办公室开特种教育常务委员会，到谋、仲翔、乔年、亦秋、刚复、振公及鲁珍等，决定告假两礼拜以上之教职员留职停薪，不告假［而离职］者停职，天目山由仲翔全权主持。

又晨八点与周承佑谈，请其赴南昌接洽吉安校址，张逸樵因与浙赣路较稔，故亦同往。十二点回。下午会计陆攒何欲辞职，余不准，因孙季恒不辞而去职，已使学校会计混乱，若再去一主持人，则将不堪设想也。晚约江西滇县长来。仲翔、晓沧、刚复在寓晚膳。适德国教员 Michael 亦来嘱给护照，拟往庐山接其夫人乘轮赴沪。仲翔决于明日赴天目，拟将能回家之学生先行遣散，无家可归者来建。八点半散。

11 月 25 日　星期四　［建德］　晨 43°F

许绍棣来校。仲翔回天目。

晨七点起。八点至校。嘱鲁珍、陆攒何赴杭州，并至余杭接孙恒。未出发，朱仲翔来。知昨日消息，杭徽路已断，则余杭不通，甚至天目山亦不能与外界来往，乃决计请仲翔由分水赴天目。未几许绍棣来，知昨晚出发由杭来睦，今日赴金华。

据云前方情形极混乱，在吴兴，广西新到之生力军由白健生指挥，一见飞机即溃退。杭州前线已至临安，杭州如日军欲取，数小时内可到，现惟朱仆翔暂维治安，赵龙文亦在。守杭州之部队系东北军刘多荃等，纪律极坏。将来杭州不守，则退诸暨与桐庐。省立学校主张疏散，即解散也。因嘉兴二中校长带学生二百人迁移，迄今颠沛流离，彷徨无措云云。

午后二点学生自治会代表来，到黄宗麟、杨道专、孙翁孺、许乃茂、纪纫容、吴俭侬等十二人。尚有刘奎斗前去训练壮丁，有六人则已离校矣。余报告学校方针及经济状况。晚晤梁庆椿，嘱担任会计主任事。刚复及柏青来寓。

11月26日　星期五　［建德］　晨 44°F　午 49°F

敌军占长兴。刚复、柏青赴常山。今日到士兵一千余名。

晨七点起。八点至校。九点至县政府，托江西溟县长打电报，一致萧叔钢，询吉安青原山及青鸳书院校址；一复希文，嘱待屯溪，三四［日］以车去接，因实验中学已告结束也。在县署遇建德社训总队副总队长李德储（号子心，湖南人），知现正在建德召集壮丁六百名，拟组织游击队，需曾承军训学生作指导或干部人员。九点半晤严济宽，商借用严［州］中［学］校舍及操场事，严中已解散，学生仅发还书费。杭师迁睦后亦濒于解散。故与胡鸣时谈，高工亦不得不与他校一致，有家可归者发旅费，无家可归者暂为维持。县政府陈科长来。

午后初农代表王鸿州、郭汉臣、楼秀山、夏福良、张堂益来，为初农解散发给旅费事。原定有家者五元、无家者十五元，但因家有远近，不得不有差别。晚膳后八点至校。高工代表裴维章等四人来，请求不解散。余以高工经费已无接济，且许绍棣已表示疏散政策，即解散之代名词，无法维持。教员薪决发至十二月份止。四点开导师会议。十点回。今日请梁庆椿暂代会计主任，梁有难色，荐韩祖德，现任浙江所得税办事股主任，住金华雅塘街，萧山人，三十四岁，东大毕业生。

11月27日　星期六　［建德］　晚 5PM　雨晨 49°F

顾华孙来。俞子夷来。何正荣来。赵述庭来。

晨七点起。八点至校。自十四日以浙中邮局停止工作，与外界消息隔绝，迄今竟未得一函。近所收到者惟屯溪两电报耳，即在徽州所发之函、电亦恐未能达目的地。昨电四学生罗秉衡来，因愤于国事日非，愿去前方工作。余为作函与翁咏霓、俞大维等，与教育部及吕蕴明及南昌周承佑。上午湘湖顾华孙来，渠押运湘湖仪器由萧山至桐庐，自桐庐乘自行车来。余嘱其于家属安顿定当后，即返湘湖主持。

赵乃传来。据云政府已改组为四部，行政、立法诸院均已大事减缩，孔祥熙为行政院长，王宠惠副之，教育部已减少职员四分之三。渠本可随同立法院入川，乘轮自首都至九江后闻浙赣路尚通，遂返建德，于时局紧急时拟下乡暂避。又谓马寅初已常不到院，故已失去其财政组主任委员之地位，以陈伯修继任，卫深甫颇欲与之争衡云云。

今日宣布高工、初农停课，教职员发薪至十二月底止。依照浙省府所定办法，即五十元以上打对折，三十元至五十元八折，（三十）元以下九折。午后至赵述廷寓。二点至校，将信件交与罗秉衡。昨来十九师李战兵千余，闻日内即将撤退云。

11月28日　星期日　［建德］　晨阴午晴
借卢亦秋、吴立标等赴乌龙山林场及祖师殿。

晨七点起。八点至校。得长兴失落之消息。八点三刻至林场，约吴立标、卢亦秋赴乌龙山。时雨虽止，而路上泥泞满地，故回家换鞋。九点半出发，梅与彬二儿亦同往，至半途冯言安亦来。出北门经乌龙庙，庙前已贴有杭州清华中学校舍字样。但该校教职员住庙内数日即又鸟兽散，时局之不稳定、人心之涣散至于如此。由乌龙庙之东向北行，十点余至林场办事处，距严州城约五里，高出城一百九十米。据吴立标云，现种植林木八九十万株，多马尾松，间亦有黑松及麻栎等。在办事处进点心后至山上一观，见映山红即红杜鹃花尚有开者。又见 Violet，余向以为即紫罗兰。据冯言安云 Violet 名紫堇，紫罗兰系全不相同者。又知栀子花之果可以加入五加皮酒而使成黄色。

十二点半中膳后谈一小时余。今日吴君杀鸡为黍，厨子即同去之职员孙君。据吴云，该林场收入年不过三百元，不能维持。二点出发赴祖师庙，途中遇季梁及其子女及王曰玮。三点至祖师庙。高度起出严州城三百三十米，在山上可见严州全城，因其形如梅花，故又称梅城。至祖师殿，仅顶峰三分之一高度也。据云近山顶有雷公岩，为外人夏季避暑之所云。在殿遇孙逢吉带领学生八人及陈嘉等。三点半下山，在溪中吴君觅得无尾之螺蛳，其尾如曾被截去者，殊可怪也。在殿并见人榨取桐油子。据云去年桐子仁每担值廿四元，今年只值八元，尚无收买者，以交通断绝故也。五点回寓。适梅迪生在寓，谈半小时。农院书记柳飚来。

11月29日　星期一　［建德］　晨晴　下午阴

晨七点起。上午作函赵梁材及雨岩，解决高工、初农遣散学生旅费。十一点纪念周，张晓峰讲"严州之历史、地理"，谓严州以严子陵著，而严子陵实系王守仁之同乡，余姚人。范文正时曾在建德设龙山书院，以乌龙山得名。宋代守斯土者颇多名人，吕东莱亦曾为建德教授，严州所刻之《通鉴纪事本末》为当时全国标准云云。

午后机械四年级生范梅芳等八人来，渠等愿赴成都投考南门外之航空机械学校，即致一电与该校校长钱昌祚（莘觉）。下午阅《严州府志》，知建德之名始于三国孙吴，而严州则开始于唐朝。此志系光绪八年版，去年十月间重印，最早之志为绍兴年间印，已不传矣。今志系康熙廿二年郡守任君所辑云。

晚五点唐榆生来。六点刚复、柏青自常山、玉山回。渠等于星期五出发，由常山至衢州，而江山、玉山，再回常山，而衢县，由兰溪回。据云由建德入赣之水道只差常山至玉山，陆路八十里。但常玉公司有汽车，且寻常小车多至千辆，现尚有四百辆之多。常山较建德为小，但空居则有之。江山则与徽州情形相似，为闽兵入浙之要道，惟附近有一镇可以住家属云。在衢已商妥二节半之火车，可以运物赴赣，常山知事与衢州专员均极帮忙云。九点半睡。

严州府本地人材（才），首推商辂，字宏载，宣德中乡试第一，正统乙丑会试，连试皆第一。三元及第，明代惟辂一人。景帝疾革，谏立皇太子，立朝正色不阿，卒赠太傅，谥文毅。商辂，淳安人。正统中乡、会试皆第一，土木变后，主张景帝监国。清代《艺文传》中有方械，字绍南，寿昌人，年十六补弟子员，徐元梦抚浙，拨入敷文书院，得师友讲授，为文益有海度。卜居万松山麓。

11月30日　星期二　［建德］　晨雾　晨46°F

九点李絮非等出发赴屯溪。教厅视察王毅诚（正平）来。下午陈鸿逵夫妇来。晚初农单纬章等来。

晨七点起。约鲁珍来。嘱李絮非赴屯溪接希文、平二人回建德，并送函与黄山旅馆张康侯，告以屯溪茶栈决放弃，因入赣水道常山胜于祁门也。唐榆生亦乘车往，拟赴皖省府投雨岩处。

上午阅《严州府志·人物篇》，严州六县，即建德、淳安、遂安、寿昌、分水、桐庐，因宋名睦州，故称六睦。以人材（才）论，淳安称首，遂安次之，而建德尚屈居第三也。淳安方姓、遂安毛姓皆大族，人材（才）辈出。建德城内有牌坊甚多，系明代建，大抵完好，如严州中学与府衙间之俞稷、俞夔兄弟牌坊，系嘉靖时人。夔曾为布政使，宸濠之乱多保障功，历官江西、湖南诸省。尝建塔于卯巽二峰，称南北二高峰以培文运。其弟稷，曾为河南道御史，著有《西台奏疏》。又府前街有牌坊以表彰毛一瓒，遂安人，万历壬辰进士。又毛一公，遂安人，万历己丑进士，授汉阳推官，升南光禄寺少卿。至清代则有毛际可，亦遂安人，顺治戊戌进士，为《严州府志》总编，通籍五十年无一刺入公门，著有《春秋三传考异》《松皋文集》《黔游日记》等。

下午三点开特种教育执行委员常务委员会，至刚复、乔年、晓沧、鲁珍、亦秋、苌谋诸人，决定助教于校址再迁时停职，听调迁；教授授课三小时以下者可不必同去；学生之困苦无可告贷者，拟以棉背心项下188元暂时救济；浙大于杭州不失守暂不离建德，但江西吉安方面则积极进行。晚单纬章及初农教员来告别，因明日渠等分别赴杭、绍。至亦秋寓中。

12月1日　星期三　［补注：此系星期二日记］　［建德］

上午至严州中学视察所借之校址。午后柏青、泽宣来。午后晤陈鸿逵。晚至泽宣寓剃头。希文、希平由屯溪回。出《浙大日报》。

晨七点起。八点至校。嘱章诚忘来校暂代振公职务。因杨义久病，振公连日均不到校，今日且假汽车往淳安接医生。十点偕鲁珍至严州中学，晤庶务主任江君。该校已允借第二部为浙大一年级学生、教职员宿舍及教室之用，并可借操场、浴室等，较之三、四年级住何宅，二年［级］住万源当［铺］则胜优多矣。

中午李絜非、林汝瑶等由屯溪回，希文及衡由彼等接回。知今晨七点由黄山旅馆动身，十二点抵建德。希文与衡均算毕业。余临行时交龚启昌世元，嘱学校解散时可雇舟来建，但以屯溪舟子均惧拉夫，不愿下水，故发电嘱去接也。李絜非与张康侯亦相晤，将租屋之事结束，共用洋七十四元余。中膳后晤陈鸿逵。晚五点回。剃头。庄泽宣、陈柏青来。晚作函与徐学禹。

《严州府志·遗爱》称梁（南北朝梁武帝时）任昉字彦升，乐安博昌人，天监中出为新安太守，卒于官，惟有桃花米二十石，无以为殓，阖境痛惜，共立祠于城南。武帝闻讣，悲不自胜，曰：昉少时常恐不满五十，今四十九，可谓知命（五十而知命）。此事与丁在君如出一辙。特在君自父母、兄弟之年推算，较为科学耳。又杜牧字牧之，京兆万年人，会昌中自池州刺史改睦州，曾有《上盐铁裴侍御书》，渭（谓）睦州百姓食临平监盐，其土商被监追呼取，直为江淮之大患云云。

12月1日　星期四　［补注：此系星期三日记］　［建德］

晨七点起。八点至校。昨出《浙大日报》，现由情报委员会毛启爽、徐谷麒、李絮非等主持其事。日出五百张，费四元五角之谱。每张卖一分，给贫苦学生分发之，学生得 2/3，校中得 1/3。如全体卖去，则校中可得一元五角，学生得三元之数。如十人分任，则每人可得三角也。昨高工刘之浚教官为购救国公债事，斤斤于锱铢之较量，今日复来，只愿购 30% 而不愿购 50%。余颇愤激。

读《严州府志·遗爱·徐侨传》，谓侨字崇文，义乌人，从东莱、晦庵二先生游，事有不可，必反复论，不为矫激，虽异己者，人益知敬。此则余所应学者也。元大德元年，阿思蓝海牙来署寿昌县事，恩威兼著，初万户珊竹氏每麦禾秀时，纵卒来县放牧，民甚苦之。乃召卒戒之曰：速归语尔主，吾知国法，不知有万户也。卒惧宵遁。

《严州府志》卷十二《遗爱》载历代游宦，是邦名人不绝，如梁之任昉、唐之房琯、杜牧，宋之范希文、赵抃、张栻、吕希纯、陆游等；而本地人者除明之商辂外，尚有韩愈大弟子皇甫湜及戊戌六君子中之袁昶，亦桐庐人也。吕祖谦字伯恭，金华人，学者称为东莱先生，乾道五年来为郡博士，士由远方负笈者日众，在学著《春秋讲义》。明年张南轩（栻）为守，至宝庆间，东莱子延年宰建德。吕希纯则字子进，申国公公著之子，绍圣元年知睦州，筑门以利水运，自是无水患云。

严州在宋代即以产茶著，赵抃出知睦州，睦岁为杭市羊，移文却之。民籍有茶税而无茶地，奏竭之。又赵与檬，咸淳元年知建德，解任时代为建德人户代输咸淳四年茶租。

淳安方氏乃唐时方亮之后。《严州府志·遗爱·吴世泽传》下：世泽，连江人，嘉靖十四年知府事，遂安矿徒猖獗，亲捣其巢。又韩叔阳，嘉靖三十七年来知郡事，内平矿徒云云。矿徒不知何解。

12月3日　星期五　［此系星期四日记］　［建德］　晴晚52°F

今日中午有警报，但仅过路而已。李絮非、杜清宇赴金华。嘱章诚忘来校长办公室作（做）秘书，因振公为杨义久病告假也。

晨七点起。八点至校。接教育部东电，知马电（廿一电南京）已到，嘱移浙江或江西南部，适与吾辈所计划者相合矣。且如此，则以后经济教部似当仍须维持也。得周承佑廿七日电，谓允溪白鹭可容全校，请派人复看云云。嘱李絮非与杜清宇二人赴金华，成立运输接治所。

午后三点开特种教育委员会，各组委员到齐学启等。齐于昨晨自长沙来，据云廿五号长沙车站被炸，落六弹，四弹落客栈中，击毙二百余人，长沙极恐慌。自长沙至金华共走五六天，自长沙至湘潭、株洲、樟树、莲塘均须换车，车中无食物可购云。下午五点王驾吾等自天目山来，知于廿九晨动身，即晚在于潜上船，至今晨抵桐庐云。

《严州府志·遗爱》载，吕昌期，溧阳人，进士，万历八年由工部郎出守建德，开浚西湖，建造建昌山桥梁，至今称吕公桥。《府志》即吕公时所编。华敦复，无锡人，由进士于万历四十四年任郡守，用形家言决城内两湖，水西流入江。又杨守仁，字嘉复，漳浦人，以刑部郎知府事，才情练达，鸠工建靖共堂，凿泮池，修郡采，至今与郑锐同祀于北高峰。林光，字缉熙，广东东莞人，弘治间任郡庠教授，与之讲白沙自然之学。初，光领乡荐，从白沙陈献章游，深契其宗旨。《白沙遗之诗》云："万紫千红外，如君正可人。桐江都满树，海驿尚含春。"云云。按白沙之地名当由于林光乎？

12月4日　星期六　［补注：此系星期五日记］　［建德］　层云52°F

晚晤王季梁、梅迪生。又韩祖德来。

晨七点起。八点至校。柳定生、黄羽仪、林馨侯、祝文白等来。渠等均于廿九动身，昨到桐庐，晚间抵建德者。作函与吴永庚等。晨接惠成媳函，知惠成已于上月廿日病故，一年之中霞姊竟殇二子。惠成体素不健康，但年来稍有收入，赖以养家。惠森年最幼，若教养得法，远胜乃兄，在宗文中学师生均契重之。惜均不永年，实可痛之至。长子惠康，则身体虽较健，但所受教育实在太差矣。午后三点至电话局，接公路局徐学禹打来之电话，待一小时始接通。晚至总府前廿七号晤迪生、季梁。

《严州府志·遗爱》，海瑞，字以贤，琼山人，举人，嘉靖七年知淳安县事，洁己临民，公服一袭未尝更新。在淳六年，时有都御史鄢懋卿督理盐政，由严过淳，供给甚侈，瑞为书谏止之，竟迁道他往。后言时事下狱。严州之三元坊与杭州之三元坊均以商辂得名，因商连中三元，且为相国也。又任风厚，陕西临潼人，拔贡，康熙十六年到任，注意学校，鼎新大成殿东西二庑。聘进士毛际可纂修郡志，稿本已定，因办军需络绎，未及付梓。寿昌县知县曾华盖字文垣，康熙廿一年以进士任，尝榜于门曰："百姓方有疮待补，县令并无丰可抽。"抽丰二字作如是解，非秋风也。

12月5日　星期日　［补注：星期六］　［建德］　阴50°F

会计主任韩祖德来。李絮非、杜清宇自金华回。孙恒来建德，过余处。晚间至梁庆椿寓与韩祖德作一度之接洽。

晨七点起。八点至校。得周承佑电索款，即电汇五百元。查周等去金华后，余于廿七号即汇出贰百元，交由南昌张宝龄转，今得周电知此款尚未收到也。自前日接周承佑电，知吉安鹭洲可容全校，又同时得教育部电，赞成浙大移赣南，则吉安之议势必成为事实。迁移事以人手众多，迁移费用较大，不得不缩小范围。故已决定，凡助教既在建德无工作可做，初移吉安时可不必同去，俟吉安地方布置就绪后，在酌量指令前往。其余暂时留职停［薪］，听候调迁。教授中有无课可教者或钟点甚少、学生稀少者，本亦拟令第二次出发。但与各院长商榷结果，工学院只土木系尚可裁减，其中有副教授徐芝纶及讲师陈崇礼二人，文理方面则俞子夷、张孟闻及贺昌群三人，农学院学生人数较少，迁吉安后蚕桑三、四年级无人，病虫害及园艺均各只二人，即二年级人数亦不多，故程世抚、陆大京、柳支英等似亦可去。但即如此，合共亦只六教授、一副教授、一讲师而已，所省不多，而转多扰攘，故决作罢。只蚕桑讲师胡瑜以合同期满，不拟续聘。

下午李絮非等自金华、衢州回，据［云］浙赣路运输情形稍佳，衢州现可得车五节；金华方面与柴志明、张慕聘接洽，可得五六节。价目寻常每吨自金华至南昌十一元七角八分，大批运可减三分之一，四十吨车一节约费三百元之数。运人可购团体票，作半价，自金华至南昌半价约四元云云。晚孙季恒来，知渠于本月二日始至杭，在校晤吴雪愚，次日见陆子桐，于今日乘四点车回。余责其上月十六号不应与余不作接洽贸然离责。

12月5日　星期日　五号赴乌龙山晨阴　晨 46°F

晨七点起。八点至校。因徐成美赴南昌之便，嘱带名片交程柏庐与萧叔钢。十一点半偕侠、昭复及希文、衡、梅、彬、宁与璞、琦、珊诸人至乌龙山祖师殿。途中行颇缓，一点余始至其地，遇吴馥初、夏绮文、王治、沈鲁珍及李絮非等。在祖师殿进点心。希文、李絮非鼓勇登山，余与侠等稍稍上山即下。四点半回寓。

12月6日　星期一　[建德]

晨七点起。八点半至校。嘱孙祥治拟电稿致教育部及财政厅催经费。午后何建文至寓，渠颇骇余年来之衰老。自至杭长浙大以来，余两鬓几全白，颓然老翁矣。十一点作纪念周，请钱子泉讲"吾人大家尽力学习做学生"。

《严州府志》卷二十二载，李文忠于元至正二十二年在严州筑今严州城，二十五年破张士诚兵二十万，班师回严，修乌龙王庙。倪以端，遂安人，祖凯，通天官、地理家言。端承家学，永乐中以天文举，历冬官正，测验悉无差式。分水朱睦村有张道陵父墓。建德城甚小，自东至西、自南至北各不过二里许，共有六门，即东门或兴仁门、小南门或澄清门、大南门或朝京门、大西门或和义门、小西门或和平门及北门或拱辰门。第二十二卷《严州府志》载，万历十六年，严州大饥且疫，死者载道，斗米一钱八分，民掘草根而食。可知斗米一钱八分已算贵了。顺治八年，斗米白金四钱。杨后，宋宁宗后也，理宗即位尊为皇太后。先是严民苦重赋，生子有不举者，开禧元年御笔尽免两浙生子钱，从后请也。

12月7日　星期二　[建德]　晨重霜

晨房中闻句容陷落消息。周承佑回。孙季恒与韩祖德办会计交代。孙儒范来。晨七点起。八点半至校。十点至广济庙，现为浙大洗衣作。欲寻陆放翁所作乌龙广济庙碑，弗得，只嘉道时候之两碑而已。出西门绕西湖行二里许至江干，见江中来往帆舟颇不少，均柴米菜蔬之属来严州者。经大南门回校，知周承佑已回。与承佑、刚复、荩谋、鲁珍等谈一小时。据承佑报告，谓白鹭书院现办吉安中学，有学生六百余人，校长徐君愿迁入城中至乡村学校与阳明中学，而此二校则迁至城东十五里之青原山。但白鹭洲长仅里许，广半之，面积既小，且每年霉雨期间校舍有二三尺之水，故决非长久计。青原则校舍较小，仅可容三四百人，且无处可住家眷。叔主张青原山。

午后孙儒范来。知其于二日离定海，而翌日元成即到。余怪其不应如此儿戏行为，嘱即返定，渠于明晨回校。下午与周承佑谈一小时余，决计于九号晨乘小汽车赴南昌，至吉安视察，并托惹谋、晓沧主持校务。孙季恒与韩祖德办理会计交代已竣事，校中积存洋十万零四千元，连同保管款计十六万元。其中有非校款，如救国公债五千元，及不得动用之款，如英庚款一万七千、美庚款一万二千五等。

12月8日　星期三　［建德］　晨厚霜有冰　晨42°F　午晴46°F

姚佑林自杭州回。

晨七点起。八点至校。作函与蕴明，关于与清华合作事。午后姚佑林自杭州回，渠等在杭州一星期，共装书一百四十余箱，所有西文书，除农院之第十版《大英百科全书》外均装来，英文杂志全部均装，中文杂志未动，中文书只装十分二。浙大有中文书五万余本，英

竺可桢旧居

文书一万五千本，杂志不在内，现装中国书约一万本之数。连前已装到者，共二百余箱之谱。共装五船，其中有三舟将自三郎庙开往六和塔时，船方开行数十码，而敌机落炸弹适在码头上。闻杭州秩序渐佳，店门开者占十之四。朱榴先已于六七号交卸，黄季宽抵省云云。

唐孟浩然宿桐庐江诗："山暝听猿愁，沧江急夜流。风鸣两岸叶，月照一孤舟。建德非吾土，维扬忆旧游。还将两行泪，遥寄海西头。"《严州府志·艺文》卷廿六，范仲淹五言绝句有六首，潇洒楼诗："潇洒桐庐郡，公余午睡浓。人生安乐处，谁复问千钟。"诗（中）郡以桐庐名，但实在乌龙山下云。其二："潇洒桐庐郡，乌龙山霭中。使君无一事，心共白云空。"又朱晦庵《题方塘》："半亩方塘一鉴开，天光云影共徘徊。问渠那得清如许，为有源头活水来。"

朱子所云确有科学理想。苏东坡满江红钓台词："不作三公，归来钓，桐庐江侧。刘文叔，眼青不改，古人头白，风节倘能关社稷，云台何必图颜色。使阿瞒临死尚称臣，伊谁力。登钓台，初相识，渔竿老，羊裘窄，除江山风月，更谁消得。烟雨一竿双桨急，转头不分青山隔。叹鼻端，不省利名腔，京华客。"

12月9日　星期四　[建德—玉山]　晴　晨霜旦无

晨七点起。八点至校。与苌谋、亦秋、乔年谈后，余托主持校务。十点出发赴南昌，适遇敌机来袭，但只闻声不见踪。后知有机十二架赴金华，往贵溪投弹三枚，又至浦阳投弹。

12月17日　星期五　[建德]　晴　晨52°F　午60°F

晨七点起。八点至校。阅各方寄来之信件。士芳由南京曾来两函，两星期后始抵此间。后于本月二、三号偕花匠由南京乘难民轮逃出至九江，观在浔等款。侠于昨日汇出四十元。（渠）赴九江，拟由九江至安庆雨岩处觅事。临行时珞珈路廿二号之屋只交路警住入，并不与气象台人员接洽，实属失策也。接洪芬函，知已抵上海。霞姊由绍兴寄来函，则尚系十七号作，在惠成未死之前也。

午后三点召集特种教（育）委员会常务委员会，到晓沧、苌谋、刚复、乔年、鲁珍，决定提早迁赴吉安。因照原拟寒假中迁往，如是则学生课业无妨碍，而吉安方面之房屋亦可从容预备，但南京失落以后，日人有侵武林之趋势，杭州如失守，则公路必断，而浙赣或不通，故不得不先迁也。即派人赴玉山接洽车辆，以便定期停课。教授、学生运费均自理，助教非有指定工作留职停薪，发至一月份为止，对半发薪。

《严州府志》卷廿四《朱熹答詹仪之书》有："居问本有食不足之患，而意外之费复尔百出，不可支。吾亲旧有躬耕淮南者，乡人多往从，亦欲妄意为此，然尚未有买田雇夫之资，方此借贷，万一就绪，二三年间或可免此煎迫耳，衰病作辍亦复不常。此句月间方初无所恼，绝不敢用力观书，但时阅旧编，间有知新益，《大学·格物》一条，比方通畅无疑，前此犹不免是强说，故虽屡改更，终不稳当。"

12月18日　星期六　[建德]　阴中午雨数点，未几止　晨52°F

晨七点三刻起。八点半至校。请齐学启来，约其赴玉山与浙赣路局接洽车辆事。因浙大既决定提早迁移，则车辆不得［不］与浙赣路总局直接接洽，以便收指挥之效。故拟派齐在玉山驻扎，以至全体移毕为止。预计学生四百人，教职眷属等三百人，需车十四辆，此外仪器四百三十箱，行李千余件，尚须十余辆，故共须廿七八辆，此项车辆须源源拨给。即托齐前［往］，并派助教程祖宪同往，明日出发。

李锋来，知水利局目前在兰溪十一二月之经费均附发，但定海之经费须待该台经费收据始发。如是势必旷日持久，而吴永庚到定后，需款孔急，故拟校中先汇款，以后由建厅拨还。林汝瑶来报告杭校近况，余嘱其录在杭留守，直至省政府离杭为止。寄程柏庐电，请借用床、桌、椅各六百。

中午回。膳后丁炜文来。知渠回绍后，于十六抵萧山，适值飞机轰炸，极为危险云。陈柏青来。二点至校。五点半三回。教育系毕业生邱壁光来，系嘉善人，本已考入中大研究院，以战事中止，在嘉善以飞机炸，仅拿随身衣服出走，来此谋事。晚膳后，适杨浚中教官以被派赴衢州训练军官需干部人员，予即介绍邱前往。晚解翼生请余于星期一至坞口壮丁训练纪念周讲演。

12月19日　星期日　［建德］　晴

一年级学生彭世勋来。陶瑞麟来。

晨七点半起。八点至校。送齐学启、程祖宪赴玉山，并嘱宝兴开车至常山修理厂修理四号汽车。作函与洪芬，嘱由沪寄函与金陵女子大学薛铁虎，嘱至珞珈路廿二号视察屋宇是否完好，因南京无从通消息也。今日《浙大日报》尚载南京尚在混战，已成焦土云云，可叹之至。

中午剃头。刚复、苊谋来。三点至中山纪念厅召集教职员会议，讨论迁移校舍及结束课程问题。课程决暂不结束，至吉安后再继续上课，两星期后大考，此与英美之放外国冬至［圣诞节］无异。晚膳后途遇韩祖德与郑晓沧，知金润泉已来建德。据云日人已进兵至临平，故中、中、交、农四行于明日退兰溪，恐省政府亦将于短期内迁金华或永康，因是人心惶惶。实则日兵于上月十六七号已进兵过长安［杭州与海宁之间一小镇］，彼时余等迁建德认为安全。现第二度至长安，则人心摇动，可见我们的胆量越弄越［小］，愈吓愈怕，实则日人决不进兵向钱江上游。吾校既决移吉安，可照原计划进行也。

校警聂楚湘在桐庐落水溺毙，除校中给抚恤金二百元外，余独捐二十元。

12月20日　星期一　［建德］　晴　晚47°F

晨六点半起。七点三刻方在早餐，即有社训总队副队长李德储来，往约定之坞口壮丁训练大队，出席扩大纪念周演讲。七点半出发，乘Marriott之车219号，由王姓车夫开往，因校中各车均已分赴玉山与杭州也。车开过黄金坑，未达坞口二里许，前两轮连系之铁条忽落一螺丝，遂使两轮各自东西，顿时车行无主，撞打马路旁一树。行人三四几为压毙，车亦几跌入田间，幸旋即停。乃与李教官行二里许至坞口村。即有解翼生及浙大同学七八人来接。

至五中队休息。知此系第一期，训练已近四星期。我校同学轮流至各地为政治教官，甚得李教官之赞赏。前刘奎斗及洪鲲等在此训练壮丁，甚爱戴之，及彼等赴附前方组织游击队，有若干壮丁愿随往云云。此等壮丁十之九不识字，每次受训一个月，每丁出米三斗，并带盐菜。队长即保甲长，月薪五元，扣饭金三元。有黄金坑录来之学生，今晨四点半即出发，行二十里至此。

十点半队伍排好后作纪念周，即在田间。共有千余人，无军服，故不甚整齐。余以须回校，仅讲廿分钟。谓"好汉不当兵"之说乃专制君主怕人民造反所造之口号，而满清入关以后，更利用之以压制汉人。又提出壮丁之责任：（一）维持后方秩序，（二）留心汉奸，（三）如必要时赴前方作战，并述古代寓兵于农之意。十二点回。

建德军警稽查处以县长江起鲸为处长，警察局局长夏松［为］社训总队副队长，李德储为副处长。

12月21日　星期二　［建德］　晴　晨46°F

晨七点一刻起。八点余苏叔岳［来］，知于昨晚由桐庐抵建德。据谓此来共带学生、教员之行李四百余件，仪器则只极少数，十余箱而已。以桐庐无船可得，后遇税局职员暨南大学毕业生、曾在气象所充当事务员之吴君之助，租得迎春坊十一号之屋寄存，由吕又望在彼接收。关于十八号汽车及其余汽车，则恐不能运出。以此次来时，船只已迭遭军队之扣留，且于潜亦乏船只，幸得县政府之助而得二十一只小船云云。此次苏在天目大为学生所攻击，而临时又辞职，实亦不负责之表示也。潘承圻及丁祖炎则至桐庐后即赴绍兴。潘仅留一函，且所留账目亦不尽确，如余去天目仅交二千九，而渠算三千之类是也。

晓沧来。知沈有乾、黄羽仪二人均将由沪返里，心理一科将无人担任。沈以病背上之疮，而羽仪则以其妻病疗，故不能受震动云云。同事中若［干］有须安顿家眷始能至赣者，如季梁须回天台，步青须回平阳，贝时璋须送眷回奉化等，但渠等本人均可来赣云。

五点至林场。晤贝时璋，又步青与羽仪来。今日定助教中偕赴吉安者共二十人，计教育吴志尧；史地柳定生；数学虞介藩、卢庆骏、许国启；物理周昌寿、孙伪；化学王以德、沈仁湘；生物王凯基；农艺朱懋荣、李酉开；经济钱英男；病虫害杨新美，园艺储椒生；化工张启元、施昭仁；土木徐仁骅；机械陈同宣；电机程祖宪等。

### 12月22日　星期三　［建德］　晴

晨七点三刻起。上午八点半至校。章宝兴自玉山回，知星期日出发至金华、衢州接洽，未能到玉山。前日至玉山接洽，终日未能得结果。昨旧（日）始晤到杜镇远，知目前因南昌尚扣除五车头，故列车难办到，正交涉，教职员及学生设法用三等客车挂特别快车后分批输送。由金华至南昌，已自廿日起每日有特快车，上午十点由金华开云。

今日通知会计处下列职员留职停薪：注册课叶筠（此君在校达二十五年，自工专起，故多给薪一月，至二月止）、朱传荣；图书课张雪梅、蔡百昌；体育课刘典章；医务课裘启宇、张婉兰；训育部苏叔岳；会计课方于冕；文书课胡其华等。

今日下午李絮非、谢养若等押仪器船十艘赴金华，目前已出发者，计第一次四百一十八箱，第二次二三七，第三次四四一，共一零九六箱，尚有二三百箱在运输中。自杭运吉，每箱仪器约需十元之数，故单运仪器已须一万元以上矣。陈叔谅来，据谓省立图书馆运《四库全书》及省志、英文书籍至建德，共只费六七百元，但箱数则远少于校中矣。苏叔岳已通知停职，因目前无课可教也。

### 12月26日　星期日　［建德—兰溪］　晴

晨七点即起。上午将办公室东西理好。八点半至大南门，过小南门见一年级正在码头拟出发。晤夏济宇教官及储润科，渠等于十点可以出发。回至林场晤场长吴士标，知其已将林场交县政府，建厅因林场总场场长李德毅辞职未照准而他去，故十月份经费尚未领到云。余谢吴以借林场地址事。次至何宅及中山纪念厅，并至严州中学。知校长严济宽已赴皖，而负责者系一庶务蔡毓钧，余为借校址道谢而别。

十二点至方宅（即总办公厅），偕韩祖德、晓峰、茞谋中膳。膳后接兰溪查长生电话，知金华至南昌火车已两日不通。而同时浙大鲍警长与警察黄子平报告，渠等分别于廿四晨八点及廿三下午四点由校出发，知农院所附存谷米已为地方人士所抢，大学尚完好。钱江桥于下午三点被炸，我兵于廿三撤退，廿二晚警察不站岗。日人录于廿四下午九点进杭州城，先锋系骑兵部队，廿五（日）五点半即至富阳云云。因桐庐至白沙路有随富阳至桐庐一段被毁之可能，故决计于今日出发赴兰溪。

五点出发，在白沙渡待三小时。至十点始至兰溪，即至萍香旅馆晤沈仁湘。时二、三、四年级同学及领队教员如陈柏青、舒鸿与梁庆椿均已到。余告以金华车如不通，决取道常山。但金华尚有难民车，故男学生仍出发赴金，带轻便行李，家眷则往常山。而领队梁、舒诸人均不愿往，陈亦极勉强。至萍香时已无房屋，幸由中行蒋宗尧介绍赴中行金润泉所住卧室，谈至十二点，始至中行，行亦在结束。拟于三四日内赴永康。睡后上午二点又有二、三、四年级代表及梁、舒诸人（来），因三、四年级愿赴常山。余告以赴常山价贵，故嘱三、四年级生待余明日回后再出发，二年级先往金华。

全面抗日战争时期大事记

# ·一九三七年·

7月7日　发生卢沟桥事变，全面抗日战争正式爆发。

7月21日　由于政府未付下二都机场地价，不少被征地农户为维持生计，仍继续到飞机场耕种，有碍飞机飞行。为此，建德县政府发布布告，规定机场范围内之土地，于秋收后，农民不得再行耕种。

7月[1]　《新寿昌》报创刊，每期发行五百份，旋即停刊。

8月1日　鉴于华北时局日趋紧张，建德县召开军警和机关联席会议，商讨各项战时准备事宜。

8月5日　建德县政府在给浙江省政府和第四区行政督察专员公署的报告中称，为应付时局计，本县已召集粮、盐、酱等商人筹划准备，食盐已备足四个月；粮食因秋收在即，可储备三个月左右；燃料一项，已统一管制，不得私运；所有油、酱、蔬菜等辅佐食品，已令县商会转饬各业充分购备。

8月14日　日本王牌空军木更津航空队袭击杭州笕桥机场，驻机场的国民革命军空军高志航大队起飞迎战，击落击伤敌机多架。是日，国军作战飞机先后降落建德下二都飞机场加油及隐蔽待命。

8月28日　为防止日机对百姓施放毒气，寿昌县政府印发《无防毒面具军民对于毒气之处置》传单多份。

8月30日　中央航空委员会建德飞机场函称：近来本场时有飞机降落，原有驻场保安警察队不敷分配，要求建德县政府协助加派士兵。9月7日县政府召集沿飞机场之乡保甲长开会，责成实施保甲任务，严密保护飞机场安全。

9月1日　为购办军粮，建德县政府购就白米十万市斤，分装五百五十一袋，运送至衢县。同月29日，又购精、糙米八千七百七十九斤各二分之一，分装四十五袋，交至该县政府。

---

[1] 该月内无具体日期的大事，统一以月份为题，归为该月末尾内容。

9 月 15 日　建德县政府训令：本县飞机场因去年被洪水激冲，北堤岸及场面平度均受损坏，要求各乡镇征集壮丁八名，迅速赶赴机场修理。

9 月 30 日　浙江省第五区保安司令部电令建德县办理金衢严一带野战工事。10 月 10 日，建德县政府向各乡镇下达构筑北乡野战防御工事征集壮丁人数、木材分配数。不久，省财政厅下拨工事经费四千二百九十二元。

10 月 1 日　建德县政府奉命购买面粉五十袋、木炭十一担。分发各店赶制成光饼一万个，分装一百二十五袋，运往抗战前线。

10 月 15 日　建德县北区乾潭、芝川、礼和、泷江、牌楼等乡境内野战防御工事开工。工程由陆军第二十五军负责构筑，浙江省工程处指导，11 月 6 日完成第一期防御工事。12 月 2 日—次年 1 月 10 日完成第二、第三期防御工事。总计耗资九千八百一十九元。

10 月 23 日　为适应战时军运，建德县奉第三战区兵站总监之令，成立军运代办所。

10 月 25 日　抗战日趋紧张，建德飞机场将有空军第二部队驻扎。为安排好食住处所，建德县政府召开法团士绅会议，决定由县商会召集农业公会及旅馆业主派借被褥四十套，城南、城北、三都、杨家、和溪、东关六乡镇派借铺板四十块，长凳八十条，供飞机场驻军使用。

10 月 26 日　中国非常时期难民救济委员会建德支会成立，下设总务、财务、收容、救护、给养五组。借县商会为会址，择定收容所四处，并制定《支会组织规程》《难民收容所管理规则》和《难民收容、遣送、发费、救护补充办法》。

10 月 29 日　为加强戒备，建德飞机场召开会议，规定八条警卫事项：1. 防止汉奸逗留境内；2. 严密监察户家来往的亲友以及陌生人客；3. 注意小贩及僧道；4. 遇有形迹可疑之人应即报告就地军警；5. 盘查行旅；6. 对于飞机场一切设备、行动，晓喻住户应绝对严守秘密；7. 整理户口；8. 飞机场附近要道应时常巡查。

11 月 1 日　浙江省政府致电建德县政府，严密注意敌机破坏我空军根据地，要求切实做好飞机场修复工作。

11 月上旬　中央航空委员会建德飞行场改名为航空委员会第二飞行场，场长夏振扬。

11 月 13 日　浙江省政府电令建德、寿昌两县募制寒衣，慰劳前方将士，其中分配建德募制棉军大衣四百五十件，棉军衣裤一千一百套，折合币价五千二百九十元；分配寿昌募制棉军大衣一百件，棉军衣裤两百套，折合币价一千零二十元。

11月16日　建德县政府征集民船五十九艘，派员押送赴杭。

11月17日　浙江省政府电令破坏建（德）桐（庐）路芝（夏）杨（村桥）段土基。浙江大学迁来梅城办学，有师生千余人，总办公室设在总府前方宅，教室分设林场、天主堂、孔庙等处。

11月25日　建德县军运代办所召集地方各界人士开会，讨论统制民夫船只问题，以利军运。

11月　建德县义务壮丁常备队成立，有一百五十四名士兵。

12月2日　中央航空委员会致电建德临时航空站，要求在本年底将机场扩修至一千二百米见方，以供新式飞机起落。

12月7日　建德县政府下达命令，要求和溪、杨家、三都、东关四乡镇各派壮丁三十名，其余乡镇各派壮丁十五名，由保甲长率领迅速前往建德飞机场构筑新工事，并随带工作器具及必需物品。伙食费由该场发给，每人每日三角。

12月17日　浙江大学撤离建德，迁往江西吉安、泰和。

12月　建德县奉命破坏飞机场，并征雇民夫两百名、民船五十九艘、纤夫四十五人，搬运场内物资。至1938年1月13日，飞机场最后一批物资（包括油料、器材等）被运至杨家乡保藏。同时，建德临时航空站所有员兵离建去南昌待命。洋尾进步青年马雨亭和三河进步青年陈鹤轩、徐孔昭等四人在大洋自发组织抗日义勇队，向群众做宣传抗日工作。第三战区兵站总监部第二十一分监部移驻梅城东关，抗日战争结束后撤离。《艾潮周报》创刊，社址在寿昌县党部，负责人为陶涛。

# ·一九三八年·

年初　进步青年王大田由新四军驻丽水办事处介绍来建德，与陈详、励维钧、孙思白一起在严中附小对面的周姓人家开办"新知书店建德分销处"，主要引进介绍马克思、列宁、毛泽东、邹韬奋等人的进步书籍，同时积极在洋尾埠、三都街一带发展中华民族抗日先锋队组织。浙江省抗战后援会吴曼华（吴梅）带领一支抗日宣传队到大洋活动。该队先后住陈鹤轩和徐孔昭家。奉国民政府第三战区兵站总监部第二十一分监部电令，建德、寿昌两县政府在各城区设立粮食屯集所一个，并在建德早胡乡冯坞口村（今罗村乡枫坞口）、大洲乡方山村、寿昌三河乡溪口村设立粮食临时仓库。

1月11日　建德县壮丁常备队开赴汤溪、龙游，接受第十预备师第四十团整编。

1月12日　建德县政府通知杨家乡各业户，收回被征机场土地，实施耕种。

1月16日　国民政府第三战区兵站总监部第二十一分监部第二分站移设建德梅城，驻西门街69号，主要任务是办理二十五军补给。

1月22日　上午8时，一架日机在建德南乡肖塘投下炸弹一枚，炸毁松树六株。此为日机首次在建德县境内轰炸。

1月23日　晨，为适应战时军事通信需要，建德设置至桐庐、分水、淳安三县递步哨。

1月25—26日　建德县政府共向国民政府二十一集团军等部队发送军用米两万零五十四斤，食盐三百三十六斤，菜油二十斤。

1月31日　第三战区兵站总监部直属第一派出所奉命移设建德，并择定在县林场分场办公。

1月　建德县地方武装情况统计：建德县保安警察队共九十一人，枪四十二支，子弹三千五百二十八发，驻地梅城县府北门；建德县义勇壮丁常备队共一百五十九人、快枪一百支、子弹三千发，驻地为梅城东城区中山纪念厅。此外，尚有通过培训且由各乡保编组的义勇壮丁队四千余人。建德县民有武器情况调查：快枪六十五支、杂枪一百零八支、土枪两千三百七十二支、刀矛四百三十一把、快枪子弹两百九十发、杂枪子弹一千五百九十发。

2月10日　建德北区乾潭、芝川、礼和、泷江等乡令将境内野战防御工事加固成永久国防工事，同时建筑炮台工事，工程由浙江省工程处指导，陆军第二十五军构筑，至1938年3月19日竣工，总计耗资四千一百五十八元九角八分。4月9日，第三战区游击总司令部临时工程处派员到北乡验收国防工事，共有永久工事十八座和野战工事一座。

2月13日　浙江省政府颁发国共第二次合作《战时政治纲领》，建德等县开始组织政工队。

2月16日　建德县成立抗日自卫委员会，设主任委员一人，副主任委员两人，委员二十五人，下设政训、军事、经济、财务、总务五组。

2月18日　上午7时，梅城孔庙及西山岭遭到三架日机轰炸，投下炸弹三枚，炸毁房屋一间。

2月22日　为应战时之需，建德县政府在潘村乡芳山村设立临时仓库，藏放大米（两百包，计六千斤）、菜油、火油等。

2月23日　下午3时，七架日机第三次飞临建德县城和城郊上空轰炸，共投弹二十六枚，炸毁房屋八十间，死十二人，伤八人。同日，寿昌县政府颁发本县各级小学实施非常时期教育办法。

2月28日　建德县抗日自卫委员会第二次临时常务会议决定：自即日起吸收一批青年组建县政治工作队，并贴出招生布告。

3月3日　建德县常备队、县保警队和六十一师教导队共同承担在城乡、小南门外、上黄浦街、油车边、商会后面建筑公共防空壕。

3月8日　寿昌县政府拟订本县设置递步哨办法，分为六路：寿建路、寿兰路、寿龙路、寿衢路、寿遂路和寿淳路。其中寿建路递步哨址设淤堨和松树底两处。

3月20日　驻建德大畈附近的第二十五军一〇八师三二四旅，向分水方向迁移，建德县保安警察独立分队一班，前往接替守护大畈附近之永久工事及野战工事。

3月　建德县政府奉令紧急修复芝杨段公路，计购办桥梁木料款五千一百元。因日机轰炸，严州中学转移到洋尾埠祠堂内上课。梅城的新知书店建德分销处除留励维钧继续负责外，还派陈详去洋尾埠开办建德县新知书店经销处洋尾分店。同年夏，严州中学迁回梅城。建德县政治工作队成立，约有四十名青年考试合格后加入政工队。政工队由县长许亚夫负责，县党部委员陈季华兼任队长，蔡大江为副队长。下设四个分队。

4月5日　上午8时，梅城南门外江中的一艘民船被日机炸毁。

4月10日　建德县政府发布监护北乡国防工事实施办法。

4月　建德县政工队全体人员行军至金华第四专署集训两星期，沿途张贴抗日救亡标语和壁画。建德县政府修订《军运代办所组织规程》。同时，建德县军运代办所接管第三战区兵站总监部直属第五派出所军用大小麻袋四千余只。

5月4日　非常时期难民救济委员会建德县支会制定《筹设难民垦植区计划大纲和开办费预算书》。垦植区暂定本县抗日自卫委员会经管之公产——梓里乡方天坪山地，面积五百亩。

5月9—12日　国民政府陆军第十九师经过建德县，建德县派渡船八十艘至十里埠，日夜维持军渡。

5月13日　遵照浙江省政府颁发的《民众义务支前护送伤病官兵办法》，建德县政府在建德县社会军事训练总队、义勇兵壮丁常备队中挑选三十三名官兵，编组成立建德抗日自卫委员会担架队，并受军政部军医署第七十七兵站医院指挥。同年7月9日，该担架队撤销。

5月26日　省财政厅拨发五千一百九十三元九角，要求建德县再行破坏建桐公路芝杨段土基。

6月3日　实施对芝厦至杨村桥路段彻底破坏。路段全长二十五公里。

6月8日　建德县政府征集壮丁修理大畈附近国防野战工事。6月12日，工事初步修理完毕。

6月10日　县政府征集东南各乡镇民夫七百一十三名运输国防材料。

6月29日　陆军第十预备师构筑下二都附近江防据点工事，至7月5日完工。8月12—16日，第十预备师又对工事加以续建。

6月　寿昌县制定《民众义务输送伤病官兵办法》，并分别在县城、更楼底、大同镇、大店口、李家、管村桥、檀村等地成立输送单位，每个单位各配备输送人员六十名、担架十副。建德县政府强行改组县政工队，一批在县社训团中搞壮丁训练的人进入政工队，而一些进步队员离队。政工队改组后，再度下乡，全队集中到北区，队部设在大畈小学，负责训练各乡的抗日自卫队。

7月3日—8月5日，第十预备师继续对大畈附近野战工事进行修补，共投工两千八百一十四个。

7月10日　第十集团军总司令部电令建德县政府，对建淳公路建白段实施第一期破坏工程，包括破坏建白段土基和建白段小洋坞至洋溪石基，十里埠至杨村桥石基及桥梁。18日，该期工程开工。建白公路全长二十九公里。

7月上旬　建德县制定《民众义务输送伤病官兵办法》，并经县抗日自卫委员会十九次常务会议通过。

7月12日　奉中国战时儿童保育会浙江分会令，建德县着手调查境内难童。

7月27日　第三战区浙江省境内国防工事委员会拟具桐庐、建德两县江防封锁计划，建德县自冷水坞至罗桐埠构筑工事二团二连（编者注："二团二连"指工事规模能供二团二连人数使用）胥口水底设置水雷障碍工事。工程由陆军第十预备师步兵第四十团承担。

7月　王大田等人在梅城北峰塔召开会议，成立中华民族解放先锋队建德县队组织。参加民先队的有王大田、励维钧、孙思白、陈详、朱增球、王启富、吴培德、华荣和尚、潘茂坤、吴凤梧、马一鸣等人，由王大田负责。同年秋，王大田去寿昌工作，民先队活动停止。建德县政府设兵役科，扩充兵员，加紧备战。

8月3日　浙江省国民抗敌自卫团总司令部会同第十预备师及各县有关人员，对白沙经寿昌、兰溪至金华和兰溪至龙游各段公路应破坏地点进行实地踏勘。

8月8日　建德县政府命令沿桐建路各乡镇征派民夫，将原来破路留下来的积土疏散距公路一百米以外。

8月19日　建德县民众义务输送伤病官兵担架队成立。设建桐、建分、建淳、建寿、建兰、建浦六条输送路线，沿线各乡镇相继征集免役的壮丁成立担架组，共计担架一百一十五副，壮丁七百二十名。

8月20日　陆军第十预备师步兵第四十团在大畈附近所筑工事，移交建德县政府接收监护。

9月1日　建德县日货检查队成立，并召开第一次队员会议，拟订建德县查禁日货实施办法，要求各店于本月15日之前将旧日货封存，不得出售。

9月8日　建德城区遭到一架日机轰炸，被毁房屋数间。

9月18日　第三战区浙江省境内国防工事委员会桐建分寿总指导官办事处

派指导员罗春明等人来建德杨村桥、下二都督导国防工事建设。翌日，建德县政府下达各乡镇增筑杨村桥附近野战工事命令及下二都附近江防工事民夫分配表。23 日和 24 日，杨村桥附近野战工事和下二都附近江防据点工事相继开工，并分别于 11 月 25 日和 11 月 7 日完工。共投工四万零一百二十二个半，耗资六千零三十五元一角二分。

9 月 25 日　建德县开展"十万封慰劳信暨捐献一角钱运动"，全县各级小学、机关踊跃参加，至 10 月 10 日，全县共征集到慰劳信三百三十八封。

9 月 30 日　第三战区浙江省境内国防工事委员会颁发《桐建分寿区国防工事、江面封锁及修补、增强构筑实施计划》，其中建德有胥口、下二都、青山、白沙江防据点工事各一处，大畈附近修补、增强工事和杨村桥附近增筑工事各一处。寿昌有城区附近修补工事一处。10 日，各乡镇按每保征集壮丁三十名和木工、竹工、石工若干，由保甲长带队到达指定地点工作。至 11 月中旬，建德县各地工事基本完成。

9 月　建德县政工队队员张汉钧、郑秉钧被派往永康参加浙江省战时政工人员集训。

10 月 1 日　建德县军运代办所在白沙、大洋、东关、胥口、杨村桥等要冲地点各设立一个军运代办分所。

10 月 2 日　芝杨段第二期加强破坏道路工程开工，对尚未彻底破坏之路基、桥脚、涵洞，予以彻底破坏，至 7 日完成，共投工三千二百九十个。8 日，国民革命军第十集团军总司令部派参谋刘权来县验收。

10 月 4 日　建白段第二期彻底破坏公路工程开工，共破坏地段三十八段。13 日，第四区专员赵龙文由建德县县长陪同亲临现场视察。25 日，三十二段土基破坏全部完成。30 日，全路十三座大小桥梁基石被拆毁。至 12 月底，十里埠至杨村桥及洋溪至小洋坞六段石基初步破坏完成，共耗工六千一百三十个。1939 年 2 月 18 日，第十集团军司令部马孟痕会同第二十二军团部联络员滕先觉到县验收。

10 月上旬　建德县泷江乡第一保组织国民抗敌自卫团水上运输队，以应胥口、江南沿江两岸军运需要。

10 月 25 日　建德县政府制发第三期准备破坏白寿段公路图表，计有白沙北埠、南埠、后田垄、下降、麒麟坞、界牌六段。

11 月 13 日　建德县政府令沿芝杨路、建白路各乡镇，将已破坏公路两边的土基按照前颁垦荒办法，归还原业主耕种。

11月19日　建德县防护团团务会议决定，本县城南、城北两镇各保应在原有公私防空壕基础上，加筑防空壕两个，以能容纳保内所有人数为原则，地点以城墙边、高地、山脚空地为宜。二处防空壕于11月底完成，12月1日由县政府会同第六十二师政治部派员验勘。

11月24日　为有利战时城市交通，建德县奉令拆城。

11月30日　建德县政府在中山纪念厅开会，讨论日货登记事宜。

11月　军政部第二十二卫生船舶奉令移驻建德，办公地点在东关钱氏宗祠。建德县查禁杭州光华公司出品（绘有汪伪四色旗商标）的火柴上市销售。

12月6日　建德县拆城委员会成立，并制发《拆城委员会组织规程》及《征工拆城办法》。

12月7日　县拆城委员会商讨决定，凡居住在本县、年龄在十八岁以上五十岁以下的男丁，一律服役四天，并规定公务员一律缴纳代役金一元。

12月12日　建德县政府颁发《拆城工程实施计划》。东门东城炮台至钟楼山下段，共拆除四百五十米城墙，外加九十米东门城兜；西门北城段至西城末炮台，共拆一千零四十五米城墙，外加一百八十米小西门及西门城兜；北门胡氏宗祠围墙至积谷仓库后面围墙，共拆一百八十米，外加九十米西门城炮台，另拆除炮台东西门共计五处。以上共计土石六万三千九百八十立方，需人工五万三千七百一十七个。

12月13日　建德县城区开始办理各商店库存日货登记。23、24日，对城区各商店日货进行分组检查。

12月14日　浙江省国民抗敌自卫团总司令部第四区专员公署命令建德县政府彻底破坏飞机场，要求纵横各挖宽五米、深三米的沟渠，并将场地改为水田。

12月20日　上午8时，建德县政府在梅城东门城墙上举行拆城典礼，工程按照五十三乡镇分为五十三段施工。至翌年3月16日，除南门防水、北门大部在山上无拆除价值未拆外，其余东西两面城墙基本拆除完毕。

12月　陈详在建德东乡里陈小学开办农民夜校，一方面宣传抗日，一方面教授文化知识，有五十多人参加。国民政府革命军陆军第二十八军六十一、六十二、六十三师移驻乾潭、梅城、麻车一带。1942年调离。

是年　建德县成立战时商民劝募团，有各业工会参加，开展劳军劝捐运动。

# ·一九三九年·

1月20日　陆军第二十八军奉令构筑建、桐、新、分、临、於、昌七县野战据点工事，划建德、分水、昌化三县为第三工事区，归预备第十师指挥。

1月　陆军第二十二军团独立步兵炮团第三营驻防乾潭。寿昌县政府制定寿昌县童子军教练员讲习会学员受训办法，决定在寒假期间举办寿昌县童子军教练员讲习会，以期造就童军干部，发扬童军精神，增进抗战力量。张汉钧任建德县政工队队长，并组织队员再度下乡组训各乡抗日自卫队。

2月初　陆军第五十二师经过建德县境新安江，建德县政府征集民船协助军运。

2月11日　建德县政府制定《战时壮丁运输队编组征用办法》。

2月14日　浙江省国民抗敌自卫团总司令部电令建德县破坏建淳公路白沙至淳安段石基及桥梁穿孔。

2月24日　建德县商会和县日货检查队奉令查禁辽、吉、黑、热东北四省出产物品。

3月5日　《严州日报》创刊，主编方镇华，1942年底停刊。

3月7日　建德县政府训令：杭州日军派土商、汉奸分赴各乡镇大肆搜索黄铜、铜元，转运上海化制弹壳，要求下属切实防范。

3月13日　第三工事区建德工事划归陆军第六十三师督导。27日，又交第二十二军团独立步兵炮团三营督导。

3月16日　浙江省国民抗敌自卫团总司令部工程处科员陈为喜来建德，勘定第三期白沙寿昌、白沙淳安（本县境内十一公里）两段公路破坏地段，共勘定应破土基地段二十六处，计三千五百四十米长。10月27日，白沙至淳安段公路桥梁石基穿孔工程动工，1940年5月24日完工，计有石基穿孔工程上沧村西、点华亭与紫金滩间、紫金滩上、铜官上、猴狲头五段，共穿二千二百七十孔。桥渠穿孔工程，计有青坑坞桥、横坑坞桥、狮子桥、铜官桥、铁山桥、芹坑桥六座，穿三百六十九孔。25日通过国防工程督导处验收。

8月19日　上午，中共中央军委副主席、国民政府军委会政治部副部长周恩来离开金华，22日到达於潜西天目山会晤浙江省政府主席黄绍竑。周恩来经过入建德境内时未作停留。

3月21日　在富阳东洲保卫战中，任浙江国民抗敌自卫团第一支队中队长的寿昌南门人叶润华壮烈牺牲。寿昌各界隆重召开追悼会，国民政府军事委员会委员长蒋介石赠"忠烈可风"匾，浙江省政府主席黄绍竑亲笔写了挽联。同时，在县府门前竖碑纪念。其祖居地七里乡新街，还将小学改为润华小学，以怀念这位抗日烈士。

3月25日　浙江省国民抗敌自卫团总司令部要求建德县政府，除沿江一带城墙拆成高堤以防水患外，其余包括北门一带仍应全部拆除。7月13日，建德县拆城委员会决定，补拆北门钟楼山一带城墙。11月25日，已拆墙两千七百七十五米（东北、西门三段），已拆城一千二百八十四米（南门防水用一段和北门乌龙庙后围墙一段），已拆除顶部城墙五百四十米（县府及严中围墙两段）。12月，浙江省国防抗敌自卫团总司令部派员来建验收拆城工程。

3月　寿昌农、工、商、教、妇女暨各法团，发起筹募慰劳前方将士游艺大会，聘请戏班演剧十多天，共筹得捐款一百六十元。

4月22日　建德县政府向县商会、县日货检查队抄发《浙江省查禁敌货处理暂行规程及查禁敌货暂行条例》。

5月3日　浙江省民政厅派陈爱奎视察员来建，查对发放破坏芝杨路借用积谷款项。建德县张贴《禁运资敌物资表区域表及运沪审核办法》，并布告周知。

5月11日　建德县政府查禁本县茶叶偷运资敌情事。

6月2日　非常时期难民救济委员会建德县支会撤销，业务移交建德县县赈济会负责。

6月20日　寿昌县在城区大操场举行中国童子军浙江省寿昌县第一次童子军大会。

6月24日　建德县派员赴山鹤、乾潭、礼和等乡镇查勘国防工事。其中有十九处因山洪暴发被水冲毁。

7月4日　建德县奉令加破建白路土基、水管、涵洞及十里埠至杨村桥一段石基，至 8 月 10 日完成，共征工两千零八十六个。

7 月 21 日　浙江省政府决定建德县工事由江南挺进第一纵队司令汪复培部负责。27 日，该纵队司令部派黄琪、张坤、王福云三人前来建德县标勘境内野战工事。

7 月 24 日　建德县政府对本县境内国防工事损坏情形进行调查，其中姜山、亲睦、梅城、三都等乡镇内国防工事多有损坏。9 月 6 日，县政府下令各乡镇征工修补国防工事。10 月 6 日，浙江省财政厅拨发工事修补费六百零一元二角六分。至 12 月 20 日，姜山、亲睦、梅城、三都、西洋、乾潭、山鹤、礼和等乡镇损坏的国防野战工事和江防据点工事修复完毕。

8 月 10 日　遵照浙江省政府训令，建德、寿昌两县将县抗日自卫委员会一律改为县动员委员会。

8 月 13 日　寿昌县举行"八一三"淞沪抗战两周年纪念会。

8 月 14 日　四十三架日机首次轰炸寿昌，死伤百余人，县城房屋被炸毁多幢。

8 月 15 日　建德县通儒乡野战据点二连工事开工。

8 月 16 日　寿昌县政府奉令撤销檀村、松树底、曲斗桥各递步哨分哨。

8 月 29 日　建德县政府颁发《建德县国防工事保管员工事区域分配表》，并指定陆郊为县国防工事保管主任。9 月 19 日，改由县府军事科长吴文涛兼任保管主任。

8 月　建德县政府奉令对本县飞机场实施佯修，以乱敌人耳目，后因场内种有农作物，延迟至 12 月 10 日开工。《抗战画报》在建德创刊，为半月刊，负责人是许企由。

9 月 2 日　建德县空袭紧急救济联合办事处成立，并议定组织规程及职员名单。

9 月 7 日　浙江省财政厅拨发本县构筑野战据点工事工料费一千零九十一元九角。

9 月 19 日　建德县政府训令：菜籽、菜油应一律禁运，以免被敌作为军用油料之代替品利用。

9 月 25 日　寿昌县新生活运动促进会发出通告，要求在抗战处于紧要关头之际，集中财力、节约费用，以应付当前之艰难、增强抗战之力量。并定筵席最高标准，以国币五元为最高价，如超过之，应由主东照超过数缴纳同样金额，作为慰劳出征军人家属优待基金。

9月　建德县成立抗战出征军人家属优待会，由县长许亚夫兼主任委员。

10月12日　浙江省政府派向伟成任建德县国防工事监护员。

11月2日　浙江省国防工程督导处钱景仁技士来建德县验收建白段第三期加破工程。

11月5日　建德县奉令查禁上海光中染厂出品布匹，据报该厂已有日资加入，其出品原料多采用日本产品，并用日货坯布加染改贴该厂商标，借以倾销内地，混淆耳目。

11月7日　县政府发布公告：冬防期间不论城市乡镇一律禁止演戏，夜间燃放类似枪声之爆竹应一律严禁，如婚丧大典有特殊情形者，须于事先三日向戒严司令部或县政府呈报，经核准方得燃放。

11月19日　建德县政府令县商整会办理非常时期进口物品特许证。

12月10日　建德县奉令在建白段佯修公路，以混淆日军耳目。计每个破坏地段征工三十名，第一期先行修筑人行道段，每段宽九十厘米，总计长一百零二点五千米，至17日完成。共耗费四百一十八元四角。

12月19日　建德县政府严行查禁军人私运日货及沿途部队私自受贿纵放敌货情事。

下半年　杭州私立宗文初等中学迁来麻车乡高垣村办学，1945年下半年迁严东关办学，翌年上半年迁回杭州。

是年　建德县政工队在梅城组织抗日歌咏队并举办平民夜校，受到群众欢迎。建德县政府向全县民众征集废铜烂铁，支持抗战前线。

# ·一九四〇年·

1月11日　衢州空军第十三总站第九十七站移驻建德。

1月27日　鉴于抗战时局日趋紧张，建德县政府制定《临时应变计划》和《民众集散安置办法》，并召开准备实施应变计划会议。要求沿公路两侧的民众，应准备向距公路十华里之外疏移。并组织战时壮丁任务队，准备破路及运输工具。

2月10日　浙江省政府颁发《国防工事增修计划》，其中建德县须增修国防工事八团一营。18日，县政府制发《增筑国防工事各乡镇应征民夫分配表》，要求每保征集民工四百七十个、木石工五十三个。3月21日，各乡镇筹集民工增修国防工事，至4月10日完成。

2月23日　建德城区遭到三架日机轮番轰炸，共投炸弹十五枚，居民死亡十五人、伤四十九人，被毁房屋三十一间。

2月27日　建德县召开第十五次拆城会议，决定：1.东门左边至山脚一带因防山洪暴发，不应再行拆低。2.西门左右两边余有高突部分由梅城征工拆除，其他部分因防洪水关系，不能再行拆低。3.胡家祠堂后面仍由胡姓负责拆低，其余东门右边向南至转角止和北门左边，应拆至与内外地平行，南门一带、严中后面与县府后面应继续拆低。

3月5日　建德县成立空室清野演习指导委员会，由十七名委员组成。14日，该委员会召开第一次会议，拟定本县空室清野演习地点。25日，县政府在西乡东铜官举行空室清野演习暨破坏公路演习。公路破坏在猴狲头石基路，河面封锁在芹坑桥一带。

3月8日　陆军第九十一军司令部通知，建德为钱江北岸守备区之次要游击根据地，其境内工事由浙西第四区保安司令部、浙保第一纵队负责督导。

4月21日　建德县沿交通线之各乡镇奉令办理空室清野，将所有重要物资分散或转移至离交通线二十华里之外的安全地区。

5月20日　寿昌县政府发布《为办理整编乡镇保甲暨国民兵总调查抽签告民众书》。

5月　三青团建德县分团筹备处成立，严济宽为主任，沈鼐为书记，有团员三十余人。同时成立战时青年服务队，有队员十人，队长为林士诏。1941年夏，战时青年服务队被撤销。寿昌县政府印发《告民众书》，号召开展"兵田公耕"运动。

6月29日　建德县救济绍萧饥荒委员会成立。

6月　建德县政府将政工队改编为建德县战时青年工作队，驻地迁至岳王庙，隶属三青团领导。政工队自此结束历史使命。

7月9日　建德县政府严禁硝磺品类非法私自购运。

7月10日　建德县政府致函县国民兵团，就坚壁清野、应变准备、建立小游击根据地、构筑国防工事、内河外港封锁及布置水雷、道路桥梁破坏六项事宜，规定主管承办机关，其中应变准备和道路桥梁破坏两项由国民兵团协办或主办。

8月　建德敌货检查队扣留商人王书岩的"九天""三鹿"等牌白粗布二十一匹。

10月　建德县奉令修理胥口河川国防封锁工程，工程开工后，一再延误。1941年4月21日和28日，浙江省政府主席兼保安司令黄绍竑二次电令建德催办，直至该年5月工程才告完成。工程系用竹木筏材料，封锁长度三丈（十米），宽度六十丈（二百米），支出经费八百五十五元。

11月21日　建德县在严州中学大操场举行第二届防空节纪念大会暨县防护团消防演习比赛。

11月　建德县部分乡、保成立代耕队，为出征抗日军人家属义务代耕。

是年　建德共有江防工事二十九处，野战工事三十八处。

## ·一九四一年·

1月10日　日机三批、二十架次轰炸寿昌县城，共炸死二十七人，炸伤七人，炸毁房屋二百余间。

2月18日　国民党建德县政府奉陆军第十六师司令部之令，要求洪岭乡征工破坏自毛洲至剑岭一段道路。

3月5日　由于战事趋紧，国民党浙江省保安司令部办公厅要求建德县政府加强对县境至白沙线公路及驿道的破坏工作，并要求彻底破坏富春江两岸的道路。4月9日，浙江省保安司令部国防工程委员会派督导员黄善荣来县监督各乡镇破路情况。18日，西洋、洋溪等八个乡镇征工对白沙至安仁公路所留的人行小道及沿富春江自东关经乌石滩、胥口至冷水一段驿道实施破坏，5月3日，除少数次要地段外，工程大部完成。

4月29日　国民党建德县政府下发《修正民众输送伤兵队组织及运送办法》。

4月　因日寇逼近建德，省立严州中学迁至淳安港口云程村，同年秋迁回梅城。三架日机再次轰炸寿昌城。

5月7日　上午7时50分，一架日军轰炸机，由东北方向窜入建德县城上空，投掷十五千克轻磅炸弹两枚，随即向浦江方向逸去。其弹落于腰牌弄及石板井头两处，炸毁民房一间。

5月14日　国民党浙江省政府电告建德等县政府：破坏道路，关系军事甚巨。日后，破路前应与当地最高军事指挥官协商后，再行实施，以利作战。

6月　（敌）日机轰炸寿昌城，程谦裕、汪裕太、汪勤谷等二十六户商店的四十七间房屋被炸毁。

7月2日　上午7时，建德县政府召开对敌空军陆战队演习第一次筹备会议。

7月5日　据统计，建德县有民众输送伤兵队二十三个，民夫两千零七十名，担架二百三十副，绳索扁担四百六十副。

7月13日　建德县党部要求各乡镇公所保甲长于敌机散发荒谬宣传品时，应即会同当地党部分头收集，并将敌宣传品汇交党部。

7月28日　浙江省第四区行政督察专员公署和保安司令部电饬建德等县，规定除机关团体及乡镇保长必须置办铜锣以作警报之用外，民间婚丧事故不得使用铜锣。

7月29日　建德县政府向建德防护团和第七防空监视队抄发《战区对空情报及对空监视办法》一份。

8月7日　建德县政府通知各地住民，如听到敌机飞临的警报时，凡无对空任务及无武器之住民，不得离开防空壕洞，也不得离开家庭，并须紧闭门户。

8月15日　建德县政府训令：要求本县防护团切实抓紧宣传及训练防空防毒常识。

8月16日　建德县政府颁发《发现敌降落伞兵之警报使用传递统制办法》。

9月2日　建德县政府要求各乡镇注意识别汪伪中央空军标记：其机身翼均为黄色，两翼中间绘有党徽，外加白圈一个，白圈外再绘红圈一个。

10月3日　三架日机轰炸寿昌城，炸毁房屋一百余间。

10月14日　建德县西洋乡奉令修整白沙至淳安、白沙至寿昌两条公路境内路面。

10月15日　国民政府革命军陆军一〇八师骑兵连经过建德县境。

10月30日　寿昌县政府调查禁运资敌物品产销情况。

11月5日　建德县举行1941年冬防会议，会议通过冬防实施办法，决定在冬防期间设置军警稽查处和稽查队。

11月21日　建德县在县立民众教育馆举行第三届防空纪念大会暨消防演习比赛，有一千五百余人参加。

12月　寿昌县政府制定《民众输送伤兵队及运送实施办法》。

是年　建德县政府对抗日阵亡将士进行登记，给予抚恤。

# ·一九四二年·

2月2日　建德县政府奉令征送衢县机场木料。4月上旬完成，征送树木十万零五十五根。

2月19日　建德县政府下令，疏散梅城镇人口、物资。23日城区各业商行将重要物资疏散乡间，同时各店营业时间规定在下午3时至翌日上午8时。其余时间，各店所有员工一律疏散到城郊，以防意外。

2月21日　一架日本侦察机到建德县上空散发传单。2月27日上午10时30分，三架日机飞到本县已破坏的飞机场上空盘旋，后向桐庐方向飞去。

3月　国民革命军预备第五师移驻建德。寿昌县政府为防备日寇发动浙东攻势，修订本县《非常时期应变计划》。

4月下旬　寿昌县开始征工修筑境内损坏的国防工事，历时十天。修竣工事计：轻重机枪掩体二百五十三座，散兵壕三百六十座，交通壕一律加深至一米以上。

4月25日　建德县制订战时民众协助运输军粮路线。

4月　国民政府革命军海军第二常备总队第四大队第八中队奉令在建德县宋村山附近布雷，本县征用木工、技工；船只及应需材料，共支出费用九百九十四元三角。兰溪县政府设临时县治于今寿南玉华山麓汪山村。

4—5月　建德县政府为应付事变，分区设置办事处，派党政人员主持工作。各乡镇设战时工作委员会，由县聘请地方人士为委员，以乡镇长为主任委员。下设动员、特务、粮食、政治、总务五股。

5月12日　日军单翼轻型轰炸机一架在衢州上空被击伤后，在建德东关迫降，机上三名乘员，一名自杀，两名被当地守军击毙。

5月15日　日军发动浙赣战役，沿富春江、浙赣线、曹娥江三路南下，侵犯浙西广大地区。国民革命军预备第五师奉重庆统帅部"死守建德，与建德共存亡"之令，即以第十四、十五两个团为第一线，以十三团为师预备队，在乌龙山西北麓严阵以待来犯之敌。

5月19日　驻梅城宋家湖畔之国民革命军第二十八军六十二师师部通知建德县政府，日军已到桐庐。当晚，县政府召开紧急会议，制订疏散计划，决定在五区马目设立县府临时办事处，由许亚夫县长亲驻。

5月19—20日　寿昌县政府各机关及国民兵团将所属枪械弹药、仪器文具及卷宗等重要物资，用竹筏运至预定地点藏放。

5月21日　晨，日寇武内俊二一一六师团出桐庐芝厦分股向建德进犯，经建德县施家乡之安仁至乾潭芝峰山处，遭到国军预备第五师迎头痛击。敌机十余架轮番轰炸我军阵地，战斗极为激烈。午后，日军一部进窜建德东北之双溪口、大畈、程头、包家，后防线被敌突破。省立严州民众教育馆迁移淳安，1946年8月迁回建德南周庙。

5月22日　国军在乌龙山阵地与日寇展开白刃战。其中第五预备师第八连一百三十名官兵战斗到最后，仅剩十一人。梅城弃守，建德县政府撤至马目陈家山。建德县党部书记长方镇华避居大洋深山竹狗坞。寿昌县政府迁移长林口办公。不久以该处乃通往衢州要道，为安全之计，复迁移至石鼓及北坑源。县党部等各机关亦随同迁移。

5月23日　日敌一路迂回至杨村桥十里埠，然后沿公路往寿昌方向而去。另一路由桐庐芦茨埠经洪岭乡之梓州窜至三都镇翁村街，直向县城逼近。下午2时，日寇三十二师团约一千人从三都方向攻入梅城，并成立城防警备司令部，司令由荒木和弟担任。然后留六百余人守城，其余沿姜山乡之姜坞至大洋镇，经陈村、三河侵入兰溪。国军第五预备师奉命向西转移。但该师十四团二营、三营因陷于日军包围之中，一时无法撤离，只好向乌龙山顶转移。寿昌县政府奉驻军最高军事长官之令，组织大批职员赴各乡镇动员民工，对其境内诸葛至白沙公路实施破坏，共集合民工五千余人。但因日间敌机轰炸，晚上施工困难，加之国民党过境溃兵拉去五百余民工，致使民工星散，破路工作遂告停顿。

5月24日　晚，撤退至乌龙山顶的国军陆军第五预备师十四团二营、三营从日军包围圈冲出，向於潜、临安方向转移。翌日上午，部队经过下包时，消灭一个日军留守处。

5月25日　四名日军在建德亲睦乡施家埠强征民工，宰杀猪、牛。村民陈绪芳目睹此景，立即与敌搏斗，毙敌一名，陈亦遭害。

5月26日　下午，日寇两万余人，在建德洋溪、白沙等地渡江。日军出动三架飞机，并用大炮向国军阵地发射毒气弹，使守军牺牲三分之一，被迫撤离阵地。寿昌县自卫队及警察全部撤退至西华乡游家及石屏乡东村等处扼守。寿昌城乃沦于敌手。

5月29日　国军一支游击队在洋溪建西完小和合坑口西水村两处袭击日军，打死打伤敌人多名。同日，游击队又攻克寿昌以北重要据点白沙埠。翌日，攻占更楼镇。

5月30日　晚，攻占更楼镇的国军进击寿昌，并与在寿昌城郊血战的我军会合，随即协力将日敌击溃，后向侵入城内之敌猛烈反击。

5月下旬　驻建德的交通部电报局及浙江省电话局暨无线电台奉令撤离，致使建德县政府在敌占期间与省区失去联系。

6月1日　上午8时，日敌不支，突围南窜，寿昌乃告克复。同日，寿昌县长率警队入城，恢复原来秩序。

6月初　共产党员陈一文、潘力行、蔡惠荣在洋尾埠成立一支以党员为骨干、以基本群众为主体的抗日游击队伍——建德抗日自卫队。这支武装始名坚勇队，后改称建德东区国民兵团的番号。陈一文任自卫队队长。自卫队有队员六十余人，编为三个排，排长分别为潘力行、李生荣、汪汉清。

6月5日　日军在建德使用毒气杀害中国军民。

6月7日　第三战区第一游击纵队及国军第六十二师进入建德，攻击乌龙山北峰塔下日寇炮台。

6月21日　建德抗日自卫队队员吴水庚等六人，在大洋石壁深坑坞一带，破坏敌电杆二十余根。

6月22日　国军第六十二师与第三战区第一游击区第一纵队攻击被日寇占领的梅城西门街。

6月25日　建德县政府召集退伍在乡士兵并征集志愿壮丁，将原县自卫中队扩编为自卫大队，下分三个中队，分驻南区及西北二区要地。大队长戴知良，大队副王之辉。

6月26日—7月12日　寿昌县政府奉军政长官密令，实施破坏通往邻县之公路及乡村道路。每日动员民工都在千人以上。除诸葛至寿昌城仅破坏十分之四外，县城至白沙一段破坏八成以上。各乡镇通往敌占区的重要道路均被彻底破坏。

6月27日　建德抗日自卫队配合国民革命军第七十九师七连的一个排，由林角道做向导，深入洋尾埠后山攻击日军炮台，毙敌六名，缴获轻机枪一挺，步枪两支，手榴弹十六枚。

6月28日　洋尾乡情报员徐子奎、何德容，深入洋尾埠日敌巢穴，探敌动静，不幸陷于敌手，被捆绑手足，投入兰江而死。

6月30日　为适应战时需要，建德县府、县党部、国民兵团及其他各机关均移至马目陈家山合署办公。

6月　日寇将建德县城厢电气股份有限公司内所有物资洗劫一空，计价值为五百一十一万五千五百元，致使该厂生产陷于停顿。

6月　三都下钱住民叶樟清、钱老土、童石塔、叶志清四人，因不堪日寇逼迫挖壕，以乱石毙敌一名。为适应战时需要，寿昌县政府扩充县自卫队，编成一个中队，下设三个分队。同时成立特务队，每日分派特务员去衢、龙、兰、建等日寇占领的县城探听情况。

7月6日　寿昌县政府召开成立处理日寇侵占县境后遗留问题善后委员会大会。

7月7日　日军炮击建德乌龙山玉泉寺，三间大殿被毁，加上受毁的客堂、地藏殿、耕牛、农具等，损失达六十九万六千元之巨。

7月15日　驻建德日寇三百余人向国军进犯，经国军第六十二师和第一游击纵队的坚强阻击，敌死伤惨重，被迫于19日放弃梅城，向兰溪方向溃逃。建德县城克复。至翌日拂晓，新安江、桐江、兰江之残敌被肃清。

7月上旬　建德陈村乡章成英为国军第六十三师做向导，深夜袭击日寇炮台，毙敌两名。

7月中旬　建德抗日自卫队在下二都飞机场袭击日寇，并在河边击伤日寇兵船一艘，缴获一些物资。

7月20日　盘踞两个月的日军，全部从建德境内撤离，全县二十三乡镇除莲花外，余二十二乡镇均被窜扰。敌蹄所至之处，抢劫烧杀，损失惨重。日寇分三路由建德、龙游、衢县分别窜入寿昌县的仁丰、七里、曲斗、航川和三河、大同，夹击寿昌城。寿昌再次落入敌手。至此，寿昌二遭劫难，民众被杀害者有几十人，妇女被掳被奸者达百数，房屋被焚毁数百间，公私财物损失不计其数。

7月23日　下午，在国军猛烈截击下，日寇撤出寿昌，向龙游方向溃退，县城再度收复。翌日晨，寿昌县长率队警及县府职员进城维持秩序，开始正常办公。

7月26日　由于敌寇窜扰和不法分子乘机混水摸鱼，公私财物多遭毁劫。为此建德县政府发布规定，彻底清查战后公私财物。

7月28日　建德县战后建设委员会召开第一次会议，推定县长许亚夫为主任委员，下设侦缉、保管、卫生、工程、救恤、总务六组。会后派员采办大批荞麦籽及萝卜籽，分发民间补种。建德县政府决定，凡曾经为日敌做工之民众，必须到县战后建设委员会工程组登记服役，并参加义务卫生劳动，否则即以汉奸论罪。为使战后城区商店尽快复业，建德商会责成各商店将日用必需品先行供应市场。

7月29日　建德县政府决定在全城进行清洁大检查，派员采办石灰、明矾、菖蒲等消毒品及十滴水等防疫药品。中医公会组设施医局。同时征集民工清洁饮水，扑灭蚊蝇，掩埋人畜遗骸。8月11日开始，两个月后结束。

8月11日　建德县战时建设委员会第二次会议召开，通过本会《组织规程及办事细则》。

8月11—12日　建德县城厢（包括县民教馆）遭日机轰炸，死伤二十余人，毁房屋千余间。

8月13日　日机又袭县城，县医院附近一百五十余间房屋被毁。

8月16日　奉国军之令打入兰溪日敌境内工作的三都镇住民宋志轩不幸被日军抓获，光荣殉职。

8月27日　建德县政府会同第三战区第一游击区总指挥部宣慰团，在梅城、三都、大洋、洋溪、乾潭五处发放赈济款。发放标准为死者五十元、伤者二十元、房屋被烧毁者二十元。全县发放赈济金一万五千六百三十元，受赈人数为三千八百六十八人。

9月20日　为激发民众抗敌情绪，建德县自卫大队与驻军部队超凡政工队组织了联合剧团，于21日开始下乡公演。

10月7日　浙江省政府配发建德县本年度战灾、水旱灾赈款八万元。24日，县党、政、军、各法团暨地方人士联席会议决定，分别以三万五千元和四万五千元办理工赈和战灾急赈。

12月13日　日机轰炸寿昌、更楼两镇。寿昌镇从西湖至中山路有二百多间房屋被烧毁，更楼镇仁丰街房屋被焚毁无遗。

下半年　浦江私立中山初级中学迁来乾潭乡骑龙桥办学，校长王恭寿。1946 年上半年该校迁回浦江沽塘。

是年　日寇侵占建德前，建德县政府曾派民夫疏散赋谷数千石。日寇退后，县政府以"莠民抢食"为由，饬命乡保长向农民严行逼缴，被吊打、羁押、逼令缴还者达数百人。

# ·一九四三年·

1月　建德县防护团改隶县国民兵团，县防空指挥部改属县国民兵团指导。建德县县长许亚夫以统一地方武装为由，要求建德抗日自卫队进城编训，企图消灭共产党领导的抗日武装。

3月17—30日　建德县政府向各乡镇发放战灾赈款。

3月　浙江省兰嘉师管区由昌化迁至梅城，司令部设在今杭州职业技术学院梅城校区。司令赵煜。下辖三个团，一团设于总府街，二团设于小南门，三团设于东门街王公祠。其主要任务是接收新兵，组织训练，而后输送部队。1945年10月兰嘉师管区撤销。国民革命军陆军一九二师移驻建德，师长王培。1945年撤离。

4月初　陈一文、潘力行、蔡惠荣、朱增球等人率建德抗日自卫队离建，至兰北水阁塘，与金义第八大队第一中队胜利会合。共产党员陈元有以开铁匠店为名，奉命继续留在洋峨进行地下工作。

4月3日　建德县政府通知各乡镇公所和县警察局，严防日谍以贩卖棉织品及西药为名，潜入建德县地区活动。

4月上旬　建德抗日自卫队到达义乌西区，被编为金义联防自卫第八大队突击中队，后称二中队（又叫严州中队）。中队长陈一文（当时改名陈公侠），中队副潘力行，指导员蔡惠荣。

5月19日　建德县为驻军第六十二师征募劳军布鞋一百二十四双和代金一万元。

6月26日　建德县政府转发省颁《修正优待出征抗敌军人家属条例》暨《修正浙江省各县市优待出征抗敌家属实施细则》。

6月　共产党员蔡惠荣奉令从第八大队回到建德，动员青年参军和为部队送情报等。国民政府军政部第二十五卫生大队移驻建德，其中医疗第一组驻白沙下沧滩，担架一连驻下涯唐村。8月，该大队离开建德。

7月6日　建德县政府训令，查扣日伪散发之《中央导报》和《武汉报》。

7月7日　晨5时，建德县政府在梅城中山纪念厅举行"七七"抗战六周年纪念大会。

8月12日　建德县召开"八一四"空军节筹备会议。

8月14日　《严州民报》《青年壁报》出版纪念"八一四"空军节特刊。同日，建德县立民众教育馆举办为期三天的"八一四"空军节航空讲座。

8月16日　建德县防空指挥部发放防毒面具。

8月17日　建德县军运代办所撤销，该所业务由建德县军民合作站指导分处负责。

8月26日　由于建德城郊一带原有防空壕洞年久失修，县防护团重新勘定地点，在城东、城西、城北建筑防空壕洞七百八十处，征工一千五百六十个。上海私立法政学院附中浙校迁来西洋乡甘溪村（今更楼街道邓家甘溪）办学。12月23日该校被省教育厅责令停办。

9月6日　建德县"一县一机"劝募委员会召开第一次委员会会议，决定宣传及收款办法。

9月11日　建德县政府制发各乡镇"一县一机"运动捐款配额表。

9月18日　建德县成立各种战时勤务队组织。计有施家、乾潭、礼和、梅城、里仁、三台、潘村、洋尾、三都九个乡镇农会运输队，以及建德县总工会交通队、建德县商会征募队、建德县妇女慰劳队和建德县中医师公会救护队，共有六百八十人参加。

10月27日　建德县政府要求各级合作社踊跃献金劳军。

10月29日　建德县政府通知各地，杭州萧山一带之日敌，近来派大批汉奸潜入后方，进行放火、投毒等破坏活动，要求各区乡镇严加防范。

11月9日，县政府要求各区署、乡镇公所防止日寇利诱儿童及青年从事间谍活动。

11月10日　建德县政府第四二四六号训令，要求宗文中学注意沦陷区寄来的函件，以防范敌伪假冒学生家长名义，诱骗学生返回原籍，达到麻醉后方民众的阴谋。

11月15日　建德、寿昌等县派员赴衢州参加防空巡回训练班学习。

11月20日　建德县出征抗敌军人家属优待委员会在各乡镇组织分会，至1943年10月，除姜山、山鹤、洋尾、莲花、礼和五乡外，其余十八乡镇先后成立分会。

# ·一九四四年·

1月　共产党员朱增球在建德城内买到一批子弹，送往金义第八大队。

2月　省立严州中学师范部由淳安迁回建德。三青团建德分团成立，黄国冀任干事长，何志聪任书记，管辖建德、桐庐、浦江三县。同时恢复战时青年服务队。1945年分团撤销。

3月12日　建德各界在严州中学操场举行纪念国民精神总动员五周年大会。

3月　建德县善后委员会撤销。

4月17日　建德县出征抗敌军人家属优待委员会决定筹办征属工厂，拨出四百石优待谷作为创办基金，委托中国文化服务社代办造纸厂两所，厂址设陈家山新坞。

6月20日　上午，建德各界抗战七周年纪念大会筹备会议在建德县党部会议室举行。

7月7日　上午6时，在严中大操场举行建德各界抗战七周年纪念大会，会后在忠烈祠举行恭送神主入祠及公祭仪式，并掀起劳军暨献金运动。

7月　进步人士鲍志俊在兰溪、建德、浦江交界边区尖竹山成立抗日自卫行动大队，鲍自任大队长，陆秀松（建德三都人）任中队长。该大队多次到地主家筹款，一个月后，部队发展到三十余人，有长短枪六支。

8月10日　下午，建德县政府召集各机关团体举行"八一四"空军节纪念筹备会。14日，梅城各界千余人聚集中山纪念厅举行"八一四"空军节纪念大会。同时继续发动"献机"运动。

8月16日和9月4日　寿昌、建德两县政府相继下文，要求民众在日机空袭时，掌握防范散播细菌要点。

8月　省立严州中学中学部回建德上课。

9月14日　建德县政府致电第十一区行政督察专员公署：本年度"七七"

献金数额，因地处前线，时局动荡，加之抗旱，青黄不接，虽经极力劝募，未能完成指定任务。

9月　建德县自卫大队二次到建兰交界的山区"围剿"抗日自卫行动大队，先后扑空。

11月6日　建德县自卫队伙同丁谷匪部到前源下陈"围剿"抗日自卫行动大队。中队长陆秀松牺牲。不久，鲍志俊、徐自如、蔡云松等人先后转移至义乌参加第八大队。

是年　国民政府军政部第二伤兵站移设建德。

# ·一九四五年·

1月20日　建德县出征抗敌军人家属优待委员会完成办理适龄工作人员名册登记工作。

2月初　鲍志俊率领金东自卫区队到浦南、兰北和建德下陈、白鸠、大厦口等处活动。

2月2日　建德县政府转发《日寇罪行调查办法及日寇罪行调查表》，明确日寇罪行种类、被害人具结格式、证人具结格式及具结须知。

6月8日　建德县成立慰劳抗战将士委员会。

上半年　建德县有共产党员二十余人，主要分布在洋尾埠、外蔡、三都、宋村山、大洋里黄一带。寿昌县有共产党员十余人，主要分布在湖塘和童源里一带。

7月7日　上午7时，建德县政府在中山纪念厅举行"七七"抗战八周年纪念大会，有两千余人参加。

8月15日　日本天皇宣布无条件投降。

8月21日　第三战区桐建警备司令部通知建德，筹备抗战胜利庆祝活动。

8月22日　梅城镇各商店减价三天，全县豁免田赋一年，以庆祝抗战胜利。

8月28日　建德县成立庆祝抗战胜利筹备委员会。

8月31日　兰溪县政府由寿南汪山迁回兰溪县城办公。是时，兰溪县政府在汪山达三年三个月之久。后该县政府赠"兰溪临时县治纪略匾"给汪山村，以作纪念。

8月　据统计，全面抗战期间建德直接人口死亡二百三十二人，难民四万三千零六十三人，房屋被毁三千三百七十三间；寿昌人口死亡、失踪二百余人，难民两万八千二百七十五人，房屋被毁一千七百三十八间。

建德籍国民政府抗战牺牲官兵名单

| 序号 | 姓名 | 籍贯 | 所属部队 | 级职 | 牺牲时间 |
|------|------|------|----------|------|----------|
| 1 | 王清章 | 建德 | 六七师四七三团 | 上士 | 1937 年 8 月 |
| 2 | 郑忠 | 建德 | 九八师五八四团 | 上等兵 | 1937 年 8 月 |
| 3 | 林宝明 | 建德 | 六师三一团 | 一等兵 | 1937 年 9 月 |
| 4 | 叶流岩 | 寿昌 | 六七师三九八团 | 上等兵 | 1937 年 9 月 |
| 5 | 黄进清 | 寿昌 | 五七师三四〇团 | 下士 | 1937 年 9 月 |
| 6 | 洪荣昌 | 建德 | 八三师四九七团 | 一等兵 | 1937 年 10 月 |
| 7 | 叶知 | 建德 | 六一师三六二团 | 特务长 | 1937 年 10 月 |
| 8 | 王恩荣 | 寿昌 | 六师三六团 | 下士 | 1937 年 10 月 |
| 9 | 林永青 | 建德 | 七九师四七三团 | 少尉排长 | 1937 年 11 月 |
| 10 | 张丰元 | 建德 | 五七师三四三团 | 一等兵 | 1937 年 11 月 |
| 11 | 盛梦津 | 建德 | 九八师五八四团 | 中士 | 1937 年 12 月 |
| 12 | 陈雨根 | 建德 | 五八师三四五团 | 下士 | 1937 年 12 月 |
| 13 | 林彬 | 寿昌 | 六师三六团 | 一等兵 | 1937 年 12 月 |
| 14 | 宋水堂 | 建德 | 九师五一团 | 二等兵 | 1938 年 2 月 |
| 15 | 黄樟生 | 建德 | 六师三六团 | 一等兵 | 1938 年 4 月 |
| 16 | 徐胜 | 建德 | 一师一团 | 中尉排长 | 1938 年 4 月 |
| 17 | 张自立 | 寿昌 | 六师三三团 | 下士 | 1938 年 4 月 |
| 18 | 柯文忠 | 建德 | 一〇师三九团 | 二等兵 | 1938 年 7 月 |
| 19 | 敖占奎 | 建德 | 二六师一五六团 | 一等兵 | 1938 年 7 月 |
| 20 | 薛本舒 | 建德 | 一四师八〇团 | 二等兵 | 1938 年 9 月 |
| 21 | 周水华 | 建德 | 一四师七九团 | 一等兵 | 1938 年 9 月 |
| 22 | 麻启培 | 建德 | 一四师八〇团 | 一等兵 | 1938 年 9 月 |
| 23 | 陈连谓 | 建德 | 一四师八三团 | 一等兵 | 1938 年 9 月 |
| 24 | 张金标 | 建德 | 六师三三团 | 上等兵 | 1938 年 9 月 |
| 25 | 应钦 | 建德 | 一四师八〇团 | 二等兵 | 1938 年 9 月 |
| 26 | 方友 | 建德 | 一四师八〇团 | 二等兵 | 1938 年 9 月 |
| 27 | 沈自祥 | 建德 | 六师三一团 | 二等兵 | 1938 年 10 月 |
| 28 | 曾广德 | 建德 | 预一〇师六团 | 一等兵 | 1938 年 12 月 |
| 29 | 李江西 | 寿昌 | 预一〇师三〇团 | 一等兵 | 1938 年 12 月 |
| 30 | 张启明 | 建德 | 四师二三团 | 准尉特务长 | 1939 年 1 月 |
| 31 | 叶樟根 | 建德 | 一〇九师五六九团 | 上等兵 | 1939 年 2 月 |

续表

| 序号 | 姓名 | 籍贯 | 所属部队 | 级职 | 阵亡时间 |
|------|------|------|----------|------|----------|
| 32 | 叶润华 | 寿昌 | 浙江抗日自卫团一支队炮队 | 上尉 | 1939 年 3 月 |
| 33 | 刘武根 | 建德 | 三战区运输总队 | 二等兵 | 1939 年 4 月 |
| 34 | 胡春发 | 建德 | 预一〇师三九团 | 二等兵 | 1939 年 4 月 |
| 35 | 汪炳南 | 建德 | 预一〇师三八团 | 二等兵 | 1939 年 4 月 |
| 36 | 江光禄 | 建德 | 预一〇师三九团 | 二等兵 | 1939 年 4 月 |
| 37 | 伊兆荣 | 建德 | 预一〇师三九团 | 二等兵 | 1939 年 4 月 |
| 38 | 卢根元 | 建德 | 七九师二三六团 | 中士 | 1939 年 4 月 |
| 39 | 张小根 | 建德 | 预一〇师二八团 | 二等兵 | 1939 年 4 月 |
| 40 | 吴富诚 | 建德 | 二六师四六团 | 一等兵 | 1939 年 4 月 |
| 41 | 余之忠 | 建德 | 预二〇师三九团 | 下士 | 1939 年 4 月 |
| 42 | 杨小山 | 建德 | 五八师三四四团 | 上等兵 | 1939 年 4 月 |
| 43 | 刘根奎 | 寿昌 | 预一〇师三八团 | 一等兵 | 1939 年 4 月 |
| 44 | 杨根财 | 寿昌 | 五八师三四三团 | 二等兵 | 1939 年 4 月 |
| 45 | 杨光荣 | 寿昌 | 五八师三四三团 | 二等兵 | 1939 年 4 月 |
| 46 | 郑志祥 | 寿昌 | 预一〇师三〇团 | 少尉 | 1939 年 4 月 |
| 47 | 曾其才 | 寿昌 | 预一〇师二八团 | 上等兵 | 1939 年 4 月 |
| 48 | 邵廷元 | 寿昌 | 预一〇师三八团 | 一等兵 | 1939 年 4 月 |
| 49 | 徐大发 | 寿昌 | 预一〇师三八团 | 一等兵 | 1939 年 4 月 |
| 50 | 陈金才 | 寿昌 | 七九师二三七团 | 二等兵 | 1939 年 4 月 |
| 51 | 陈十根 | 建德 | 一〇二师三〇六团 | 上等兵 | 1939 年 5 月 |
| 52 | 项朝牛 | 建德 | 一〇二师三〇六团 | 一等兵 | 1939 年 5 月 |
| 53 | 徐茂生 | 寿昌 | 一〇二师三〇四团 | 二等兵 | 1939 年 5 月 |
| 54 | 王英 | 建德 | 五七师三四二团 | 上等兵 | 1939 年 6 月 |
| 55 | 傅扶富 | 建德 | 六七师一九九团 | 二等兵 | 1939 年 6 月 |
| 56 | 吴樟清 | 寿昌 | 五七师三三五团 | 二等兵 | 1939 年 6 月 |
| 57 | 杨瑞徵 | 建德 | 忠义救国军一二支队 | 上尉中队长 | 1939 年 7 月 |
| 58 | 胡振南 | 建德 | 忠义救国军一二支队 | 一等兵 | 1939 年 7 月 |
| 59 | 童冠军 | 建德 | 忠义救国军一二支队 | 上等兵 | 1939 年 7 月 |
| 60 | 王银海 | 建德 | 忠义救国军一二支队 | 上等兵 | 1939 年 7 月 |

续表

| 序号 | 姓名 | 籍贯 | 所属部队 | 级职 | 阵亡时间 |
|---|---|---|---|---|---|
| 61 | 王玉泉 | 建德 | 忠义救国军一二支队 | 上等兵 | 1939 年 7 月 |
| 62 | 倪协邦 | 建德 | 忠义救国军一二支队 | 下士 | 1939 年 7 月 |
| 63 | 王志祥 | 建德 | 忠义救国军一二支队 | 一等兵 | 1939 年 7 月 |
| 64 | 金斌彦 | 建德 | 八七师五二二团 | 上等兵 | 1939 年 9 月 |
| 65 | 赖筱侯 | 建德 | 四〇师工兵一连 | 一等兵 | 1939 年 9 月 |
| 66 | 蔡金坤 | 建德 | 五八师一七三团 | 二等兵 | 1939 年 10 月 |
| 67 | 唐小生 | 建德 | 五八师一七三团 | 二等兵 | 1939 年 10 月 |
| 68 | 于樟车 | 建德 | 五八师一七三团 | 二等兵 | 1939 年 10 月 |
| 69 | 尹金世 | 建德 | 五八师一七三团 | 二等兵 | 1939 年 10 月 |
| 70 | 王有消 | 建德 | 五八师一七三团 | 一等兵 | 1939 年 10 月 |
| 71 | 唐标标 | 建德 | 五八师一七三团 | 二等兵 | 1939 年 10 月 |
| 72 | 宋金林 | 建德 | 五八师一七三团 | 二等兵 | 1939 年 10 月 |
| 73 | 杨相通 | 建德 | 五八师一七三团 | 二等兵 | 1939 年 10 月 |
| 74 | 吴贤琴 | 建德 | 五八师一七二团 | 上等兵 | 1939 年 10 月 |
| 75 | 陈樟木 | 建德 | 五八师一七二团 | 上等兵 | 1939 年 10 月 |
| 76 | 翁根金 | 建德 | 预五师一四团 | 二等兵 | 1939 年 10 月 |
| 77 | 许华清 | 建德 | 预一〇师三〇团 | 上等兵 | 1939 年 12 月 |
| 78 | 丰武荣 | 建德 | 一四师四一团 | 中士 | 1939 年 12 月 |
| 79 | 方治有 | 建德 | 四〇师补充团 | 一等兵 | 1939 年 12 月 |
| 80 | 朱观楼 | 建德 | 五八师一七三团 | 一等兵 | 1939 年 12 月 |
| 81 | 高春潮 | 建德 | 五八师一七三团 | 一等兵 | 1939 年 12 月 |
| 82 | 陆保裕 | 建德 | 五八师一七三团 | 下士 | 1939 年 12 月 |
| 83 | 刘樟根 | 建德 | 五八师一七三团 | 二等兵 | 1939 年 12 月 |
| 84 | 郑江口 | 建德 | 五八师一七三团 | 一等兵 | 1939 年 12 月 |
| 85 | 汪带林 | 建德 | 五八师一七二团 | 二等兵 | 1939 年 12 月 |
| 86 | 刘武林 | 建德 | 五八师一七三团工兵营 | 上等兵 | 1939 年 12 月 |
| 87 | 王毛毛 | 建德 | 一〇二师三〇六团 | 一等兵 | 1939 年 12 月 |
| 88 | 许叶青 | 建德 | 预一〇师二八团 | 上等兵 | 1939 年 12 月 |
| 89 | 鲍炳福 | 寿昌 | 五八师一七三团 | 上等兵 | 1939 年 12 月 |
| 90 | 叶金财 | 寿昌 | 五八师一二七团 | 一等兵 | 1939 年 12 月 |

续表

| 序号 | 姓名 | 籍贯 | 所属部队 | 级职 | 阵亡时间 |
|---|---|---|---|---|---|
| 91 | 李时运 | 寿昌 | 预一〇师三〇团 | 一等兵 | 1939 年 12 月 |
| 92 | 郑琨 | 寿昌 | 五八师一七二团 | 上等兵 | 1939 年 12 月 |
| 93 | 姜维新 | 寿昌 | 五一师一五三团 | 下士 | 1939 年 12 月 |
| 94 | 余樟顺 | 寿昌 | 一六师四八团 | 二等兵 | 1939 年 12 月 |
| 95 | 过应学 | 寿昌 | 一六师野战补充团 | 二等兵 | 1939 年 12 月 |
| 96 | 舒钧 | 寿昌 | 浙江抗日自卫团 | 少尉 | 1940 年 1 月 |
| 97 | 戈根寿 | 寿昌 | 七九师二三六团 | 二等兵 | 1940 年 2 月 |
| 98 | 徐金蓉 | 寿昌 | 一四六师四三八团 | 二等兵 | 1940 年 2 月 |
| 99 | 柯德材 | 建德 | 六师一六团 | 二等兵 | 1940 年 3 月 |
| 100 | 徐文祥 | 建德 | 预八师二二团 | 上尉连长 | 1940 年 4 月 |
| 101 | 沈其根 | 寿昌 | 一四六师四三八团 | 二等兵 | 1940 年 4 月 |
| 102 | 封绪林 | 寿昌 | 一四六师四三八团 | 二等兵 | 1940 年 4 月 |
| 103 | 王瑞贤 | 建德 | 五八师一七二团工兵营 | 二等兵 | 1940 年 5 月 |
| 104 | 章锡荣 | 建德 | 一六六师四九八团 | 中尉排长 | 1940 年 5 月 |
| 105 | 谢富享 | 建德 | 一八七师五六〇团 | 二等兵 | 1940 年 5 月 |
| 106 | 方永祥 | 建德 | 一八七师五六〇团 | 二等兵 | 1940 年 5 月 |
| 107 | 戴大金 | 建德 | 新一三师三七团 | 一等兵 | 1940 年 5 月 |
| 108 | 方木青 | 寿昌 | 一四六师四三八团 | 二等兵 | 1940 年 5 月 |
| 109 | 程东荣 | 寿昌 | 一四六师四三八团 | 二等兵 | 1940 年 5 月 |
| 110 | 纪一良 | 寿昌 | 一四六师四三八团 | 二等兵 | 1940 年 5 月 |
| 111 | 汪太林 | 寿昌 | 一八七师五六〇团 | 二等兵 | 1940 年 5 月 |
| 112 | 谢秀彦 | 寿昌 | 一八七师五〇六团 | 二等兵 | 1940 年 5 月 |
| 113 | 夏源泉 | 寿昌 | 九〇师二六九团 | 上等兵 | 1940 年 5 月 |
| 114 | 汪老章 | 建德 | 五八师一七四团 | 二等兵 | 1940 年 6 月 |
| 115 | 骆根法 | 建德 | 五八师一七四团 | 二等兵 | 1940 年 6 月 |
| 116 | 吴海根 | 建德 | 五八师一七四团 | 二等兵 | 1940 年 6 月 |
| 117 | 王林相 | 建德 | 预五师一二团 | 准尉 | 1940 年 6 月 |
| 118 | 胡修春 | 建德 | 五八师一七二团 | 一等兵 | 1940 年 7 月 |
| 119 | 舒品炎 | 建德 | 五八师一七二团 | 一等兵 | 1940 年 7 月 |

续表

| 序号 | 姓名 | 籍贯 | 所属部队 | 级职 | 阵亡时间 |
|------|------|------|----------|------|----------|
| 120 | 鄞荣法 | 建德 | 五八师一七二团 | 二等兵 | 1940 年 7 月 |
| 121 | 毛有功 | 寿昌 | 四一师野战补充团 | 一等兵 | 1940 年 7 月 |
| 122 | 王金和 | 建德 | 预五师一三团 | 一等兵 | 1940 年 10 月 |
| 123 | 骆金富 | 建德 | 七九师二三五团 | 上等兵 | 1940 年 10 月 |
| 124 | 蒋锡贵 | 建德 | 七九师二三五团 | 一等兵 | 1940 年 10 月 |
| 125 | 方益生 | 建德 | 六七师野战补充团 | 二等兵 | 1940 年 10 月 |
| 126 | 郎国铭 | 寿昌 | 一四六师四三八团 | 一等兵 | 1940 年 10 月 |
| 127 | 吴常山 | 寿昌 | 一四六师四三八团 | 二等兵 | 1940 年 10 月 |
| 128 | 邱文炎 | 寿昌 | 一六师四八团 | 二等兵 | 1940 年 10 月 |
| 129 | 饶绍华 | 寿昌 | 暂三三师二团 | 一等兵 | 1940 年 10 月 |
| 130 | 吴春发 | 寿昌 | 一四六师四三八团 | 二等兵 | 1940 年 10 月 |
| 131 | 吴德盛 | 寿昌 | 一四六师四三八团 | 二等兵 | 1940 年 10 月 |
| 132 | 童江述 | 寿昌 | 一四六师四三八团 | 一等兵 | 1940 年 11 月 |
| 133 | 吴樟林 | 寿昌 | 一四六师四三八团 | 二等兵 | 1940 年 11 月 |
| 134 | 郑金土 | 建德 | 七九师二三七团 | 一等兵 | 1941 年 1 月 |
| 135 | 何有海 | 寿昌 | 四〇师一二〇团 | 一等兵 | 1941 年 1 月 |
| 136 | 王顺喜 | 建德 | 预五师一三团 | 一等兵 | 1941 年 2 月 |
| 137 | 董金福 | 建德 | 预五师一三团 | 一等兵 | 1941 年 2 月 |
| 138 | 刘福英 | 建德 | 预五师一三团 | 一等兵 | 1941 年 2 月 |
| 139 | 杨德良 | 建德 | 预五师一三团 | 一等兵 | 1941 年 2 月 |
| 140 | 黄伏银 | 建德 | 预五师一三团 | 一等兵 | 1941 年 2 月 |
| 141 | 傅银火 | 建德 | 预五师一三团 | 上等兵 | 1941 年 2 月 |
| 142 | 陈玉英 | 建德 | 预五师一三团 | 上等兵 | 1941 年 2 月 |
| 143 | 陈元有 | 建德 | 五八师一七三团 | 上等兵 | 1941 年 3 月 |
| 144 | 郑太来 | 建德 | 一九师五七团 | 二等兵 | 1941 年 3 月 |
| 145 | 李昌顺 | 建德 | 五八师补充团 | 一等兵 | 1941 年 3 月 |
| 146 | 高春少 | 建德 | 九八师一七三团 | 一等兵 | 1941 年 3 月 |
| 147 | 叶海福 | 建德 | 五八师一七三团 | 一等兵 | 1941 年 3 月 |
| 148 | 王金根 | 建德 | 五八师补充团 | 一等兵 | 1941 年 3 月 |
| 149 | 王文顺 | 建德 | 五八师一七三团 | 一等兵 | 1941 年 3 月 |
| 150 | 鲍士元 | 建德 | 五八师一七三团 | 下士 | 1941 年 3 月 |

续表

| 序号 | 姓名 | 籍贯 | 所属部队 | 级职 | 阵亡时间 |
|------|------|------|----------|------|----------|
| 151 | 吴之寿 | 建德 | 五八师一七二团 | 一等兵 | 1941 年 3 月 |
| 152 | 张金山 | 建德 | 五八师一七二团 | 二等兵 | 1941 年 3 月 |
| 153 | 余朝进 | 建德 | 五八师一七二团 | 二等兵 | 1941 年 3 月 |
| 154 | 谢竹村 | 建德 | 五八师一七二团 | 二等兵 | 1941 年 3 月 |
| 155 | 蒋理操 | 建德 | 五八师一七二团 | 一等兵 | 1941 年 3 月 |
| 156 | 邹岩庆 | 建德 | 五八师一七二团 | 一等兵 | 1941 年 3 月 |
| 157 | 任余普 | 建德 | 五八师一七二团 | 一等兵 | 1941 年 3 月 |
| 158 | 傅汉宝 | 建德 | 五八师一七二团 | 二等兵 | 1941 年 3 月 |
| 159 | 吴友祥 | 建德 | 五八师一七二团 | 二等兵 | 1941 年 3 月 |
| 160 | 汤顺天 | 建德 | 五八师一七二团 | 一等兵 | 1941 年 3 月 |
| 161 | 凌日华 | 建德 | 五八师一七二团 | 一等兵 | 1941 年 3 月 |
| 162 | 洪芝林 | 建德 | 五八师一七四团 | 一等兵 | 1941 年 3 月 |
| 163 | 蔡炳松 | 建德 | 九八师一七四团 | 一等兵 | 1941 年 3 月 |
| 164 | 傅学弟 | 建德 | 五八师一七二团 | 一等兵 | 1941 年 3 月 |
| 165 | 张三牙 | 建德 | 五八师一七四团 | 二等兵 | 1941 年 3 月 |
| 166 | 吴敏 | 建德 | 五八师一七四团 | 二等兵 | 1941 年 3 月 |
| 167 | 陈进三 | 建德 | 五八师一七四团 | 二等兵 | 1941 年 3 月 |
| 168 | 萧庆金 | 建德 | 五八师一七三团 | 二等兵 | 1941 年 3 月 |
| 169 | 翁意隆 | 寿昌 | 五八师一七二团 | 上等兵 | 1941 年 3 月 |
| 170 | 方根寿 | 寿昌 | 五一师一五三团 | 一等兵 | 1941 年 3 月 |
| 171 | 尧森华 | 寿昌 | 预九师二六团 | 二等兵 | 1941 年 3 月 |
| 172 | 许大康 | 建德 | 暂三四师一团 | 上等兵 | 1941 年 4 月 |
| 173 | 陈金书 | 建德 | 暂三四师一团 | 中士 | 1941 年 4 月 |
| 174 | 陈国富 | 建德 | 暂三〇师一团 | 二等兵 | 1941 年 4 月 |
| 175 | 何春明 | 建德 | 暂三四师一团 | 二等兵 | 1941 年 4 月 |
| 176 | 金贵荣 | 建德 | 一〇八师三二三团 | 一等兵 | 1941 年 4 月 |
| 177 | 林西福 | 建德 | 暂三三师二团 | 二等兵 | 1941 年 4 月 |
| 178 | 周昌林 | 寿昌 | 六七师迫炮连 | 一等兵 | 1941 年 4 月 |
| 179 | 余阿容 | 寿昌 | 暂三五师一团 | 下士 | 1941 年 5 月 |
| 180 | 程国治 | 寿昌 | 暂一三师二团 | 一等兵 | 1941 年 5 月 |
| 181 | 魏国吾 | 建德 | 五师二二四团 | 一等兵 | 1941 年 6 月 |

续表

| 序号 | 姓名 | 籍贯 | 所属部队 | 级职 | 阵亡时间 |
|------|------|------|----------|------|----------|
| 182 | 胡农 | 建德 | 荣一师一团 | 下士 | 1941 年 7 月 |
| 183 | 黄得鳞 | 建德 | 预五师一三团 | 少尉排长 | 1941 年 7 月 |
| 184 | 高松兰 | 建德 | 四〇师一一八团 | 二等兵 | 1941 年 8 月 |
| 185 | 童兆林 | 建德 | 三战区挺进三纵队 | 上等兵 | 1941 年 8 月 |
| 186 | 吴云 | 建德 | 五八师一七二团 | 上等兵 | 1941 年 9 月 |
| 187 | 饶荣生 | 建德 | 五八师一七二团 | 上等兵 | 1941 年 9 月 |
| 188 | 徐馀寿 | 建德 | 五八师一七三团 | 一等兵 | 1941 年 9 月 |
| 189 | 许班子 | 建德 | 五八师一七三团 | 一等兵 | 1941 年 9 月 |
| 190 | 郑光先 | 建德 | 一〇二师三〇六团 | 一等兵 | 1941 年 9 月 |
| 191 | 翁义马 | 寿昌 | 五七师一七一团 | 一等兵 | 1941 年 9 月 |
| 192 | 李和通 | 寿昌 | 一〇五师三〇五团 | 一等兵 | 1941 年 9 月 |
| 193 | 张西山 | 寿昌 | 新一二师三四团 | 一等兵 | 1941 年 9 月 |
| 194 | 张有清 | 建德 | 六师工兵营 | 一等兵 | 1941 年 10 月 |
| 195 | 许连荣 | 建德 | 四〇师一八团 | 一等兵 | 1941 年 11 月 |
| 196 | 胡根林 | 建德 | 六二师一八四团 | 一等兵 | 1941 年 11 月 |
| 197 | 林金标 | 建德 | 一三二师三九七团 | 一等兵 | 1941 年 12 月 |
| 198 | 赵有清 | 寿昌 | 四〇师一二〇团 | 二等兵 | 1941 年 12 月 |
| 199 | 包锡青 | 寿昌 | 四〇师工兵营 | 中士 | 1941 年 12 月 |
| 200 | 曾寿洪 | 寿昌 | 四〇师一一九团 | 二等兵 | 1941 年 12 月 |
| 201 | 陈发林 | 寿昌 | 四〇师一一九团 | 二等兵 | 1941 年 12 月 |
| 202 | 叶和尚 | 寿昌 | 四〇师一〇二团 | 一等兵 | 1941 年 12 月 |
| 203 | 叶新贵 | 寿昌 | 四〇师一二〇团 | 二等兵 | 1941 年 12 月 |
| 204 | 汪成林 | 建德 | 三二师九五团 | 中士 | 1942 年 1 月 |
| 205 | 张修忠 | 建德 | 预一〇师特务连 | 一等兵 | 1942 年 1 月 |
| 206 | 王钦三 | 寿昌 | 预一〇师二八团 | 准尉 | 1942 年 1 月 |
| 207 | 黄佛银 | 建德 | 预五师一团 | 一等兵 | 1942 年 2 月 |
| 208 | 邵子文 | 建德 | 七九师二三七团 | 上士 | 1942 年 5 月 |
| 209 | 杜关龙 | 建德 | 五八师一七三团 | 中士 | 1942 年 6 月 |
| 210 | 刘书田 | 建德 | 五八师一七三团 | 二等兵 | 1942 年 6 月 |
| 211 | 林尚贵 | 建德 | 六七师一九九团 | 二等兵 | 1942 年 6 月 |
| 212 | 郭文奎 | 建德 | 六七师一九九团 | 上等兵 | 1942 年 6 月 |

续表

| 序号 | 姓名 | 籍贯 | 所属部队 | 级职 | 阵亡时间 |
|---|---|---|---|---|---|
| 213 | 王志根 | 建德 | 六七师特务连 | 二等兵 | 1942 年 6 月 |
| 214 | 魏大乌力 | 寿昌 | 一六师四六团 | 一等兵 | 1942 年 6 月 |
| 215 | 江棉化 | 寿昌 | 一六师四六团 | 一等兵 | 1942 年 6 月 |
| 216 | 程先杰 | 寿昌 | 一六师四六团 | 一等兵 | 1942 年 6 月 |
| 217 | 周吉文 | 寿昌 | 一六师四六团 | 一等兵 | 1942 年 6 月 |
| 218 | 胡国强 | 建德 | 暂三三师一团 | 一等兵 | 1942 年 7 月 |
| 219 | 张才清 | 建德 | 一〇八师三二二团 | 下士 | 1942 年 7 月 |
| 220 | 王仙宏 | 寿昌 | 九五师二八四团 | 下士 | 1942 年 11 月 |
| 221 | 王寿荣 | 建德 | 暂三四师二团 | 下士 | 1943 年 5 月 |
| 222 | 童虎臣 | 建德 | 六师一八团 | 少校营长 | 1943 年 6 月 |
| 223 | 汪延寿 | 建德 | 五八师一七三团 | 下士 | 1943 年 6 月 |
| 224 | 章志达 | 建德 | 余杭自卫一大队 | 准尉分队副 | 1943 年 10 月 |
| 225 | 余木生 | 建德 | 一九二师一一九团 | 一等兵 | 1943 年 10 月 |
| 226 | 蓝天养 | 寿昌 | 一〇八师三二二团 | 一等兵 | 1943 年 10 月 |
| 227 | 吴春昌 | 寿昌 | 六师三四团 | 上等兵 | 1943 年 10 月 |
| 228 | 汪玉章 | 建德 | 五八师一七二团 | 上等兵 | 1943 年 11 月 |
| 229 | 陈太春 | 建德 | 四师二三团 | 中士 | 1943 年 11 月 |
| 230 | 应杨式 | 建德 | 预一〇师六团 | 准尉代排长 | 1943 年 11 月 |
| 231 | 蓝阿根 | 寿昌 | 一〇八师三二二团 | 二等兵 | 1944 年 1 月 |
| 232 | 李永清 | 寿昌 | 一二四师一〇一团 | 一等兵 | 1944 年 1 月 |
| 233 | 柴樟金 | 建德 | 新二二师六四团 | 上士 | 1944 年 4 月 |
| 234 | 郑志书 | 建德 | 忠义救国军一纵队 | 上等兵 | 1944 年 4 月 |
| 235 | 阮国水 | 寿昌 | 五二师一五四团 | 上等兵 | 1944 年 4 月 |
| 236 | 陈尚宝 | 建德 | 一三师三九团 | 上等兵 | 1944 年 5 月 |
| 237 | 范友生 | 建德 | 一九师五七团 | 一等兵 | 1944 年 6 月 |
| 238 | 邵林 | 寿昌 | 九九师二九六团 | 一等兵 | 1944 年 6 月 |
| 239 | 黄大培 | 寿昌 | 新一〇师二九团 | 下士 | 1944 年 6 月 |
| 240 | 方东发 | 寿昌 | 四一师一二一团 | 上等兵 | 1944 年 7 月 |
| 241 | 叶品高 | 寿昌 | 五一师一五三团 | 中士 | 1944 年 9 月 |
| 242 | 潘兴发 | 建德 | 四师一一八团 | 一等兵 | 1945 年 1 月 |
| 243 | 王益祥 | 寿昌 | 忠义救国军一纵三团 | 上等兵 | 1945 年 2 月 |

续表

| 序号 | 姓名 | 籍贯 | 所属部队 | 级职 | 阵亡时间 |
|------|------|------|----------|------|----------|
| 244 | 吴根发 | 寿昌 | 四〇师一一九团 | 一等兵 | 1945 年 2 月 |
| 245 | 彭加衔 | 寿昌 | 忠义救国军一纵三团八连 | 中尉 | 1945 年 3 月 |
| 246 | 李萧田 | 寿昌 | 忠义救国军一纵二团八连 | 上等兵 | 1945 年 4 月 |
| 247 | 应元根 | 寿昌 | 八〇师二四〇团 | 中士 | 1945 年 4 月 |
| 248 | 李有柱 | 寿昌 | 勤部东南站卫生二大队 | 中士 | 1945 年 5 月 |
| 249 | 涂金生 | 建德 | 三战区挺进三纵队 | 二等兵 | 1945 年 6 月 |
| 250 | 张文彬 | 建德 | 三战区挺进三纵队 | 上等兵 | 1945 年 6 月 |
| 251 | 吴开森 | 建德 | 三战区挺进三纵队 | 二等兵 | 1945 年 6 月 |
| 252 | 王正春 | 建德 | 三战区挺进三纵队 | 二等兵 | 1945 年 6 月 |
| 253 | 陈汝荣 | 建德 | 三战区挺进三纵队 | 二等兵 | 1945 年 6 月 |
| 254 | 吴辉州 | 寿昌 | 突击一纵二队机连 | 二等兵 | 1945 年 6 月 |
| 255 | 李金松 | 寿昌 | 突击一纵二队机连 | 二等兵 | 1945 年 6 月 |
| 256 | 徐如昌 | 寿昌 | 突击一纵二队二连 | 二等兵 | 1945 年 6 月 |
| 257 | 王秋根 | 寿昌 | 突击一纵二队三连 | 一等兵 | 1945 年 6 月 |
| 258 | 蓝士根 | 寿昌 | 突击总二队一连 | 二等兵 | 1945 年 6 月 |
| 259 | 王有治 | 建德 | 一三四师四〇一团 | 上等兵 | 1945 年 7 月 |
| 260 | 夏元彪 | 寿昌 | 一四六师四三八团 | 二等兵 | 1945 年 7 月 |
| 261 | 胡宝贵 | 建德 | 三战区挺进三纵队 | 上等兵 | 1945 年 8 月 |
| 262 | 叶银松 | 建德 | 三战区挺进三纵队 | 一等兵 | 1945 年 8 月 |
| 263 | 洪浩 | 建德 | 三战区挺进一三纵队 | 上等兵 | 1945 年 8 月 |
| 264 | 王德安 | 建德 | 二六师七七团 | 二等兵 | 1945 年 8 月 |
| 265 | 宋长久 | 建德 | 三战区挺进三纵队 | 二等兵 | 1945 年 8 月 |
| 266 | 于金福 | 建德 | 三战区挺进三纵队 | 上等兵 | 1945 年 8 月 |
| 267 | 方锦财 | 建德 | 三战区挺进三纵队 | 少尉分队长 | 1945 年 9 月 |
| 268 | 傅顺海 | 寿昌 | 三师七团三连 | 二等兵 | 1945 年 9 月 |